王泽华　王　鹤◎著

民国时期的
老成都

项目策划：徐　凯
责任编辑：徐　凯
责任校对：毛张琳
封面设计：胜翔设计
责任印制：王　炜

图书在版编目（CIP）数据

民国时期的老成都 / 王泽华，王鹤著. -- 成都：四川大学出版社，2021.12
ISBN 978-7-5690-4246-7

Ⅰ．①民… Ⅱ．①王… ②王… Ⅲ．①成都—概况 Ⅳ．① K927.11

中国版本图书馆 CIP 数据核字（2021）第 007072 号

书　名	民国时期的老成都
著　者	王泽华　王鹤
出　版	四川大学出版社
地　址	成都市一环路南一段 24 号（610065）
发　行	四川大学出版社
书　号	ISBN 978-7-5690-4246-7
印前制作	四川胜翔数码印务设计有限公司
印　刷	成都金龙印务有限责任公司
成品尺寸	170mm×240mm
印　张	17
字　数	243 千字
版　次	2022 年 1 月第 1 版
印　次	2022 年 1 月第 1 次印刷
定　价	76.00 元

◆版权所有 ◆侵权必究

◆ 读者邮购本书，请与本社发行科联系。
　电话：(028)85408408/(028)85401670/
　(028)86408023　邮政编码：610065
◆ 本社图书如有印装质量问题，请寄回出版社调换。
◆ 网址：http://press.scu.edu.cn

四川大学出版社
微信公众号

目 录

一 走进成都 001
   田园美景 001
   屠城后的新生 003
   皇城沧桑 006
   街名里藏着地图 008
   书香满街 012

二 清流绕城 015
   蜀江水碧 015
   桥上桥下 018
   水上欢声 020
   帆影点点 023
   淘金之梦 026

三 商潮起伏 030
   东大街占尽风骚 030

劝业场人流如潮 ………………………………… 033
大家争看电灯红 ………………………………… 037

四 西风渐进 …………………………………………… 043
洋货·洋派 ……………………………………… 043
剃头挑子·理发店 ……………………………… 046
洋烟·洋画 ……………………………………… 047
麻乡约·邮局 …………………………………… 048
洋马儿·洋车 …………………………………… 050

五 学堂新风 …………………………………………… 054
一个新词：留学 ………………………………… 054
书院成了学堂 …………………………………… 057
大学教授教中学 ………………………………… 060
国立四川大学 …………………………………… 064
华西坝上 ………………………………………… 068

六 繁华如梦 …………………………………………… 071
文庙街的"发现" ……………………………… 071
深宅大院的气派 ………………………………… 073
家有良田的公馆主人 …………………………… 075
西化的公馆做派 ………………………………… 078
军阀的公馆 ……………………………………… 081

七 蜀风留香 …………………………………………… 083
老成都的菜谱 …………………………………… 083

精研细调 085
　　不散的筵席 089
　　吃蔬菜的聪明 099

八　小吃诱人 102
　　价廉物美 102
　　赏鲜花·享口福 104
　　汤圆·肺片·包子 107
　　冒饭·甜水面·肥肠粉 110

九　市井的休闲 114
　　茶铺就是客厅 114
　　河水香茶 118
　　良辰美景 122
　　吃书茶的滋味 127
　　丝竹绕梁 130

十　乡土的娱乐 133
　　从腌肉装香肠到游百病 133
　　赶花会迎春天 135
　　积善行德的快乐 138
　　年终大采购 138
　　吃茶看戏 139
　　台上台下的风花雪月 141

十一　摩登时代 147
挡不住的诱惑 147
时髦的"文明戏" 150
听洋乐唱洋歌 154
惊艳游泳池 155

十二　妇女生活 159
缠脚·放脚 159
寂寞深闺 163
花会群芳 165
新女性 166

十三　青楼艳影 171
影影绰绰的女子 171
蜂狂蝶浪 173
"文明之美名"——监视户 174
花开花落 179
扬州妓女 182

十四　老"七十二行" 187
背夫·轿夫·更夫 187
碾米·挑水·理发 193
助产士·奶妈 195
婢女·姬妾·洗衣妇 198

十五　乡村叙事 204
故园何处？ 204
移民生根 211
乡镇场景 215
安仁鳞爪 222
袍哥轶事 227

十六　乱世枭雄 233
"杨森说" 233
皇城四处血流成河 234
防区时代 238
醉生梦死之城 243
石肇武的脑壳——宰了 244
"新派"婚姻 249

参考书目 256
后　记 261

一　走进成都

田园美景

　　1913年初冬，成都人周映彤在留学比利时十年后，偕比利时妻子玛格里特·丹尼斯和儿子回国了。在玛格里特眼里，周如同东方的王子。她所知道的是唐诗宋词中的中国，有宫殿、桥梁、丝绸、山水。踏上中国的国土，她看到的却是一个动荡不安、愤怒、饥饿的国度。现实不断地击碎这位欧洲女子的梦想。满怀惊惧和疑惑，历尽艰辛，她朝目的地成都走去。从重庆坐着轿子，一路翻山越岭，终于来到开阔的成都平原——玛格里特惊喜地发现，她从未见过这么开阔的地方，一块又一块精耕细作的田园一直连到天边。这看不尽的可爱的田野风光，抚慰了玛格里特焦躁的内心。走着走着，远处的城门和城墙已经隐约可见了。

　　这就是成都。玛格里特此时还不知道，她将孕育一个成都女儿，这个女儿将成为一位著名的作家，她的名字叫罗萨莉·周，笔名是韩素音。

　　余秋雨先生第一次入川，是沿着宝成铁路进来的。注视着车窗外的眼睛看倦了寸草不生的黄土高原，险峻的山势落在一片灰黄的单调中，连眼神都萎黄了。

可是，漫长的单调后终于有了变化：

开始有了隧洞，一个接一个，过洞时车轮的响声震耳欲聋，也不去管它，反正已张望了多少次，总也没有绿色的希望。但是，隧洞为什么这样多呢，刚刚冲出一个又立即窜进一个，数也数不清。终于感到，有这么隆重的前奏，总会有什么大事情要发生了。果然，不知是窜出了哪一个隧洞，全车厢一片欢呼：窗外，一派美景从天而降。满山绿草，清瀑飞溅，黄花灼眼，连山石都湿漉漉地布满青苔。车窗外成排的橘子树，碧绿衬着金黄，硕大的橘子，好像伸手便可摘得。土地黑油油的，房舍密集，人畜皆旺。造物主醒了，揉眼抱愧自己的失责，似要狠命地在这儿补上。从此，我们一刻也不愿离开车窗，直至成都的来到。

成都是崇山峻岭护卫的温柔之所。异乡人来成都，经历了"蜀道难"的铺垫后，有好些都会喜欢上成都。实际上成都就是移民的城市，成都人的祖先就是清初"湖广填四川"时跋山涉水而来的异乡人。他们生存下来，并且让子孙后代成为"成都人"。城墙城门，是古老的城市不可或缺的，所以也不算成都独有的特色。然而田园风光却是成都给异乡人的大安慰。这不是一般意义上的田园风光，它的由来要上溯至秦代，它受惠于两千多年前秦代蜀郡守李冰兴修的水利工程都江堰。都江堰驯服了桀骜的岷江，将汩汩清流输送到饥渴的土地，于是有了风调雨顺、土地滋润的成都平原。田园环绕的成都，是农业文明浸润的成都，成都人能够过上自给自足安居乐业的日子，悠闲而散淡，因此有那么多蔬菜、鲜花、茶馆、小食、戏台和名目繁多的游乐。这真是一个适宜过日子的温情脉脉的城市。

屠城后的新生

令人难以想象的是，这么一座两千多年来城名不改、城址不变的古城，会成为赤地千里的战场。那是明末，张献忠在成都建立大西政权，以明蜀王府为皇宫。顺治三年（1646），清肃亲王自陕甘入川，张献忠无奈之中只得放弃成都。撤离成都时，张献忠命令他的大西军纵火毁城。一时全城火起，宫室庐舍、亭台楼阁、城垣垛堞，全都陷入熊熊火海。这场大火将成都烧了个一干二净，明蜀王府亦灰飞烟灭。

待尘埃落定，康熙三年（1664），四川巡抚张德地来到成都。此时的成都，城鲜完郭，草木充塞，麋鹿纵横，荒无人烟。有人曾在一天内看到13只老虎从荒芜之地走过。"昔之亭台楼阁，今之狐兔蓬蒿也；昔之衣冠文物，今之瓦砾鸟鼠也；昔之麻桑禾黍，今之荒烟蔓草也。"（《艳滪囊》卷四）。山河依旧，而景物全非。巡抚大人走遍"全城"，不过看到数十户居民，所见到的人们鹄面鸠形，衣衫褴褛。张德地眉头紧锁，重建成都的艰巨或许超出他的想象。

张德地到成都之前，四川省治曾暂迁保宁府（今阆中市），顺治十六年（1659）迁回成都。康熙初年，张德地开始重建成都，首先恢复的就是大城城垣。修建经费由张德地和布政使、按察使、成都知府、成都知县、华阳知县共同捐资。大规模的修建是康熙五十七年（1718），这次大修由官拨经费，动员全川军民，由各府、州、县分段包工，对砖样、土质、形制作了统一规定。乾隆四十八年（1783），四川总督福康安又奏请发帑银六十万两彻底重修成都

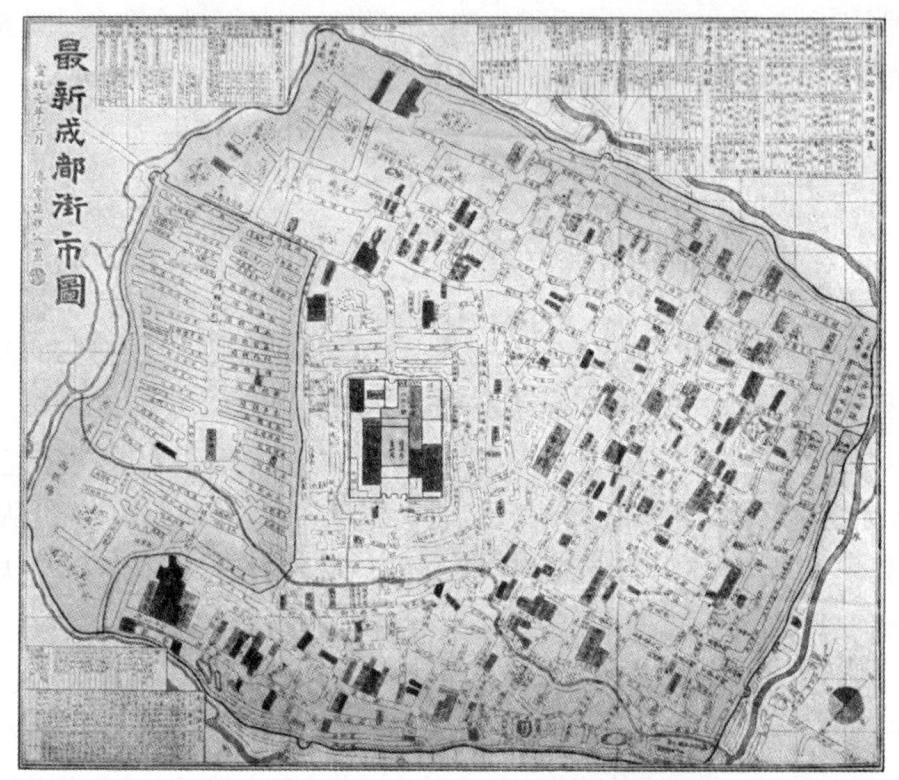

宣统元年（1909）三月出版的《最新成都街市图》

大城，城垣"周围四千一百二十二丈六尺，计二十二里八分，垛口八千一百二十二，砖高八十一层，压脚石条三层，大堆房十二，小堆房二十八，八角楼四，炮楼四。四门城楼顶高五丈，东博济，南浣溪，西江源，北涵泽"（同治《成都县志》）。大城完工后，外观堂皇壮丽，为西南之冠，颇有京师之风。

在修建大城的同时，满城、地方官署、贡院、大小街坊也陆续恢复重建。在明代旧基上，成都城垣街坊的城市格局形成了。福康安之后的继任总督李世杰在街坊完工后，下令在内外城隅遍植芙蓉，间以桃柳。成都恢复了芙蓉满城、绿树成荫、通衢广宇的名都风貌。此后直到清末,成都未再大修。

到20世纪初,成都市区大致分为满城、成都县、华阳县三部分。

康熙五十七年(1718),四川巡抚按照清廷谕令,在大城西垣内新筑一城,驻防八旗官兵,此城称为满城,后来成都人习惯称之为少城。满城以东城根街为界,与市区分隔,城垣周长四里五分,高一丈三尺八寸,设城门五处。满城按八旗编制,每旗官街一条,每一条官街内又分披甲兵丁小胡同三条,共有八旗官街八条,兵丁胡同三十三条。满城街道好似一条蜈蚣,将军帅府所在的将军衙门好似蜈蚣的头,宁夏街好似蜈蚣的尾,躯干两侧的小胡同好似蜈蚣的细脚。

满城地位特殊,由成都将军管辖,四川总督无权过问,汉人被禁止入内。满城最盛时,居民有三万余人。满城内官兵世袭其职,旗兵

满城内的槐树街一派清幽,它因这棵古槐树而得名　(英)威尔逊　摄

素无恒业，坐吃饷额。到了清末，饷额如旧，人口增多，有的数家共食一份饷额。满城居民的生计日渐捉襟见肘，甚至有摘瓦拆柱，卖掉度日的。辛亥革命后，随着清王朝的覆灭，满城已失去存在的意义。1913年，四川地方政府下令拆除城垣，满城与大城合为一城。

满城城垣拆除后，人们可以随意走进这清静之处了。大城这边全是房屋、店铺、石板街，街上全是人。满城却极清静，到处是参天大树和密密层层的灌木，满眼皆绿，鸟语花香。绿荫之中，有条很宽的土道，两侧是矮矮的黄土墙，里面有几间花枝掩映的屋子。金河缓缓地流着，往草地上一躺，流水声，树叶的簌簌声，鸟语蝉鸣，一齐涌进耳朵，极富野趣。偶尔看见个人，若是男的，不是肩上搭着钓竿，就是手里提个鸟笼；若是女的，则竖着腰杆，梳着把子头，叼着长叶子烟杆，悠闲地走着。

满城虽然破落了，成都人还是把它看作皇帝一家住的地方，尽管穷了，但也惹不得，所以一般人还是不怎么去。到了民国时期，满城有了学校，四川大学、成都大学有好些教授都在满城住家。文人之居处在满城，满城也有文化味了。

皇城沧桑

成都、华阳同治省城，辖区范围以喇嘛庙、暑袜街绕丁字街为界，市区西、北部分和城外郊区属成都县，幅员四十里。市区东、南部分和城外郊区属华阳县，幅员八十里。到了1928年，成都、华阳两县城区部分合并为成都市，两县只辖乡区。

成都的中心是皇城。皇城在大城的中心，原是明蜀王府旧址。在成都住过的人会发现成都颇似北京，明蜀王府这里，当然就如故宫了。清初成都重建时，将明蜀王府改为贡院，是当时市政建设的大手笔。贡院四周筑城墙，城南开三门，正门居中，旁门居左右。城东为东华门，城西为西华门，城北为后子门，城南敞地俗称皇城坝，左右石狮分立，更南建大石牌坊一座，上刻"为国求贤"四个大字。

内城俗称"皇城"，清代四川举行乡试，皇城便是考场。贡院正门在明蜀王府端礼门所在地，高悬"天开文运"匾额。贡院正门之北为龙门，分三进，乡试时主考、监临、提调等候于此，参试的生员分三次点名入场。门北是明远楼，楼北为致公堂，这是一座气势雄伟的大殿。明远楼、致公堂和其北面的清白堂、严肃堂、衡文堂、文昌宫，东面的誊录官厅、誊录所等，组成了气势恢弘的贡院建筑群。致公堂前有东西号舍，即考棚13935间。它们排成长列阵，以千字文编号，是仅有三尺高的隔间。

赶考的生员在孔庙举行仪式后便被关进考棚的号舍里，几天几夜，埋头作文。能进入贡院考棚的生员无不"身经百战"：习举业的童生在各地先要逐层通过由知县、知府担任考官的县试、府试，才能成为生员（俗称秀才）；生员要参加由省学政担任主考官的院试、岁考、科考，合格者才有资格赴省城参加乡试，有的应试者已须发皓然。

光（绪）宣（统）新政中，成都兴起办学热潮。贡院之内，有了师范学堂和各种实业学堂：法政学堂、陶瓷讲习所、蚕桑传习所、四川通省师范学堂、四川优级选科师范学堂等。后来几经调整、合并，贡院成了四川大学的主校址之一。清代宝川局铸钱时所弃的炉炭余烬在贡院内堆积如山，被成都人称为煤山。

有明蜀王府在前，皇城无论怎样变化，它是成都政治中心的地位都鲜有改变。辛亥年（1911），大汉四川军政府成立，民国元年（1912）又改为四川都督府，都设在皇城中，所有学校悉数迁走。民国五年（1916），护国军兴，蔡锷由云南起义，率军入川后任四川督军兼省长，督军署仍在皇城。蔡锷在日本去世后，滇系的罗佩金任督军，黔系的戴戡任省长，罗、戴先后与川军的刘存厚激战。作为政治中心的皇城成为兵家必争之地。每一次军阀混战，皇城都成为战场，四周多遭焚毁。

成都人苦于战祸，干脆拆掉皇城城墙，只留下前后城门。皇城内设官署，似乎是战祸的渊薮，于是皇城内的官署悉数迁走，皇城成了学校区。岂料1932年，军阀割据的防区时代，驻防成都的刘文辉、田颂尧又上演了一出激烈的巷战。皇城内的煤山成为制高点，殊死争夺将皇城置于战火之中。贡院内的川大只得让师生提前放假，以避战祸。战后的成都人痛定思痛，以为无此山便永无战祸，决定铲除煤山。市民们当然没有办法阻止军阀的纷争，所能做的仅此而已。专门成立的"铲高委员会"，将后子门城砖和基石拆来卖掉，作为铲山费用。皇城一景的后子门从此消失。

皇城果真不再是战场了。它从成都政治中心的地位，沦落为抗战后的贫民窟、扯谎坝。皇城废墟的空地上，居然有人开垦出一片菜地，使皇城呈现出一派田园景象。皇城的王者之气，终于随风而逝。

街名里藏着地图

李劼人先生对清末成都百姓眼里的官场有过描述。老成都人都晓得，制台、将军、藩台、臬台，出来时有多威风。导锣一响，全街没一点人声，铺子里外，凡是坐着的人都要站起，头上包白帕子的、戴草帽的都要揭下。成都、华阳称为两首县，拱竿四轿拱得有街边房檐那么高，八九个轿夫抬起飞跑。坐得高，自然就看得远。若是远远看到大官坐的轿子来了，岂敢冲撞，立马遁入小巷，溜之大吉。

· 一 走进成都 ·

成都乃省城，衙门官署自然就多，各州县想到成都来捐个官、谋个差使的人也不少。除了皇城，成都的官署在哪里呢？想谋个差使的人当然清楚成都的官场，循着街名去找，如同按图索骥，准会八九不离十。

譬如成都府衙署、华阳县衙署就在正府街，相邻的署前街上有成都县衙署。成都府有办事处，除了正府街的府衙门外，成都府还在东府街、西府街、南府街设有府衙承办公务。从前有的人打了几年官司，在府衙里过堂若干遍，直到案子判下来，还没有机会见到知府大人呢。那么知府大人是否很清闲呢？这倒未必。成都府、成都县和华阳县作为首府首县，本身就有许多事要办，每天还得承办总督、巡抚交代的政务。清代，每天天还未亮，成都知府、成都知县、华阳知县就坐着官轿朝总督衙门飞奔。轿子后面一大堆人，挑着衣服箱子、伙食担子跟着飞跑。原来见到总督后，很可能要办的事太多，干脆就在督院签押房办公。公务繁忙时，说不准直到深夜才能回衙。

总督的衙门又在哪里呢？作为全省最高行政长官，清代的四川总督先是在皇城办公，后来便迁到了督院街。这条街在明代和清初是巡抚衙门所在地，自雍正九年

最后一任四川总督赵尔丰的罕见戎装照 （英）威尔逊摄影

（1731）后改为总督衙门所在地。光绪二十八年（1902），成都郊区红灯教起义领袖廖观音攻破成都南门，杀到督院街，差点攻进督部大堂。保路运动中，四川总督赵尔丰在这条街上对手无寸铁的请愿群众开枪，酿成震惊中外的"保路死难"事件。还是在这条街上，赵尔丰被抓走，到皇城被砍了脑壳。军阀混战时期，督院街上走马灯似的上演着督军下野、督办上台之类的一幕幕大戏。督院街真是一条不平凡的街，风云变幻、百年沧桑都在这条街里。

其他的衙门也是有名可循。提督街，有全省最高军事机构提督衙门，最高军事长官就叫提督。这是武人的衙门，街面宽阔，马道、箭道、辕门、旗杆，井然有序，兵卫森严。提学使司衙门就在学道街。盐茶道就在盐道街。藩署街，该有藩台衙门了。指挥街，有明指挥使衙署。都司巷内有都司衙门，都司是负责侦缉盗贼、扑灭火灾的。将军衙门街是满城成都将军的官衙所在地。

大城的东西南北有四个较场。东较场，靠近四圣祠教会医院，这里曾经发生过打李子逐洋人的"成都教案"。南较场，北抵石牛寺，南抵城垣，是南城的大操场，新学兴起后，各校学生常常来此开运动会，部队也常来操练。西较场，在1917年军阀混战时，曾被川军所据。川军将大炮架在西较场城墙上，一炮打中皇城子弹库，当时的四川省长兼督军、黔系的戴戡只得弃城逃跑。北较场，在城西北角，场内武担山是有名的古迹。公元前三世纪的开明王朝时期，开明王曾娶甘肃武都女为妃。王妃不服成都水土，不久就香消玉殒，开明王便命武丁到武都担土回来，垒坟为山，武担山之名就源于此。

老街的名称中泄露了老成都人生活状态的秘密。老街名称是打开老成都大门的一把钥匙。

成都曾经是水城，以桥命名的街名有四五十条之多。如果不是这些街名，现在的成都人恐怕无论如何也想象不出沟渠纵横的成都会是一番什么样的景象。有名的有万里桥、九眼桥、万福桥、玉带桥、半边桥、青石桥、桂王桥、落虹桥等。这些桥有的还在,有的已名存实亡。落虹桥,本有一座如彩虹落地的桥,清末刑场常设在桥北东较场,赴刑场的犯人无不失魂落魄,故这座桥又被称为"落魂桥"。如今桥已不在,仅有其名。

成都又是花城,树木花草不少。成都人喜欢树,好些街道都有如盖的大树,不同的树木便区分出不同的小街陋巷。槐树街,有槐树多株。双槐树街,住在这条街上的一大户人家门口有两株大槐树。乾隆时四川提督岳钟琪府内有一株合抱的冬青树,邻近的街便叫冻青(即冬青)树街。此外还有梨花街、竹林巷、泡桐树街、柿子巷、枣子巷、拐枣树街。不起眼的小街,因了树便有了亮点,看起来听起来好不惬意。

从流传至今的街名上,可以悟出成都这座消费城市商贸的活跃由来已久。骡马市街、羊市街,是骡马市场及羊市所在地。暑袜街,集中了卖袜子的店铺,冬天卖毛袜,夏天卖油灯布袜。线香街,有许多做线香的作坊。点燃线香,可以驱臭气、避蚊蝇。纱帽街上,制作戏剧服装、纱帽的店铺较多。皮房街,皮革制品较多。烟袋巷,遍街都是各色水烟袋、旱烟袋,紫铜的、白铜的、竹制的、木制的,应有尽有。草市街,城外农民挑草进城,就在此街出售,草是用来铺床的。还有棉花街、灯笼街、牛市口、玉石街、金丝街、银丝街、石灰街、簸箕街、浆洗街、肥猪市街、珠市街、丝棉街、斧头巷、坛罐窑街……各式各样的"一条街"遍布全城,给成都人的日常生活带来了方便。可想而知,这些琐屑的营生在老成都平民的生活中占据着重要的位置。

据成都旧时报纸《新新新闻》1935年8月的调查统计,成都市区共有街巷667条。在长期的酝酿中,住在城内不同的地方,也有了不同的"小气候"、不同的地域人文特征。大致说来,政治中心是皇城、督院街一类。重要的学校在东南、西南边,有国立四川大学、华西坝上五大学等。民国时军阀杨森修建的春熙路是新式街道,它和紧邻的东大街、商业场形成了新的商业区,这里店铺云集,洋派的、稀奇的玩意儿最早都在这里亮相。它们引领着老成都的时尚。照相馆、钟表店、银楼、文具店、百货店、绸缎庄、西餐馆、报社、电影院、戏园、书店荟萃春熙路、商业场,它们的"明星气质"是别的街道无法比拟的。

书香满街

对读书人来说,春熙路最吸引人的,还在于它的文化意味。中华书局、商务印书馆、世界书局等大书店都在这条街上,春熙路因此有"文化街"的美称。

有影响的文化街还有祠堂街——原来是满城的蒙古胡同。民国时的祠堂街是成都有名的书市,书店一家紧挨一家,这是一条溢满书香的长街。街上还有锦屏戏院,又名新又新大舞台;有四川美术协会、四川省通志馆;有名的邱佛子便饭馆、努力餐、竹林小餐和少城公园也在这条街上。抗战时许多外省人涌入成都,其中的文化人何满子、碧野都是到了旅店,一放下行李,就到祠堂街来。

成都的文化街还有学道街、指挥街、青石桥一带。成都蜀刻印版可上溯至唐代,到了五代、北宋,成都雕版业日趋发达,是全国雕版印刷三大中心之一,有"宋时蜀刻甲于天下"之说。这是足以令蜀人骄傲的事情。元末,成都刻书业衰落。到了清乾隆时,指挥街上有了一家叫严正古斋的刻书店。这家刻书店刻书技艺高超,版式字体也

· 一 走进成都 ·

祠堂街是民国时期成都著名文化街。这是成都实验小学编、普益协社（祠堂街46号）1949年9月出版的《四川歌谣》之插图"丁丁猫"

较新颖。严正古斋有意重振刻书业，这一带便逐渐聚集了一批同行：卧龙桥街崇义堂、青石桥正字山房、黎照书屋，学道街志古堂、蜀秀山房、望海堂等。志古堂的经营者周达三熟悉各种版本，为木刻版本学专家。四川官办木刻书店最著名的是存古书局，也在学道街设有门市部。民国时铅印书籍逐渐取代木刻本，刻书业日渐式微。上海铅石印等新本书籍在成都大量流行，商务印书馆最先在青石桥北街开设分馆，后迁至春熙路。外省的铅印书店点石斋和二酉山房都在学道街设有门市部。成都的书店先是集中于学道街，后来才陆续迁入祠堂街、春熙路。

　　学者黄裳，20世纪30年代走进成都时还是一个外省青年。来到成都之前，他对成都的想象是从唐诗里来的。当他所搭乘的载重汽车从驷马桥驶入成都时，已是万家灯火的晚上。望着隐在灯雾里的迷离的城市，青年黄裳觉得走进晚唐的诗境里来了。在成都只能停留几天，黄裳把这几天的时间分给了武侯祠、望江楼、草堂寺，听了一出川戏，去了祠堂街等几条文化街。浮光掠影的几天，就从三国走过了唐朝、走到了30年代的成都。在黄裳眼里，旧的成都已渐渐毁灭，新的工业文化还没有影子，却已染上了浓厚的浅薄的商业色彩。对那多少保持了古代文化的成都的生活方式，青年黄裳有着深深的依恋。

　　成都的自然、人文景观几经变迁，有好些已经消失，只是留下了古老的街名和不多的古迹。街道是城市精神的所在，是城市灵魂的庇护所。20世纪初期与中期的成都老街，和老街上那些穿斗结构的房屋里，安置的是纯朴敦厚、静谧沉着的成都人，他们所处的是清末民国新旧交替、剧烈动荡的大背景。

　　这真是一个风云变幻的时代。

二　清流绕城

蜀江水碧

　　如果一定要给城市划分性别，成都无疑是趋于女性的城市：线条柔和的地形物貌、潮湿温润的空气、花间林下的雍容气度……总之是偏向阴柔的。而造就这一切的，当然是水。

　　水实在是一个城市的灵魂，一个地方没有水，首先就缺乏灵性。底气不足，再怎么说它富庶、秀丽、繁华，都显得牵强。

　　成都就不必有此担忧，它是被水环绕的城市。

　　千百年来，护城河府河、南河（南河又名锦江，现在也统称府河、南河为锦江）滋养着成都人，加上从西向东横贯城中心的金河、环流皇城的御河，还有水量丰沛的沙河，以及穿插于城区西、北的西郊河、饮马河等锦江支流，使得成都水道密布，像纵横的血管。

　　金河最初开凿于唐代，后来几经兴废。明代嘉靖年间，金河淤泥堆积，河面宽度仅余咫尺，大雨后难以泄洪。嘉靖四十五年（1566）冬天，四川巡抚谭纶主持启动了金河整治工程，加深加宽河道，疏通淤积，重建或新建水闸、桥梁等。成都知府刘侃在《重开金河记》中

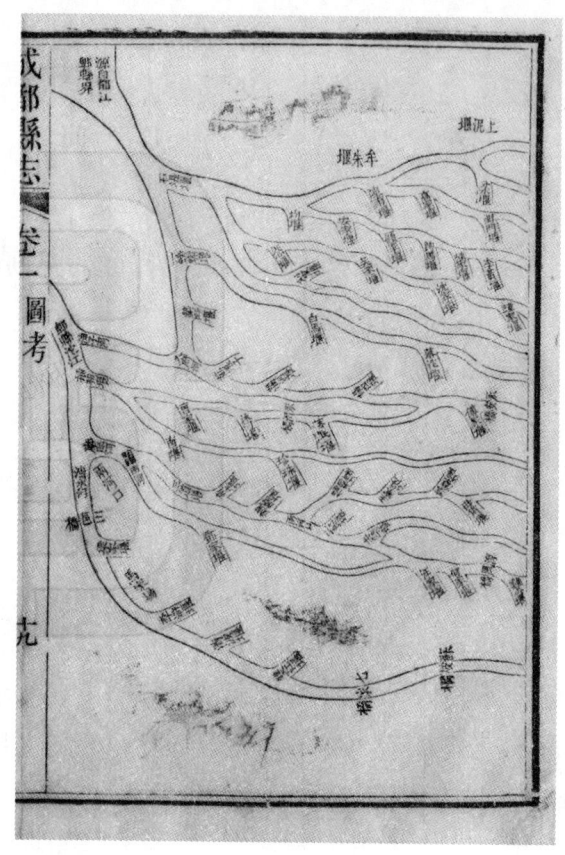

王泰云纂《成都县志》所载成都县《堰水图》，芙蓉书院藏版，清嘉庆二十一年刊本，中国国家图书馆藏

描绘了金河整修后市民的欣喜与满足：

> 金水之漪，洋然流贯阛阓(huánhuì，街市)，蜀人奔走聚观，诧其神异。由是釜者汲，垢者沐，道渴者饮，缫者洴澼（píngpì，漂洗），园者灌。濯锦之官，浣花之姝，杂沓而至，欢声万喙，莫不鼓舞。

清雍正年间，金河达致鼎盛。

它从外西磨底河引水入少城，流经金花桥、金河街、祠堂街，再过半边桥、西御街、青石桥、龙王庙、王家巷等，最后从大安桥汇入府河，全长5千米。在漫长的日子里，金河为市民尤其是沿河居民提供了诸多方便。运送柴、盐、粮食、蔬菜的船只可以从城东迤逦而来，在市中心三桥正街的三座桥梁附近集中交易；而金河城中心段的两岸，正好是居民密集的繁华地带，河边商贾荟萃，有这样一条贯穿市中区的"动脉"，货物随时装卸，真是利商便民。

除了运输功能，金河还起到了泄洪、排污、点缀风景、防火等作用——旧时城内的房屋多为草房、瓦房，竹木易燃，金河长年有水，在消防措施不先进的年代，它对降低火灾的威胁出力可真不少。

清代末年洋务运动时期，四川总督丁宝桢在成都创办四川机器总局，厂址选在东门内拱背桥至下莲池一带的空地上，依赖金河这条沟通城内外的水路，便于运输工厂所需的原材料等。夏秋季节水量丰沛时，工厂还以金河的水力为动力发动水轮机，到了冬春枯水期，再烧锅炉发动汽机。之前，省内官兵都使用土枪，仅有少量远道购买的洋枪。四川省开始制造新式枪炮，就始于这家机器局。因此，它既是全省第一家兵工厂，也是四川近代工业的滥觞。

金河上有20余座桥，以石拱桥居多，它们小巧玲珑，有时仅隔数十米便有两桥相邻，偶尔还有小木桥窄窄一线，差不多就是供临水的某家人独享的。岸边几株榕树张开巨伞一样的枝干，绿荫将隔河相望的人家全部笼罩。柳树的柔枝一门心思地垂向水面，远远看去竟也像拱桥的剪影。时而驶过的小木船就得避开树枝，也吆喝走水中嬉游的鸭子，摇着桨悠然而去。这种"小桥流水人家"般的景致，增添了古城的悠然情调——通都大衢的老成都，并不缺乏这些散落在街巷中的田园风情。

桥上桥下

成都跟水的渊源很深。据《成都通览》载，清末时全城有塘20余处，桥近200座，既有拱桥也有平桥，还有不少廊桥。就材料来看，石桥、木桥、竹桥、铁桥应有尽有。全城以桥命名的街道也有四五十条，若再加上以河、塘、沟、池命名的，数目就更多了。像下莲池、白家塘、方池街等十多条以池塘命名的街巷，都让人可以想见从前池塘星罗棋布的景象。可惜自清末以来，因人口增多等原因，它们逐渐被侵占、填塞，空余名不副实的地名，让人惋惜。

何止是池塘呢？成都自古以来"长似江南好风景，画船往来碧波中"的水乡风貌，一个多世纪以来，因为人口膨胀、生存空间拥挤等因素，日渐被侵蚀。

老成都众多的桥虽然大小有别，或高或低，名字却起得一点都不含糊：卧龙桥、双凤桥、陆萧桥、莲花桥、赛锦桥、双灵桥、柳荫桥……它们带着盎然诗意横卧水上，为这座以书卷气著称的古城再添风雅。

行人、轿子、鸡公车、黄包车从桥上匆匆而过；桥下的黄桷树旁，拿着竹竿垂钓的人一竿一竿往上收，次次都有收获，喜得一旁看热闹的人也合不拢嘴；桥边的吊脚楼里，端着木盆来洗衣服的女人有摆不完的龙门阵：听说东玉沙街刘家大公馆对面的照相馆，可以留住人影子，人穿的衣服还上了颜色；今年花会上外乡外县也来了好多小吃摆展，有一种椒盐锅盔味道最好；商业场的洋布又有了新花色……若是夏天，桥边就成了孩子们的天堂，他们穿条小裤衩，或者干脆赤条条扑进水里，像泥鳅一样溜滑自如。勇敢者当然是从桥墩或桥栏上往下跳，"炸弹""飞燕""坐板凳"，姿态不一而足。如果桥上有

· 二 清流绕城·

1914年6月的九眼桥 （法）谢阁兰 摄

众多观众助兴，伴以情不自禁的叫好声或跳水者失误时喝倒彩的嘘声，那场面就更刺激了。

有些桥的历史可以上溯到遥远的从前。比如长春桥（东门大桥，又名濯锦桥），清末修补时发现有宋碑，可知其最早为宋代所建；九眼桥，古名洪济桥，明时叫锁江桥，乾隆时始改名九眼桥；被历代诗人歌咏不绝的万里桥（老南门大桥）在三国时已存，相传费祎出使东吴联吴拒魏，在此桥下登舟东去，诸葛亮送别时语带双关地对他说："万里之行，请自此始"；沙河上的升仙桥年岁更大，相传秦朝时这里已有一座木桥，后来司马相如去京城长安时经过这里且夸下海口，由此改名驷马桥。

再古老的桥，只要还有迹可寻，都不妨碍人们重新为其续上一段风流。

1938年，张恨水在南京沦陷后赴重庆，随后来游成都。他在南京、重庆时编辑《新民报》等报副刊，成都新闻界20余人在万里桥畔的枕江楼宴请这位作家与同行。宴前，众人请他留墨，张恨水略一沉吟，挥毫书成一绝：

> 江流呜咽水迢迢，惆怅栏前万里桥。
> 今夜鸡鸣应有梦，晓风残月白门潮。

国难当头的痛楚，离别故都的感伤，触景生情，奔来眼底。

抗战期间，还有不少流寓成都的学者在万里桥畔抒流离之恸。大后方成都接纳了无数去国离乡的伤心游子，看过月白风清与金戈铁马的七孔石拱桥，听着耳旁的愁恻之音，一定也会无语凝噎吧？

水上欢声

府河、南河（下文将此二江统称锦江）穿流市区，像两条修长柔软的手臂，将老城区紧紧环绕，最后在九眼桥附近的合江亭会合。两江环抱、水色空蒙的气象最令成都人骄傲。

老成都人的衣食住行都跟锦江有不解之缘：灌溉、行舟、漂木、饮用、洗漱、游乐……哪样离得开"二江"呢？

合江亭附近的水津街是老成都的柴市，旧日市民用作主要燃料的木柴多由岷江漂送。每当夏季丰水期，顺流而下的漂木在江边随着波涛起伏冲撞，船工们赤着上身，用带钩的竹竿将原木收集拢来，场面十分壮观；不远处的太平下街是竹子市，江中江岸满是竹排、竹筏和竹子堆成的小山；临近还有热闹非凡的盐市、米市；东门大桥的鱼码头则是鱼、虾、蟹、团鱼的天下，活蹦乱跳的水族时常引得小孩垂涎欲滴；北门大桥附近有大安米市，下游的小南海菜蔬码头堆满新鲜便宜的时令蔬菜……水量充沛的岷江，将积雪消融的沁人清流源源不绝地输往成都，也将水的生机与欢愉送达古城。

锦江是老成都人的捕鱼场。

成都处于内陆盆地中央，境内水脉纵横，不乏鲫鱼、鲤鱼、鲢鱼、黄辣丁、泥鳅、虾、蟹。清末民初时南门大街、湖广馆、棉花街等都有鱼市，但鱼类在老成都人的饭桌上并非天天可见，它们是待客的佳品，是寻常人家的上乘菜肴。

老成都人捕鱼的方式五花八门，捕鱼工具有虾耙、罾、网、钓竿、渔叉、豪子等。因为鱼虾多，就是用手捧，用木棒或石头打，用筲箕撮，都能有收获。最有趣味的是鱼老鸦船、鱼猫子船，捕鱼人专饲鱼类的天敌为捕鱼工具，效果当然奇妙无比。远离大海大湖，老成都的捕鱼业未能脱离小打小闹的家庭作业方式，虽成不了大气候，倒也别有一番风味。锦江的鱼有多大呢？据当时人回忆，20世纪三四十年代，九眼桥一带水域曾发现一米多长的大鱼，一两尺长的鱼当然就见惯不惊了。

锦江也是老成都人的游赏乐园。

"游锦江"是市民的至爱，这一风俗可以追溯到唐宋。清末民国时，游锦江、赛龙舟依旧是让人陶醉的盛大节目。从万里桥开始，游江的画舫和喧哗的笑语填满锦江，岸边人潮涌动，往往入夜后仍然弦歌不绝。

陆游曾为之迷醉的"青羊宫到浣花溪"，后世依旧风采不衰。

明代散文家钟惺万历三十九年（1611）来成都公干，也曾兴致勃勃地出南门，沿江西行，去寻访草堂祠、武侯祠。他的《浣花溪记》描述了锦水漫江碧透，曲折婉转的景象。从万里桥至青羊宫一线，江水与道路或远或近，一路相随，"竹柏苍然……水木清华，神肤洞达"。再往前行至草堂一带，则更为清幽，房舍树林掩映流水，竹篱板桥，水槛木亭，都别有风致。

清末民国学者赵熙（尧生）则这么吟咏那一带的景致：

> 青羊一带野人家，稚女茅檐学煮茶。
> 笼竹绿于诸葛庙，海棠红艳放翁花。

依旧是花艳竹翠，一派田园野趣。不论在不在花会期间，成都人对青羊宫到浣花溪的兴致都是不低的。

除了水，浣花溪一带的风物以杜甫草堂和花木幽深取胜；城东望江楼附近也占尽锦江春色，故成为另一个诱人的去处。

纪念女诗人薛涛的古井薛涛井在明代已是名胜，与之毗邻的胜迹还有几处清代嘉庆年间兴建的亭台楼馆。薛涛井乍一看也无特异之处，但是据说它很神奇——即便天旱，井水水位依然很高，距井口不过一尺多，而且取之不竭，井水之清洌甘美，更是胜过锦江水百倍。所以，薛涛井畔的茶园往往座无虚席，旁边还有五间大厅，是供人品茗的雅座。每逢乡试期间，井水还要被运往市中心的考场，供考官等饮用。那时节，薛涛井边还会派驻专门的守护人员，不许寻常人等随便染指。

光绪年间，薛涛井附近又建成崇丽阁（俗称望江楼）、濯锦楼，重建了吟诗楼等，与明代亭台相互辉映，加上曲径通幽、修竹疏篱，引人流连。崇丽阁在原回澜塔旧址上修建，得名于左思《蜀都赋》的"既丽且崇，实号成都"。它近40米高，飞檐高悬，气势恢宏，雕梁画栋。登上高层俯瞰江水东流，似觉水气蒸腾。远眺百里外的青山，翠色扑面而来。

据说四川文风虽盛，清代却没有出过一位状元为地方增色，士绅乡贤深以为憾。而本地有一传统，凡大型公共建筑落成后，必定要请名公巨卿率先登临，以求吉祥。这一年的四川乡试副考官为贵州第一位状元赵以炯，众人议定，待考试结束，赵状元一出闱，就请他登上崇丽阁。果不其然，沾了赵状元的喜气，没过几年，四川就出了清代唯一的状元骆成骧。

九眼桥外本来就是东去的水码头，在古刹雷神庙饯行、接风的人每天络绎不绝。自崇丽阁等建成后，水榭风亭，又添奇趣，来江边郊游宴饮的人日益增多，冠盖往来，车马驱驰，茶馆饭店生意异常兴隆。更有各方名士为亭台楼阁题咏、撰联。晚清著名诗人、书画家顾复初为濯锦楼题联：

引袖拂寒星，古意苍茫，看四壁云山，青来剑外；
停琴伫凉月，予怀浩渺，送一篙春水，绿到江南。

写景言情都与江畔的胜迹分外熨帖。望江楼这一"岁时游宴及离樽送行之所"更趋繁华。

1928年，望江楼一带辟为郊外公园。直到今天，望江楼公园的建筑群体大体格局仍与光绪年间相仿。

帆影点点

锦江上飘拂过旅人惬意的笑声，也洒落过生离死别的泪水。

两江水量充沛，冬季也能行船，九眼桥下游水深数米，因而两江上航行极盛，樯橹如林，帆影点点。向下游运送旅客和百货，从上游输送木柴、盐巴、农副土产的大小船只，一年四季穿梭往来。即便到了20世纪50年代初，成都至乐山段仍可通行载重10吨左右的木船。

拉着上行船的纤夫，赤脚过沙滩、涉浅水，步履沉重，挣扎着弯向地面的脊梁被阳光镀成釉亮的紫黑色；顺水行舟的划桨人就从容得多了，他们用乐山话唱出的小调（当时船夫以乐山一带人居多）有轻松的戏谑色彩。在这种悠然的氛围里，船上的旅客最能体会到船出望江楼后扑面而来的野趣：竹外桃花、春江水暖、家禽戏水、杂花生树……

载客船有大有小，小的叫"半头船"，可容纳五六人住宿，大船则一般只包舱面给坐客，底层由船主揽货。比较而言，下水船比上行船价格略便宜，船家供饭，菜蔬由客人自办，停泊起行，一般唯客命是从，所以沿途游览、购物很方便。

茂林修竹中的望江楼（崇丽阁），建于清光绪十五年（1889），由四川总督刘秉璋约集蜀中士绅筹集资金，在原回澜塔旧址上修建　（英）威尔逊　摄

二 清流绕城

1912年夏，学者吴虞应邀前往乐山，排遣郁悒。毕竟是不赶时间的从容出行，按照当时惯例，第一天中午启程，泊船于望江楼下，接着登岸游薛涛井，到方公祠饮茶，晚间歇息。第二天一大早开船，到苏码头上岸早餐，夜泊张家坎。这天午后有点逆风，否则可能还不只日行190多里水路。第三天又是绝早开船，在刘家场登岸用早餐，午后3点已抵达乐山。严格说来，水上行程仅两天。在出行者和亲友眼中，到一趟乐山的概念，跟交通发达的今天不能同日而语，当时这是费时既短又安全的旅行，"去省（城）近而无滩险也"。此前，吴虞因为跟父亲诉讼公堂，反目成仇，被斥为名教罪人，遭逐出教育界。这次得以变换环境，在乐山会友、游览、购物等，令一向愤懑的他稍觉舒服。

由水路出成都，东门外水神寺也是一大码头。1929年6月底，李劼人等利用暑假出川为成都大学（后并入四川大学）招聘教员，便是从这里启程的。校长张澜与吴虞、魏时珍等同事与他们在河边茶馆饮茶、送别。

抗战期间，四川大学迁至峨眉，一些从成都返校的学生总是结伴而行。少年心境毕竟澄明如镜，几枝芦苇，一尾银鱼，半畦菜蔬，都会让他们心情不错。假如你看见那些一向调皮的男生多少有点拘谨，拘谨中又暗含喜悦，那就一定是有女同学同船了。在男女同学和悦的交谈中，两岸风光不知不觉退向脑后。晚上，江月朦胧，船上的文艺晚会却热烈明快。外语系那个戴眼镜的男生用英语朗诵《柔密欧与茱丽叶》，赢得旋风般的掌声；家住青石桥的中文系腼腆女生不唱川剧，却清唱了一曲大家都熟悉的《苏三起解》，竟看不出她的嗓音这么响遏行云。家麟对住在隔壁森严的秦公馆里的蕙小姐早有好感，离开望江楼他就开始惴惴然——没有想到跟她同学了，此次竟又同船，能否更接近她些？可惜才两天就到目的地了，只恨水程太短，行船太快。

假如不是安全系数较大的短途旅行，而是出省出国呢？那就令送行者和旅人都唏嘘不已了。在望江楼解缆挥桨，不知要经过多少曲折才能抵达万舟排列的朝天门码头；又不知要历经多少惊险，才能穿越漩涡湍急的三峡，驶入江天一色的长江下游……

行旅的艰难与漫长，令告别的场面总是凄凄切切，所谓"多情自古伤离别"。1903年夏，四川选送到欧洲留学的一批青年学生也是从望江楼出发的。他们经过城里各方知名人士宴请后，哭别祖宗祠堂，与亲人洒泪告别，在震耳欲聋的鞭炮声中登上大木船。包着铜角的漆皮箱和存放皮袄、丝绸长袍、马褂等冬装的樟木箱，都被船夫运上了船，用绳子拴在船板的铁环上，与其他旅客携带的成包的丝绸、成箱的鸦片、成捆的烟叶堆放在一起。他们开始了惊心动魄的航行，经重庆，下宜昌，过汉口，抵上海，最后乘洋轮去欧洲，直到次年2月才到达目的地。

淘金之梦

成都人做过有关锦江的黄金梦，锦江也冲刷过成都人的发财狂想。

彭山江口在锦江下游，位于锦江与岷江交汇处，由东门起航经九眼桥南下之船都要经过江口。1647年张献忠大败于此，后来当地村民、渔夫在水中捞起过零星珠宝或银锭。清代中期，四川巡抚曾经派人在江口打捞，未果。据说，光绪年间四川总督刘秉璋曾经上奏朝廷，拟从国外购买洋机器，挖掘江口沉银，但被御史奏参：堂堂中国，岂有往水中求银之理。何况机器还购自西洋，尤其会招致洋人对我们的轻视，有损国体。此事遂作罢。

1939年春，望江楼下游约一华里处的一段河道上，突然有汽油吸水机在排水,很多人拿着锄头、铁铲、扁担等工具出没,脸上都带着讳莫如深的表情,手里一刻不停地在河床上挖着刨着。过路人见此情景,想知道缘由,挖河的人就称是在淘金。

那些知情者并不想多言:他们的锄头指向的是难以计数的金银财宝。他们中间都知道那个流传已久、让人心动过速的歌谣:"石牛对石鼓,银子万万五;谁人能识破,买尽成都府。"那时锦江里确实有一对石牛,在今天的川大校门与望江楼之间,石鼓在岸上。石牛为什么会在水里?它与石鼓的位置又为什么会与歌谣的叙述恰好吻合?这的确够神秘的。而人们之所以坚信锦江下面埋着宝藏,是因为张献忠。

实际上,有关张献忠在锦江下埋银的故事已经流传了300多年,

1917年成都九眼桥附近,锦江上的水车、木船和竹筏 (美)西德尼·戴维·甘博 摄

一些史籍也言之凿凿。"献（张献忠）自（彭山）江口败还，势不振……决走川北，将所余蜀府金银铸饼及瑶宝等物，用法移锦江，锢其流，穿穴数仞实之，因尽杀凿盖工，下土石掩盖……"说张献忠撤出成都时，因大量金银珍宝不便携带，就截断锦江，在河里挖了几个深坑，沉入珍宝，并将当时参与埋银的匠人全部杀害。不过，据说张献忠有个随员偷偷将埋银的地点绘图保留下来，后隐匿民间，传与后人。伴随这一传言，历史上不知有多少人曾经在锦江边流连忘返，寻寻觅觅，希望自己成为那个幸运的挖宝人，无奈都败兴而返。

抗战中的这次淘金，声势最为浩大，一些官绅和军界、商界要员承头成立了"锦江淘金公司"，声言挖出金银后80%作抗战用，余者按股分利。《新新新闻》等报纸也不断有文章论证，锦江里确实埋有宝藏。淘金公司购置了金属探测器、抽水机、挖掘机等设备，兴致勃勃大干起来——先令江水改道，继而在河心挖深坑。成都人喜欢热闹，每天扶老携幼去锦江边看淘金，人潮络绎不绝，都想争睹奇珍异宝出土。群情激昂，有普天同庆的欢欣，被围观的锦江与其说是市民的名利场，倒不如说更像他们的游乐场。

经过两年多的努力，结局却不尽如人意，淘金公司草草收兵。万头攒动看挖宝的闹热也消散了。"锦里埋银"的旧梦又像奔流的江水，随波逝去。但有关锦江的隐秘传闻，却从未真正销声匿迹，以后它时不时要掀起波浪，锦江被来来回回折腾了好多趟，让成都人幻想一回又失望一回。

张献忠沉银真正浮出水面，要等到2017年，国家文物局水下文化遗产保护中心和四川省文物考古研究院联合组建考古队，首度发掘彭山江口沉银遗址，出水文物3万余件。其中既有大量刻着文字的银锭与"西王赏功"的金币银币，也有明代藩王府与张献忠大西国册封妃嫔的金银册，还有各类金银首饰、兵器、瓷器等，它们对研究明代中晚期的政治、经济、军事等价值重大。

张献忠沉银的传说流播了300多年,让多少人满怀希冀又抱憾而去,好似镜花水月,虚无缥缈。

原来,它竟是真的。

三　商潮起伏

东大街占尽风骚

　　成都平原被万顷沃野包围，自给自足的自然经济局限着却也滋养着成都人。在舒缓、乡土的气氛里，老成都人虽不乏拘谨、短视，但也志得意满地过着日子。传统商业、手工业虽然触摸到洋货进入内地的咄咄逼人之势，但依然占据着城市经济的主导地位。市民享用着成都货物的丰盛和游赏的从容。外面的世界已是山雨欲来，生为成都人的骄傲却依旧延续着。

　　这骄傲不是凭空生出的。不说别的，在外县外乡人的眼里，"既丽且崇"的成都是怎样繁华富丽的所在啊，城墙巍峨，公馆华美，街道拥挤热闹。最吸引人的，当然是各式货物琳琅满目的商铺。到了成都如果不逛商铺，简直就等于白去一遭。

　　成都人对城区街道中各类商铺之分布了然于胸：华兴街、东大街的京货，冻青树街、华兴街的南货，东大街、西大街、科甲巷、总府街的苏广洋货，学道街的笔墨铺，桂王桥北街、九龙巷的绣花铺，东大街、总府街的香粉铺，白丝街、会府的古董铺，顺城街、水花街的湖绉绸缎洋布铺,刀子巷、顺城街的水烟袋铺,科甲巷的小儿鞋靴铺,福兴街、青石桥的帽铺,水花街、总府街的新衣铺,会府西街、古楼南街、红照壁的旧衣铺,东门二巷子的雀笼,玉皇观、陕西馆的盆景花,华兴街、会府街的玉器珠宝,鼓楼街、东大街与东门外九眼桥的柴,南大街的砖瓦,皇城坝的鹅肉、牛肉,染房街、东御街的纽扣,打金街、会府街的锡器,广东馆的菜刀……可谓百物荟萃,包罗万象。各商铺的招牌上,往往刻有所售物品的形状,如帽铺的招牌上刻帽形,戏剧行头铺则刻纱帽形。19世纪、20世纪之交,成都的商铺超过4000家,无论居家、游览还是贩运、批发,都十分方便。

老成都面积不大,"穿城九里三,围城四十八",这是指城区的大致直径与周长。城内商铺最集中、货物最丰富、交易量最大、街景最堂皇的街道,首推东大街。李劼人先生对东大街有过生动的刻画:

> 从进东门城门洞的一段叫下东大街,此处倒还平常。再向西去的一段叫中东大街、城守东大街和上东大街,足有二里多长,那就显出富华绮丽来了:大首饰铺、大绸缎铺、大皮货铺以及各字号,乃至贩卖苏、广货的客商一家紧接一家。各铺户的铺板门坊及檐下卷棚全是黑漆推光,铺面又高、又大、又深,并且整齐干净。招牌呢则全是黑漆金字,光华灿烂。因为从乾隆四十九年起经过几次大火灾,于是防患于未然,每隔几家铺面便高耸一道风火墙。街边更有一口三尺多高、盛满清水的长方形太平石缸,屋檐下整齐地伸出麻搭、火钩等救火家具。街面之宽,据说足以并排走四乘八人大轿。街面全铺着红砂石板,两边的阶檐也宽而平坦。

东大街不仅白天逛街者川流不息,日暮商铺关门后,摆在屋檐下的地摊也是密密麻麻，小商品应有尽有。行人照旧悠悠闲闲，往来如织，或在一堆鞋帽里东挑西选，或在小吃摊上吃碗抄手、荞面，或找算命先生问问前程，或在草药摊前抓一副化痰消食的祖传灵药……买卖双方都要九点过才各自散去。东大街夜市虽无大宗买卖，但每日银钱往来也不低，不少小贩借此收入维持日常生活。

倘若遇到过年，东大街万灯齐明，来逛街的城里人乡下人全都沉迷于欢快的空气里：正月初九名曰上九，是正月烧灯的第一宵。一入夜，全城人家都挂出灯笼，煞是好看。但比较起来，还是东大街各铺户的灯笼最多最精致，有玻璃彩画的，有绢底彩绘的，争奇斗艳。画面或是《西厢》《水浒》，或是《红楼》《聊斋》，或是戏景，看得人眼花缭乱。而对那帮浮浪子弟来说，东大街最吸引人的，不是繁复的街景，而是万绿丛中几点红——打扮得齐齐整整、粉浓香腻出来逛街的妇人——那才真是令人耳热心跳的景致。

过年之外，遇到别的喜庆日子，比如慈禧太后的六十大寿，全城主街也要大张灯火"闹皇灯"。大家力图花样翻新，争奇斗艳。这种时候，夺得头彩的依旧是东大街，其次是总府街，满街天棚，全部用五色湖绉扎成，说不出的华美艳丽。

1941年刊于《华西晚报》上的《蓉市夜市》图，描绘了东大街夜市上的各类摊贩

三 商潮起伏

清代中后期，东大街在商业街道中占尽风骚，把旧日成都的繁华气象堆砌得最为耀眼醒目，它要一直热闹下去，直到劝业场兴起，抢走了它的风头。那时，中国的大门已经勉强打开，但在闭塞、乡野的四川，洋货的行销稍微滞后；长江上游的通商口岸重庆开始成为近代洋货入川、土货出川的集散地，但在全省经济自身商品率极低的情况下，成都商业在全川商业中的支配地位虽受到抑制，却并未完全动摇。在传统的生活方式中，成都一如既往地集纳、消化着八方货物。而一说到温柔富贵乡、花柳繁盛地的锦城，谁又能避得开妇孺皆知的东大街呢？

劝业场人流如潮

"劝业场今天开场了！走，去看热闹。"

"劝业场人好多啊，东西之巴适，硬是有逛头呢！"

这一天是宣统元年（1909）三月初三，劝业场正式开场的日子。劝业场口张贴着许多五光十色的宣传广告，如英美烟草公司的巨型招贴画、巴黎香水的广告画……颜色鲜艳，画面新异。入口处还有专人拿着戒烟丸、补脑汁、补血汁、疗痔药水的传单或说明书，遍赠来宾。成都市民及外地客商蜂拥入场，不足百丈的场内万头攒动，人流如潮。这一天，劝工局各售货所与谦益祥玉器铺、楼外楼中西大餐馆等营业最盛，终日宾客盈门，摩肩接踵。

在成都的司、道官员和不少士绅这天都参加了庆典，共贺劝业场落成。四川劝业道道台周孝怀（善培）作了简短演说：我国自古重农不重商，认为"农者，生活之本源；商者，无聊之末路"，以致国贫民瘠。而近观东洋之所以振兴，"皆发展工商，有以致之"。所以兴建劝业场就是为了发展工商，裕国裕民。这一番话，直听得商界人士连连点头，大受鼓舞。

光绪末年，清政府在内外交困的形势下，逐步推行新政，并在农、工、商等各方面实行了一些改良政策，全国也先后设置了劝工局、劝业道等机构，推行实业。北京、湖北、天津等地都由官款筹建了"劝工场"，领风气之先。四川劝工总局最早设于皇城后门，在从前铸造制钱的宝川局之旧址上改建。起初由成绵道充任总办，有提调、文案、会计、庶务等职员若干，工匠学徒共有200多人。那时的劝工局既无机械工厂，也缺乏技术人才，只出产一些木器、家具与绣品、织物等手工业品，产量虽然不高，却比市面销售的同类产品更精致讲究，多为奢侈品。

光绪三十四年（1908）设立了四川通省劝业道，主管工业、商业、矿务、交通等，有关方面开始研究全省各地物产，谋求改进。青羊宫每年的花会也改为劝业会，成为四川前所未有的盛会。每到春季，游人如织，全省各州县的农副产品、手工艺品与美食、小吃，荟萃青羊宫。花会上陈列出售之物，往往被游客争相购买。

周孝怀是著名诗人、蜀中大儒赵熙的高足，从日本留学归国，颇有远见卓识，堪称一时才俊。他在四川劝业道道台任上政绩显著，还创办了省度量衡局，"以谋划一整齐"，同时成立会计学堂，招徕优秀学子，培养人才。

周孝怀很想在发展工商业上有一番作为，特将成都图书业帮董樊孔周（起鸿）提拔为成都商务总会协董，为他推行新政助一臂之力。周孝怀也准备在成都开办"劝工场"，但没有官款可拨。樊孔周建议：何不由成都商会出面集股商办，由劝业道出面倡导？周孝怀欣然应允，他在各帮商董及知名士绅出席的大会上号召："工商业必须尚竞争，与外省竞、外国竞，有竞争才有进步……必须要有常设的劝工场……希群策群力，共襄盛举。"商办劝工场的倡议得到与会者响应，大家决定成立成都建筑有限公司，负责兴建劝工场。公司章程表明，营建劝工场的首要目的不在营利，而是鼓励发展工商业。

光绪三十四年（1908），公司筹集股金白银4万两，购买总府街与华兴街之间原老盐店一带的地面，动工兴建。周孝怀将劝工场定名为劝业场，亲自题写场名。

古风依旧、埋首操持传统业务的成都商界，在新世纪初已朦胧感受到整个社会微微泛起的变革气象。城市商业的繁荣，使富商大贾得以聚集起相当的财富。据统计，20世纪初，成都工商行帮资本银总额达293.4万两；商品流通范围进一步扩大，与国外商家的联系日益频繁，不仅使洋货入川、土产出口量日渐增大，也使商贾们的眼界更为开阔；加之某些新式制造行业兴盛，东大街夜市持续繁华，传统专业集市扩大……这些因素既加剧了城市经济的纷繁兴盛，又使得旧的商品市场无法满足需求，新式商场的兴建犹如箭在弦上。因此，周孝怀、樊孔周登高一呼，应者如云。

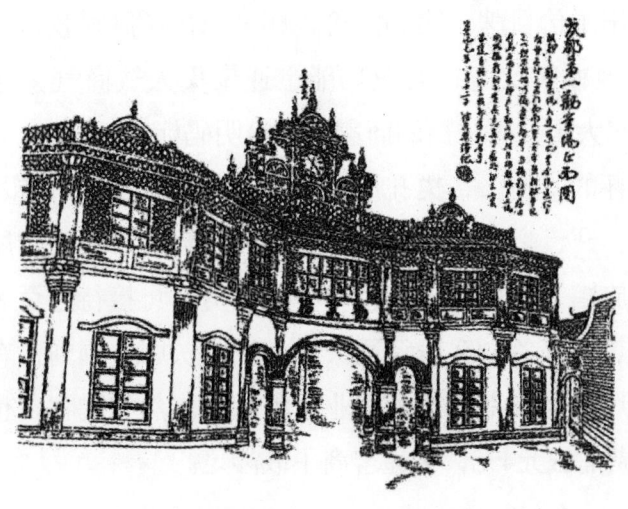

1909年刊于《通俗画报》上的劝业场正面图

劝业场的前场口在总府街，后场口在华兴街，前后场口都辟有专供游人停驻车马的场地。它的建成在成都商业格局由传统向近现代的演进中乃举足轻重的一环，在当时成都的工商界称得上首屈一指的大事。劝业场"栋宇堂皇，商肆罗列"，150余家店铺荟萃了省城的工商业精华。如果在各行帮中没有点名气，休想租得一间铺房。

当然也有例外。味虞轩是新繁县城的京果铺，它的桃片虽在青羊宫花会的劝业会上得过奖，但仍有人认为，一家外县的小铺子，有什么资格进入劝业场？还是在周孝怀的支持下，它才租得一间小小门面。周孝怀还特地拨给快马一匹，每天将新繁刚出炉的产品飞马运至劝业场，以保持其新鲜；有一位挑担在望江楼附近卖水饺的小本生意人，其水饺馅料饱满、味道鲜美，被周孝怀无意中发现了，坚持要其迁入劝业场。水饺担子原先没有招牌，如今就取名"江楼水饺"。

当年成都的商铺有一桩旧习：一元钱甚至更低价可以卖出的货物，可以要价到两三元。本地人习以为常，你漫天要价，我就地还钱，稍有经验者倒不至于上当；但外县外乡不常到成都的人，若是不谙行情，便极易吃亏。而如今走进劝业场的人们欣喜地发现：场内所有商品均挂出了价目牌，明码实价，顾客只需照牌付款。这一变化大受本地及外地顾客欢迎，劝业场能迅速聚集人气商气，与此大有关系。它还使东大街、暑袜街的商家也纷纷明码标价。

在周孝怀的支持下，樊孔周还于1908年8月集商股白银2万两，成立悦来公司，开设悦来茶园与悦来旅馆。悦来茶园成为川剧的发祥地之一；悦来旅馆为三层洋楼，也有小院平房，可接待近百名旅客，浴室、电灯、热水齐备，客房舒适豪华，招待员服务周到，有名厨主理中餐西餐，可称为成都新式酒店业之滥觞。当然它的收费也较贵，每客每日住宿费需银元4元，普通客商不敢涉足。

三 商潮起伏

大家争看电灯红

劝业场是周孝怀推行新政的四大举措之一，时人将他的几大举措归纳为"娼、场、厂、唱"：娼，即集中管理妓女；场，即劝业场；厂，指兴办收容无业游民的工厂；唱，指兴建川剧剧场。它们对成都人生活方式的影响、为人们日常生活增添的趣味是不言而喻的。

吴二小姐与孙家三少爷定了亲，吉日也已择定。太太忙着跟老爷、大少爷商量置办陪奁的事，几乎没有分歧：到劝业场逛就行了，办嫁妆需要的东西那里应有尽有。本地货有鹿嵩玻璃厂的五彩描金玻璃器皿，马正泰、马天裕的水丝浣花巴缎、百子图被面，松竹轩的刺绣绢扇，荣身久的新衣皮袍，谦益祥的玉器，熙德隆的鞋靴……想买外地货或洋货，则有苏广货、京货，此外还有八音钟表、金丝眼镜、法兰西绢绸等。总之，太太根本不用操心。大少爷特别提醒母亲，若是逛街累了饿了，劝业场内喝茶吃饭的地方多得很。宜春楼、怀园等茶馆，有专门为女客设置的以屏障分隔的雅座；虽说楼外楼的中西大菜有200多种，但一定要记得尝尝那种20文一个的薄皮包子，去晚了就买不到了。

今天是周日，四川高等学堂的几个同学讨论着怎样消受这难得的自由时光。大家众说纷纭，最后还是家在东大街开有绸缎铺的成都同学一锤定音：先去新玉沙街清音灯影戏园听几折李少文、贾培之的好戏；再到劝业场吃碗茶，地方既热闹，还可以看很多女人；然后去锦江桥广兴隆消夜，酒菜面三开。算起来每人两角半钱，样样耍遍，咋样？大伙笑道：还是成都儿精灵。随即一阵风似的出了学堂门。

其中那个来自郫县的高个子自有一段心事：开学上成都之前，特地向父亲多要了几块零花钱，准备请表弟表妹——当然，主要想请的是表妹——转劝业场，看悦来茶园的川戏，接着吃锦江春。所以，今天应早点赶到姨妈家。

就算什么都不买，什么朦胧心事都没有吧，劝业场依然是个激动人心的去处。比方说，电灯就很诱人。虽说光绪三十年（1904）官办四川机器局已试行发电，可照明2000盏左右。但电灯真正令寻常百姓大开眼界，还是从劝业场开始的。樊孔周号召另筹股金白银2万两，购买电机，建设厂房。这样，不仅全场用电灯照明，每到黄昏，前后场口还高悬起一个圆形大电球。夜幕降临，前后场口总是人潮汹涌，只求能把那大电球看得清楚些。每天电球骤亮时，观众欢声雷动，眉开眼笑，真比过节还快活。这一西洋景致很快传遍川西各县，郊县农民有的跑几十里路来看稀奇。劝业场口和总府街的茶楼，每天午后4点便已客满——全是来等着看电灯燃的。当年人们使用的这个"燃"字多么传神。习惯了油灯、蜡烛的眼睛，被奇异、璀璨的景象搅得目眩神迷，好奇心、探究欲也被暗夜中透进的几丝光亮照得清晰起来。

劝业场开业之前的十几年，一些有经济实力的官绅人家已经接触并使用不少"奇技淫巧"的东西：精铜架子、五色玻璃坠子的大保险洋灯，初点燃时，只见光芒四射，连地上掉的一根针都能看见，只是洋油太不便宜了；大太太房里的全家福大照片，是花了8两银子照的；显微镜、留声机、八音琴、橡皮垫子等也已进入许多公馆。

如今，洋货被更多的人接受了，不信，你看看劝业场那些五光十色的日常用品多受欢迎：牙刷、牙膏、洋胰子、花露水、洋葛巾等，令女顾客爱不释手。她们一边兴致勃勃地挑选，一边议论：那些洋人看起来又粗又笨、鬼头鬼脑的（当时四圣祠、平安桥、桂王桥北街、东丁字街的华英学堂及英、法、德领事府皆住有外国人），怎么打造的这些家常东西样样别致，只要一经了手，就离不开它？

劝业场的开办，初衷是鼓励工商、发展本地产品。但开场一年来的情形，本地产品的销售额仅占20%～30%，洋货、广货的比重反倒很大。商会同人为求名副其实，请求改名。宣统二年（1910）劝业场正式改名为商业场，此名一直沿用。从那以后，全国各地修建的商场都不再叫劝业场，而直接称为商业场。

宣统元年（1909），成都劝业场年交易总额为白银33.3万余两，次年改名后，全场年交易总额激增至白银46万余两，洋货、广货的增幅最为突出。

商业场的"喧阗之声，盈夜不息"，当年求学于成都的青年郭沫若也爱跟同学去游逛。他的三首《商业场竹枝词》里，既多繁华新潮，更有花容月貌，饶富趣味：

蝉鬓疏松刻意修，商业场中结队游。
无怪蜂狂蝶更浪，牡丹开到美人头。

楼前梭线路难通，龙马高车走不穷。
铁笛一声飞过了，大家争看电灯红。

新藤小轿碧纱帏，坦道行来快似飞。
里面看人明了否，何缘花貌总依稀？

商业的舞台，看似由缤纷商品占尽风光，真正决定大幕是开是闭、灯光该明该暗的，还有别的因素。1911年四川独立，是年年底成都发生兵变。最繁华的商业场、东大街等，被乱兵抢劫、骚扰得特别厉害："一街都是包洋货的纸头、货匣、商标，打破了的香水瓶、牙粉瓶，有些地方满街都是粉，在这时候锦绣的成都城倒真真成为十里香街了。"（郭沫若《反正前后》）

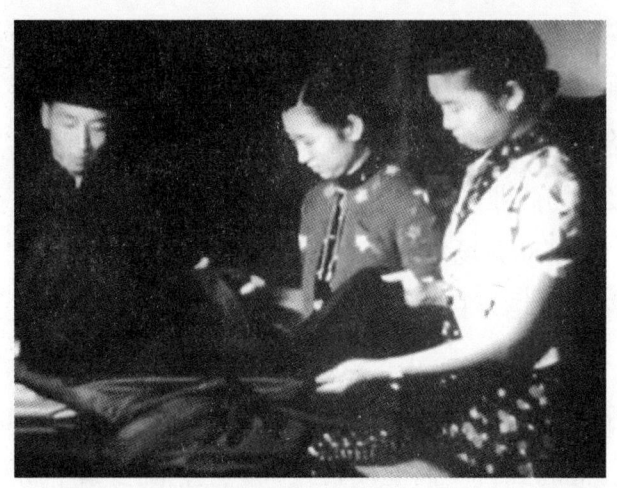

20世纪40年代在成都绸布店购买衣料的女子　选自抗战时期ERPI教室教育记录影像《中国西部的人民：成都》

商业场终于又恢复了元气。但1917年腊月十五日深夜，一场大火使众多铺房化为灰烬，悦来旅馆也被烧毁。商业场建筑公司和商会又集股重建，房柱为楠木、香樟木，形成三个呈川字形布局的商场——悦来商场、新集商场和商业场，店铺比从前扩大了一倍，楼上有天桥联通三场，同时还建立了一支消防队。"悦、商、新"三场又持续繁荣了十余年。

1933年商业场又遭火灾，很长时间一派萧瑟，盛况不再。直到抗战时期，重庆成为陪都，四川人口激增，市场又忙碌起来。那是真正的乱世，日军的铁蹄在中华大地横行，后方却也不乏支离破碎的承平气象。商业场的许多百货商店又应运而生，新老招牌轮番登场。新集商场的徐福昌西服店、弹子房和二泉茶楼等也成为热闹的去处，后者不仅环境、器皿考究，还附设了高档美发厅。

20世纪40年代末期，时局动荡，人心浮动，物价飞涨，许多商家倒闭或者迁出。在历史的惊涛骇浪中沉浮的商业场终于疲惫不堪，它只有40岁，却已有蹒跚老者的步态。

直到20世纪90年代初，成都人购物、逛街，依然最爱去春熙路、盐市口、骡马市。春熙路作为成都商业中心的地位最为悠久、牢固。1924年至1925年，由军阀杨森兴建的春熙路分为东、南、西、北四段，以北段最为繁华。从1925年开始，本地和外省商家聚集在春熙路，难以尽数：胡开文笔店、稻香村糖果铺、商务印书馆、宝成银楼、大光明钟表公司、亨达利钟表行……百货、绸缎布匹、鞋帽、照相、娱乐、药品、饮食等各式商品，把几条街弄得花团锦簇。

抗战期间是春熙路的黄金时代，地价房租扶摇直上。铺面之金贵，生意之兴隆，使春熙路成为成都商业、金融业投机的中心。1940年前后，春熙路一间商铺的转让费需要几十两甚至上百两黄金，因此，入驻的商家都较有实力，且大多销售名牌或精良、时髦、价格偏高的货品，来自上海、香港和国外的货色也不少，面向的是收入较高的消费者。

民国时期一位春熙路商人的全家福　摘自《百年春熙：成都市春熙路百年变迁》

春熙路的热闹跟当时的时代气氛看似不协调，实则有着密切的关联。军阀们你方唱罢我登场，各显神通，争夺商业、金融地盘，因而城市商业的兴盛有浓郁的投机色彩，不全是因为工商业经济的高速发展提供的支撑，繁荣的表面飘浮着易吹易散的泡沫。世道人心已被连番揉搓、搅拌，平静、凝固的生活消逝得无影无踪。惶惶然的日子仿佛没有尽头，那是世纪的中段，却像真正的末世，连繁荣也像：急不择路、火光四迸……总之，是绝望的。

清末民国时期的成都繁华的商业如同黄昏时几抹鲜艳的日色，忽暗忽明，最终褪尽残红，只留下几丝暖色供人回味。

四　西风渐进

洋货·洋派

我的小脚的外婆，从来就固执地称肥皂是"洋碱"、香皂是"香胰子"、火柴是"洋火"、画片是"洋画"、自行车是"洋马儿"……她说的这些东西，是几十年前，她还是姑娘、少妇时看见的新鲜玩意儿，那时就是这么叫的，至终她也不改口。

外婆的年轻时代是西风渐进的时代。

成都人天性好稀奇。虽地处内陆盆地之底，然而外来的风也给静如止水的市井生活掀起丝丝波澜。已经过了几辈子不变的生活，在旧世纪末新世纪初这一新旧交替的时刻，世道要变了，皇帝的龙座摇摇欲坠，乱世就要来了。

但是对市井小民来说，革命毕竟是说说听听而已的遥远的事情。乱世带来的是门户大开，他们最能切身体会的是日常生活的变化。成都人惊奇地感受了一个新词：洋派。

洋派就是时尚的意思。奢侈豪华的大公馆里，必得有西洋的玩意儿，否则就老土了。

《留音戏》——留声机已在清末出现在成都的公馆里 摘自傅崇矩编《成都通览》

西洋镜在清末传入我国,最开始里面的图片是欧美的风土人情。小孩子花一点零钱就可观赏。 摘自傅崇矩编《成都通览》

半官半绅的郝达三的公馆里,新添的大保险洋灯光芒四射,全家人都看得不想睡觉。客厅窗子上镶了五色磨花的玻璃。郝达三的鸦片烟签的头上有粟米大的一粒球,把眼光对准一看,可以看见一个精赤条条的洋婆子。甚为神奇的是留声机,把蜡筒套在机器上,用指头一拨,一根针刺着蜡筒,从这头走到那头,把机器上两条圆皮绳分别塞在耳朵孔里,就能听见唱戏的声音。而洋人那些日常的用品,全家老小一用便离不得了,什么牙刷、牙膏、洋葛巾、洋胰子、花露水之类,使用起来甚是舒服。

郝达三是李劼人小说《死水微澜》中的人物。成都公馆中的"洋派"就是这样的。而《成都通览》中记载的还远不止这些。到了20世纪初,洋货在生活的各个领域大量出现。成都人能见到的洋货品种繁多,有的价格不菲。譬如白兰地酒一元四,大瓶香槟酒三元,西洋镜九角,绸盒花露香水二元,头号浪瓮痰盂四元,扑粉盒二元,珐琅美人表十四元,打时报刻金表七十元,玻璃磨花宫灯五十元,头等钢丝眼镜九角,洋来牛乳汁七角，洋来奶瓶三角，卫生方瓶洋糖五角，西洋白铜调羹四角，牙刷二角，木匣小八音琴二百元……甚至在传统的文房四宝中，洋货也大举"入侵"：自来水笔七角，十件绘图器三元五，铅笔半角，橡皮头一角，洋钢笔尖一角，红蓝墨水半角，五色洋纸每令五元。

如果说这些东西让人感到新鲜，大多数老成都人即便无缘享受，也能饱饱眼福的话，更多的事情就让人倍感稀奇了。

最早让成都人领略照相术的，是光绪年间的吴焯夫。吴焯夫与平安桥天主堂司铎杜融（法国人）过往甚密，经过杜融的介绍，他在上海学得照相、石印技术，于是带回照相机和手摇小石机，于光绪九年（1883）在桂王桥开办了一楼一底"涤雪斋"照相馆。后来在华兴街又有了"有容"照相馆，是广东人梁笑山办的。20世纪初，梁笑山买了一部八寸木制三脚架相机，用背篼背着来到成都。到了后来，照相馆竟不下数十家。照相术让人甚是不明白，何以一具镜匣子，能把不同的影子，连一缕头发之细都逼真地照下来？所以老成都就有了一种说法，照相是把人的元神摄到纸上，照相之后，不死也要害场大病。可毕竟还是有敢于第一个吃螃蟹的，照相之后既没有死又没害病。看客们遂胆大起来。那时的照片是黑白的，初尝照相甜头的人却已不满足了，还要在照片上着色。着色最佳的就是吴焯夫的照相楼。初期接受照相术的成都人，"镜头感"较差是自然的，于是就留下了表情呆滞，略嫌造作的老照片。对今天的人来说，老照片却是弥足珍贵的。

数次东渡日本的周孝怀出任四川巡警道和劝业道道台后，力主新政，成都风气为之一变，成都人见到了更多的"洋派"。《成都通览》记载的警察之"善政"，有"街道无渣滓无死鼠死猫，街边尿缸一律填平，各街茅房改良尽善，病猪肉不准入城，旅栈添窗通空气，认真大修理阴沟，井边不准淘米洗衣，染房臭水不准乱倾，街上不准喂猪"等。巡警道之所为颇像一个市政府，在成都建立了一些新秩序，这对大乡场似的老成都来说规矩未免过多，但过后人们却感受到规矩的好处。更重要的是，新的规矩是更接近都市文明的。及至周孝怀出任劝业道道台后，成都人更是眼界大开：在城市里原来是可以有另外一种生活方式的。

周孝怀最著名的业绩是令成都人津津乐道的"娼""厂""唱""场"。"娼"，治理娼家，对妓女实行分类管理；"厂"，倡办乞丐厂、纱厂、造纸厂等实业；"唱"，改良戏曲和兴建戏园；"场"，兴建成都近代第一个商业中心商业场。成都自此有了一点近代城市化的意味了。

剃头挑子·理发店

周孝怀的市政建设大手笔使他在成都成了名人，在民间"周秃子"的外号也叫得响亮。原来他东渡日本时剪掉了脑后那根大辫子。没想到的是，辛亥革命后，成都男人都剪去长辫，成了"秃子"，一时间剩下的头发有的披肩，有的齐耳，叫"一匹瓦"或"鸦雀巢"，有的干脆剃光，成"和尚头"，男人们的头发乱了套了。游走四方的剃头担子打理不了男人的三千烦恼丝，于是新的行业出现了：理发店。

成都早期理发店有民国初年日本人堀口在暑袜街开设的东洋理发店、从南洋归国的薛子芳在陕西街福音堂对面开的理发店。抗战以后，沪式理发店纷纷兴起，有名的有大光明、云裳、南京、美最时、时髦、明星、雅容等。这些理发厅海派十足，门上竖立一根红、白、蓝三色相间的旋转灯柱，店堂布置得富丽堂皇，大面镜子、洁白的围单、雪亮的推子，清洁舒适。顾客进门，坐上可升降的椅子，剪修、洗涤、吹梳，一丝不苟。从理发店出来的男士，剪的是长短适度，前面隆起而不蓬松的"拿波"式。这是在成都男士中时髦了几十年的发式。

从辫子到拿波，从剃头到理发，未必仅仅是男人发型的改变。民国时的成都女子

漫画《有毛辫的遭殃》，1912年刊于傅崇矩主编的《通俗画报》，讽刺那些进入民国了仍保留发辫的人，他们的小辫子或在斗殴时被人很方便地揪住，或被奔马的马蹄缠住，拖曳倒地

呢？女学堂里的女生议论纷纷，她们知道北京、上海已经有新潮女子剪去了长辫。成都的报纸上有了赞成女子剪发的文章。终于有女生剪掉长发，露出雪白的后颈，于是新女性的形象在成都出现了，那是有别于传统淑女的别样韵致，是和干练、果断之类的词联系在一起的。有些胆大的女子，还敢上理发店。有竹枝词曰：

委地青丝七尺长，天然美丽焕容光。
如何剪断蓬飞乱，烫起鬈鬈色黯黄。

洋烟·洋画

洋烟伴着洋画进入了成都。成都男人以前除了抽鸦片烟，一般吸

的是丝烟（水烟）、叶子烟。洋烟进入中国的推销方式和鸦片一样，在公共场所免费赠送。在成都，卷烟商见人就散烟，成都人出于好奇而试吸，觉得确实优于水烟和叶子烟，而且携带方便，很容易就接受了卷烟。卷烟烟盒美观，烟丝和卷烟纸质量都很高。成都市面上卷烟品牌很多，英商的有哈德门、大英牌、老刀牌（又名强盗牌）、双刀牌、前门等，华商的有金鼠、美丽、银行、白姑娘、黑姑娘等。成都人将卷烟名编成歌谣：

有一"强盗"，手持"双刀"，窜入"银行"，按进"使馆"，盗去大小"红锡包"，遇见"黄白金龙"二兄弟，将他绑在"买司干"下，他的夫人"白姑娘"，哭了三天三夜，变成"黑姑娘"。

卷烟行业竞争激烈，烟草公司便在烟盒中放一张画片，就叫"洋画"。成都小孩子便流行起集洋画来。洋画题材广泛，有单张套张之分。有取材于古典文学名著的，有美人、脸谱、花卉、飞禽的。不少成都小孩在房间墙上或床头上贴满洋画片，如同今天的追星族一样。耳熟能详的是洋画片上的"还是他好——哈德门"，和手夹香烟倚窗凝望的美女："寂寂深闺里，悠悠怀远时。红金常伴我，此物最相思。"

麻乡约·邮局

邮局的出现也是一桩新鲜事物。成都是封闭的城市，一般市民疏于对外交往。有邮局之前，成都人陈洪义办有麻乡约信轿行，业务有代人送信、运送货物及银钱、备置轿子并招雇抬轿者以供旅客需用。

乡约即地保，蜀人称好管闲事、无所不知者为"乡约"。陈洪义脸上又有麻子，就将自己办的信轿行取了个"麻乡约"的名字，似乎有些自嘲之意。陈洪义善于经营，麻乡约成了川、滇、黔的民间运输巨擘。民国时期军阀混战，麻乡约轿夫往往被拉去当壮丁，麻乡约便不再设轿行。邮局出现后，麻乡约经营的信局也逐渐萎缩了。

本来，历代朝廷官方文书自有官方传递的渠道。清代就由按察司主管此事。民间的信件呢？尽管不多，肯定还是有的。麻乡约的出现，真该在民间邮政史上记下重重的一笔。抬轿挑担出身的蜀人陈洪义不仅仅是聪明，拿今天的话说，简直就是前卫：在信息极其落后的咸丰年间（19世纪中叶），陈洪义就发明了"特快专递""挂号信"——他称之为"火烧信"，烧去信封一角，跑信伕头必须火速投递不得延误；"么帮信"用油纸密封，还缚上一小块木片，信件绝不会丢失或被水浸湿。

光绪二十七年（1901），官办邮局来了。湖北人杨开甲奉北京总税务司邮政总办之命，来成都开办邮局。没想到的是成都人对邮局的业务甚为陌生，邮局生意寡淡，每周只能往重庆发两次信。官方邮局苦苦撑持，参考麻乡约邮路，又招募麻乡约信夫当邮差。官办邮局越设越多，政府勒令私营寄信行业限期结束，于是到了清末民初，麻乡约的各种业务全部结束了。邮局业务逐渐发展，成都有了川西邮政总局，总局大楼就在暑袜街，至今犹存，是一幢古色古香的二楼一底的洋楼。

官办邮局毕竟和麻乡约不同，它少了些乡土气，多了些洋味儿。邮局有详细的章程，是英国人李琦帮着制定的。信件、明信片、印刷品、报纸、包裹等的形状、包装要求、多重是多少钱、包裹保险费、挂号费等，都有明细规定。对内，邮局的邮路遍及全国；对外，美国、英国、法国、加拿大、日本都可邮寄。

川西邮政总局给茶馆里的成都人增加了不少谈资。邮局的洋人带来了西式信封，它不用浆糊，口水一舔即可粘上，这让成都人很感了一阵兴趣。复写纸、刨笔刀、变色铅笔，都是稀罕之物。可以想象，即使没有政府勒令，邮路不广的麻乡约要和官办邮局分庭抗礼也是不可能的。

邮局带来的实在是全新的生活方式和观念，尤其是对封闭的、乡场似的成都，更是打开了一扇对外交往的门。越来越多的成都人走了出去，外乡人走了进来。世界变大了，有一天成都人发现生活中已经离不开邮局了。

洋马儿·洋车

新鲜事物真是层出不穷。

20世纪20年代初，华西坝里的洋人骑起了自行车，成都人不知它为何物，称之为洋马儿。但洋人只能在华西坝骑。市区内的街道都是青石板铺的，它上面只能走鸡公车、轿子、东洋车、马车。而且老街也很窄，窄到盛夏酷暑，沿街的店铺集资搭起过街凉棚，可使路人免受日晒之苦，从而引来生意。老街的路口还有维护治安的栅子，晚上关闭，白天打开，所以汽车休想通过，自行车要骑进凹凸不平的老街也很艰难。

民国十年（1921）后，成都开始翻修马路了。军阀杨森任四川军务督理，要搞市政建设，首先看不惯的就是老街。军阀自有军阀的脾气。民国十三年（1924），杨森强令沿街店铺向后退缩，加宽路面，并且拆掉栅子，路面去掉石板石条，改为三合土。春熙路、东大街就是这样修出来的。当时的"五老七贤"要为青石板老街请命，杨森哪里会听他们几个糟老头子的,断然拒绝,毫不客气地斥责说:"我拆一点房边屋角,你们就大惊小怪,说老百姓不愿意。如果我进成都时,把四城门关上,放一把火烧个精光,倒还省了不少麻烦。"有人凑了首歪诗:"市镇人缘何太忙,因修马路拆民房。既开通俗教育馆,又辟公共体育场。五老七贤来求情,蛮横督理不买账。无端报馆遭封闭,'威古龙丸'兴味长。"(威古龙丸是补肾药,这里讽刺杨森妻妾成群)

马路修起来了,成都人看到了更多的新鲜玩意儿,自行车和汽车便是此时成都的明星。

先说自行车。成都最早的自行车是英国进口的男式车。女人在街上骑自行车是不可想象的,所以女式自行车没有销路。在成都的英国自行车有邓禄普、三枪等牌子。邓禄普的商标是个老人头,成都人就叫它"老人头"。自行车价格奇昂,大约需银元150元才能买一辆。这个价格相当于当时一个帮工三年多的工钱,所以街上偶尔出现的自行车便令人可望而不可即了。

成都几乎没有工业,抗战时自行车更为稀罕。想赶时髦的成都人动起脑筋,将旧自行车架重新喷漆,车圈和龙头电镀,换上新的链条和轮胎,旧自行车便焕然一新,拿去出售,还可以卖个好价钱,大约相当于一个中学名教师五个月的工资。这种以旧翻新的自行车叫作"洗澡车子",骑不了几年就报废,所以成都有句俗话叫"骑了又漆,漆了又骑"。

成都是个悠闲的城市,代表速度、现代生活方式的汽车出现时,真如平地一声惊雷。民国十四年(1925),成灌长途汽车公司从上海购买了一辆英制四座奥斯汀小汽车,八辆美制1.25吨福特汽车,历尽艰辛运至成都。公司为这几辆车的亮相举行了试车典礼。他们将车轮系上红绸带,汽车一开动,灰烟四起中如四团红火翻滚。看热闹的人对这些"怪物"惊诧不已，也有人说："洋房子走路，花轿打屁，有啥了不起！"

汽车开始热起来，成都的汽车公司有了七八家。有家新成立的华达汽车公司，没有去凑郊县客运的热闹，而是打起了市区的主意，居然开辟了六条公共汽车线路，每一站口都钉有标志，每站收取车费铜元100文，1926年元月正式开车营业。公共汽车在滑竿、轿子、马车、黄包车中鹤立鸡群，轰动全城。

华达公司没想到的是公共汽车竟会惹出那么大的麻烦。

北门有座石牌坊，有一次汽车撞在石柱上，惊动了前清秀才举人，他们联名上告，说汽车"以外夷之物，辱我节烈妇女，岂可任其恣意狂行……"华达公司惹不起，只得改道。

公共汽车经过鼓楼街，据说鼓楼下有海眼，鼓楼街上的住户群起而攻之，华达公司只好停开此路，改驶春熙路至百花潭一段，方便人们赶花

1917年成都北门的城楼　（美）西德尼·戴维·甘博　摄

会。谁知赶花会时人山人海，游人都围着公共汽车看稀奇，不让路。拉黄包车的车夫又不服气，拼命和汽车赛跑，接连几天都在碾死碾伤人。这下事情闹大了。"五老七贤"痛心疾首，上书请求督署明令禁止公共汽车在城内行驶。此次上书在今天看来不啻一篇奇文："……盖城内面积不过十里，有何急务，如斯奔忙？且乘此汽车者，强半喜其新奇，姑一驰骋，惟因此闲游之举，而撞毙触伤之事，层见迭出，使行人有举步之惧，栗栗若临深渊……"刘湘为了"尊重民意"，下令禁止公共汽车。

华达公司竟落得有车无路的境地。不过四个月的工夫，成都首家公共汽车公司便倒闭了。

而首次出现汽车客运的成灌路呢，汽车的命运也好不到哪里去。在和黄包车的较量中，汽车居然败下阵来。

在这场较量中，胜方黄包车夫出了两个明星：铁脚板和草上飞。没有汽车时，他们两人拉黄包车都是跑成灌路全程。和汽车赛跑时，改为"接力赛"：铁脚板从成都跑到郫县，乘客换车，坐上早等候在此的草上飞的车跑到灌县。这是一场不公平的竞争。人力车行老板早已胜券在握：精壮的黄包车夫"比赛"前是吸食了鸦片的；老板早已派人将沿途马路挖了许多小沟。

没过多久，赛过汽车的"铁脚板"和"草上飞"，一个倒在了路边，一个成了烟灰，他们都成了这场比赛的牺牲品。最大的赢家似乎是人力车行老板。但是当我们回顾20世纪上半叶这场比赛时，不会有人否定汽车这舶来的"外夷之物"最终取胜的事实。

历史的车轮滚滚向前。

五　学堂新风

一个新词：留学

20世纪之初的1901年，正是中国的光绪二十七年。

这年八月，清廷正式发布改革科举制度、废止八股取士的上谕。九月，谕令将全国所有书院改为学堂，分别建立大、中、小学堂和蒙养学堂。为考取功名而苦苦研读古文诗书的士子们放下了手中的之乎者也，他们要走进新学堂，去学那些对国家有用的实业。

光绪帝的上谕引起了一场影响深远的教育革命。四川总督岑春煊奏准设立四川学务处，督办全川学堂事宜。为了表明对上谕的重视，他挑选了全国最古老的、办学渊源可追溯至两千多年前汉景帝末年的成都府师范学堂（现石室中学），亲自兼任学堂总理（校长）。新学堂该怎么办，谁的心里也没有数，岑春煊和后面的川督锡良饬令各府、厅、州、县选拔优秀士子东渡日本学习师范，派员赴日、美考察洋学堂，聘请外籍教习（教师）入川讲学，把兴学情况作为考察地方官吏政绩的主要内容，赏罚分明。

成都出现了办学、留学热潮。新式学堂如雨后春笋般建立起来，

五 学堂新风

学堂的名称是那么让人感到新鲜：工业学堂、农业学堂、外国语专门学校、铁道学堂、法政学堂、蚕桑传习所、武备学堂……到了宣统元年（1909），成都已经有了各级新式学堂314所。

走到这时，读书人的读书生涯面临巨大的转折。

成都的周家，在19世纪末刚刚为子女们的教育问题举行过一次家族会议，作出决定：

> 我们当中已经有人站起来说，要国家富强，惟一的办法就是改革教育，向我们的敌人学习新科学，学习工艺和作战。可是我族长辈都认识到这种学习是沦丧道德的不义之举。学习洋人败坏了我们的品德，其恶劣的影响对男人、女人都一样。有的女人已受了影响变成了男性，真令人不寒而栗。因此，我们当告诫子孙千万不要落入新学的圈套，切不可为了学习他们邪恶的东西而忘了本。

可是到了1902年，周家的家族长老们又为子女的教育举行了家族会议，作出了完全相反的决定：

> 鉴于我们的老大已大学毕业，获得学士学位，性又好学，又属长子，应让他成婚为家族传宗接代，此后可责其继续到东洋深造，业成之后回国在政府部门谋一文官职位。至于老二性喜研究探索，我们应寻找机会让他学新学，学科技，例如学开矿、铁路等专业，因为我省目前正待开发资源，可使他远渡西洋求学。老三可让他上军事学校，以便受训后保卫我们的家乡……

这项决定影响了周家这几个儿子一生的命运。其中老二走得最远，接受了庚子赔款转成的奖学金，到比利时学铁路去了。他在九眼桥坐上了一艘木制的大客船，和亲人洒泪挥别。从此以后，他要远渡重洋，自己掌握自己的命运。在国外，他剪去长辫，脱下长衫马褂，穿上西装，融入了另一种生活。十年后他回国了，成了铁路工程师，将自己的一生都交给了铁路。

他就是作家韩素音的父亲周映彤。

光绪三十四年（1908），叶大丰带着儿子叶伯和、叶仲甫东渡日本求学。这是一个"耕读之家"，叶大丰十二岁应童子试，便考中秀才榜首，轰动一时。可现在却从头开始，父子三人在同一起点上学习新学。三年后，在指挥街叶氏寓所大门上有了一幅门联：

宋少师后
明宰相家

门联两旁各悬一牌，一个是木制的"律师叶大丰"，另一个是铜铸的椭圆形，上镌"音乐家叶伯和"。在民国初的成都，这还是破天荒的：秀才成了律师，本该成为秀才的儿子，当了音乐家。

光宣新政时，全国掀起了出国留学热潮，地处内陆盆地的成都不仅不是落后的，相反还是这一热潮的推动者。成都有东文学堂、游学预备学堂，专为留学人员服务。去日本的留学生较多，还有一些留学美国、比利时、英国的学生。五四运动后，留法勤工俭学又成一种时尚，吴玉章在成都开办留法勤工俭学预备学校，1918年至1919年，成都有百多位优秀子弟赴法。

《成都通览》记下了出国留学的成都人的名字，这真是一件足以取代考取功名的荣耀。成都留学生人数逐年增加，从光绪二十七年（1901）的22名，光绪二十九年（1903）的57名，到光绪三十年（1904）达到322名，光绪三十二年（1906）则达到800名。留学成了读书人的新追求。

留学生学成后大都选择归国，带来的影响是深远的，他们所学的都是国内急需的专业。早期赴日本学师范的学生，成了日后成都各种新学堂教师中的骨干力量。

书院成了学堂

文庙西街西边的石牛寺，就是大名鼎鼎的尊经书院。它在一片绿油油的菜地之中，不远处就是城墙。在明代，这里就是一个书院。建满城时，将石犀寺移于此地，也称作石牛寺。同治十三年（1874），四川学政张之洞和总督吴棠奏准清廷，以寺地建尊经书院，光绪元年（1875）春，尊经书院落成。尊经书院人才辈出，廖平、吴之英、宋育仁、杨锐、张森楷、吴虞等成为一代名家，驰誉海内。光绪末年，大名鼎鼎的尊经书院也变成了高等学堂。四川高等学堂规格颇高，是仿京师大学堂开办的。

大门还是原来的大门。颇有气势的尊经阁在二门、三门之后。不过尊经阁后有了新建的讲堂、自习室、礼堂、理化室，全是砖砌的，镶玻璃窗，和木柱泥壁的旧房屋比起来就算新式了。

郝公馆的公子郝又三考进高等学堂了。对习惯了旧学的郝公子来说，新学堂的生活也是新鲜的。学堂的规矩也学日本，追求整齐划一。第一道是起床铃。第二道铃声响起，就要穿戴整齐，站在寝室门外听监学先生点名。然后洗脸刷牙，7点半听着铃声进食堂。摇铃上课，摇铃下课，摇铃睡觉。所有行动都受监学先生干涉，做得不对，轻则斥责,重则记过。这样读书真是稀奇。

而那些课程呢,更是有趣了。英文就如同天书,光是26个字母便把人搞昏了。有中文教习干脆称,这是我国古代的结绳文字被洋人学去了。私塾里学生念书总是乱哄哄的,大家各念各的,听起来是大杂烩。新学堂里却都是齐声诵读,好像军队操练:"这是一狗!""那有二猫!""我名约翰!""七天为一周!"一听便知道,这些学生在学英文句子了。

教习分洋教习和中国教习。英文教习有英国人史密特史教习,美国人霍夫曼霍教习,还有丹麦文学博士蓝尔生。中文教习呢,又是举人又是进士。物理、化学的教习是日本人,名字最怪,叫三木清二、小黑伊人、池永太六。他们在黑板上画一些,讲一些,而翻译总是说不清楚那些"掰答马子""幼几改哟",所以这两门功课只能囫囵吞枣。更头疼的是算术,加法好懂,减法也好懂,乘法就叫人莫名其妙

1914年的成都府文庙大成殿,它建于清康熙年间,位于文翁石室旧址内,有出自《礼记》"致中和,天地位焉,万物育焉"的"中和位育"四字牌匾。西汉文翁石室旧址为历代府学所在地,清末为成都府中学堂,后多次改名,现为成都石室中学　(法)谢阁兰　摄

了,除法的被除数、除数、商数、余数,更让人不知所以。

郝又三是李劼人小说《暴风雨前》《大波》中的人物。李劼人先生于光绪三十四年(1908)春考入四川高等学堂附属中学的丁班。后来这所学堂改"附属中学"为"分设中学",民国元年(1912)停办,丙、丁两班并入成都府中学堂,即石室中学。当时,省高等学堂对学生待遇优厚,自预科始,学生的学习、生活费用便一概包干。成都府中学堂的设施、待遇也不错。李先生在《追念刘士志先生》一文中,对他的中学生活有过细致的描述。学生们每学期缴纳学费5元,食宿杂费20元。学校发给蓝洋布长衫两件,青毛布对襟小袖马褂两件,漂白洋布单操衣裤两身,墨青布夹操衣裤一身,长靿密纳帮的皮底青布靴两双,平顶硬边草帽一顶,青绒遮阳帽一顶。学生宿舍4至6人一间,每人木床一张,并无臭虫虱子,白麻布蚊帐一顶,床上铺新稻草和草垫,上铺白布卧单,新式白布枕头。每间寝室有衣柜储藏室,有银样菜油锡灯盏一只,每天小工打抹干净后上足菜油。每处寝室有人工自来水盥洗所,冷热水全备,连脸盆都是学堂供给的。每到冬天,讲堂、自习室都有火盆。

刘士志校长中过举人,原是高等学堂的史学教习。他清明正直,管理细致严格,学校厨房、厕所必求清洁。吃饭铃响后,学生们排队进入食堂,一桌6人,桌上铺白桌布,每人有白餐巾一方。监督、监学坐下后,大家才能举箸。早饭是干饭,四素菜,一汤。午饭是干饭,三荤菜,一素菜,一荤汤。晚饭也是干饭,三素菜,一荤菜,一荤汤。大锅菜,不精致,但干净有滋味,师生们吃得香甜。

除了生活条件的保障,学生们每人每学期有大小字毛笔若干支,抄本25本,用完还可补领;各科教科书全套。至于中西文书籍,可以开条子到隔壁高等学堂的藏书楼去借。

而书店里的书籍,也不只是从前那些旧学的了,高等小学堂、中学、高等专科学校的用书应有尽有。譬如商务印书馆的书就种类齐全，算术类，有《大代数讲义》《平面几何》《微积学》等；格致类，有《格致教科书》《博物学》《物理学》《植物学》《化学》《生理学》；英文类，有《华英初阶》《英语锐进》《华英字典》《英华大辞典》等；哲学类，既有《哲学要领》，又有《催眠术讲义》《妖怪学讲义》；外国小说也来了，什么《鲁滨逊漂流记》《撒克逊劫后英雄略》《希腊神话》《美洲童子万里寻亲记》……新学打开的，是一扇多么大的窗口。

大学教授教中学

20世纪30年代，人口不及60万的成都，仅仅公私立的中等学校就有40余所，真是风同齐鲁。林立的学堂中有一个很有趣的现象：辛亥革命后四川军阀混战，甚至在成都打起巷战，成都人饱受战乱之苦。军阀们一边打得不可开交，一边却纷纷开办学校。办学这种风气从革命党人那里就已有之。譬如蜀军政府正都督张培爵（列五）就创办了列五中学，副都督夏之时在包家巷创办了锦江公学，孙震办了树德中学和三所小学，杨森办了天府中学，刘文辉办了建国中学，张清平和陈离办了协进中学。而一些私立学校本与军阀无关，在乱世之中或许为了求得生存，也找个军阀做后台，如蜀华中学不仅以马毓智为董事长、向传义为校长，还以周子龙为代理校长。军阀办学是那个动荡不安的年代里特有的风景。

不管是谁办的学校，教学质量总该是第一位的。成都中学里有一批名牌教员，他们的大名学界无人不晓，而且多有名士风度。对这些名教师，校长们都是礼聘有加。树德中学是原国民革命军二十九军副军长孙震捐资兴办的,孙震自任校长兼董事长,副校长是吴照华。吴照华聘请教师必手捧大红聘书,登门聘请,有时不惜三顾茅庐。公中学校长夏斧私早年曾留学日本,每学期开学前,他必往教师家送聘书,一进门便毕恭毕敬长揖到地,言之切切,因而聘到不少名教师。

　　新学和旧学确实不同。私塾里学生见了先生就如老鼠见了猫,先生戒尺在手,学生只能言听计从,俯首称是,哪里有个不字!新学堂里,却不是老师的一言堂,学生还可以择师,甚至把他们认为教得不好、口齿迟钝

20世纪40年代中期,成都建国中学学生万蕴芳与唐季樵(左)摄于教室前的花园。建国中学位于武侯祠对面,由24军军长刘文辉兴办。当时学校每个班在教室门前都有一个花园,由该班学生负责管理　万蕴芳供图

的老师轰下讲台。吴老师在成都女子师范学校授课,学生们竟全体退出教室,围在教室窗外观望。吴老师不惊不诧,独自一人在讲台上讲了下去。王伯宜教初中算术挺有名气,在石室中学讲龟兔竟走题,兴之所至,指着下面的学生说你是兔子,你是乌龟。却不料那学生猛然站起,脸红筋胀地说:"我不是乌龟,你才是一个老乌龟!"如此放肆,师道尊严都到哪儿去了?不过,胡搅蛮缠的毕竟是少数,对真正的好老师,他们是尊敬的。

　　那时的中学里有一种今天没有的风气,就是大学教授也乐意到

中学兼课。拿石室中学（在不同的年代有不同的校名，如成都府师范学堂、成都府中学堂等，文中统称石室中学）来说，有四位最基本的教师，他们全都是大学教授：林山腴、赵少咸、祝屺怀、庞石帚。林山腴在清末当过该校监督（校长），是驰名全国的诗人、清癸卯科举人、省图书馆馆长。大学教授、讲师在石室中学的教员里占了不小的比例。另外还有来自日本、英国、美国、加拿大的洋教师在石室中学任课。而石室中学的校长，好几位就是归国留学生、大学教授。这就不难理解，何以那时一所中学就有那样开放自由的学习空气了。学生们可以向校方推荐教师，四川大学的庞石帚先生就是学生向校方推荐的。校方前去聘请，庞先生推辞了，学生们索性自己派代表前往礼请，庞先生为学生的盛情所感动，欣然莅任。

大学教授、留学生们带给了中学生什么呢？英文教师宋诚之先生干脆把大学英文教材搬来教中学。四川大学教授文百川在石室中学执教国文，上作文课时学生可以在文章中各抒己见，甚至可以对命题持异议。有个学生写作文时与先生题意相左，先生批阅时欣然于卷后撰长文与之辩论。一本作文簿，师生二人两篇文章就写满了。祝屺怀讲中国历史，用的是自编《国史》讲义，辅导学生自学柳翼谋的《中国文化史》，这是中央大学史学系三年级的教材。何其芳将新文学带到石室讲堂，讲授自编活页文选，开篇就是鲁迅的《娜拉走后怎样》。新鲜的教材，精辟的讲授，深受学生欢迎。他改变了用文言文作文的陈规，指导学生大胆地用白话作文，还创办了学生文艺刊物。林山腴二三十年代重返石室，教授国文与文学史，以讲授经史学为主，学识渊博，教风严谨，学生视之为"泰山北斗"。何邦著由日本东京帝国大学归国后，在石室中学教了十年代数。他首倡"阅书不禁"的考试方法，试题难而灵活，学生可以翻书解答，有时考前几天即公布试题。他最看中的是智力开发，分数倒在其次。

五 学堂新风

值得庆幸的是，并不仅仅是石室中学的学生才遇到了这些高层次的甚至堪称"大家"的老师。那时学校是聘任制，学校办得好，薪水给得还可以，或者校长有个人魅力，就可以聘到名师。他们的身影活跃在成都许多中学的讲台上。

名师出高徒。石室中学出了几位可引以为骄傲的学生：郭沫若、李劼人、王光祈、周太玄、魏时珍、蒙文通。对于石室中学，周太玄曾感慨系之："我们关于国学方面的教习都是一时之选，同时也含有人格感化的作用；内中尤以我们同学至今同声感念的校长兼历史教员刘士志（行道）先生为最好。他待我们如子弟，与他相处如家人；赏罚不拘形式，教导注重感化。他是一个抱民族思想的人；在他的庇护下，当时学校中颇能读到许多海外寄来的革命刊物。"李劼人先生对刘先生也深怀敬意，他说，先生"教我以正谊，以勇进；而刘豫波先生，教我以淡泊，以宁静，以爱人"。

同学时，王光祈和李劼人曾经一起在东郊沙河堡菱角堰周太玄家聚会，几位至友谈笑风生之后，相约死后同葬该处。中学毕业后，四川有志青年纷纷奔赴北京、上海等地求学，追求知识、追求真理。王光祈和周太玄在北京求学的同时也在《京华日报》当编辑。那时正值五四运动前夜，在成都办报的李劼人聘请王光祈为驻京记者。五四运动爆发时，王光祈在北京大学旁听，直接参加了运动，当天晚上便奋笔疾书，将火烧赵家楼的通讯发回成都。他的文字在西南边陲的成都青年中引起"火山爆发"般的反响。李劼人在回忆中对挚友称赞不已，说五四运动的消息能及时传回成都，不能不归功于王光祈。

1919年，周太玄、李劼人赴法勤工俭学。1920年王光祈赴德国学习政治经济，后来改学音乐史及音乐理论，以论文《中国古典歌剧研究》获博士学位，成为中国近代音乐史上卓有贡献的音乐家，是沟通中西文化的重要使者之一。不幸的是王光祈在德国英年早逝，年仅44

岁。早已回到成都的李劼人没有忘记中学时代的约定，设法将挚友的骨灰运回成都，埋在住处菱窠对面，立上墓碑。周太玄成为卓有建树的生物学家，李劼人以《死水微澜》《大波》等小说成为一代大家。

国立四川大学

在废科举、兴学校的光宣新政中，贡院成了新学校集中之地，国学、外语等九所专门学校总名为公立四川大学，优级选科师范改为四川高等师范大学。1925年成立的成都大学校址也设在贡院至公堂，后来迁至文庙西街尊经书院原址。1931年，师大、成大、公立四川大学合并为国立四川大学，成为当时全国十三所国立大学之一。四川大学这时并没有"大学城"般的校舍，而是分散在贡院、尊经书院故址等地。

四川大学度过了三校合并的艰难时期后，迎来了一位风度翩翩的校长任鸿隽（叔永）。任鸿隽是四川巴县人，获得美国康乃尔大学化学学士、哥伦比亚大学化学硕士学位。他是素有名望的化学家和教育家，京沪报纸称他为"中国难得的学者""一位埋头苦干的专家"。成都的《华西日报》《川报》纷纷为此发表社论，认为任鸿隽出掌川大，乃四川教育界的福音。京沪的报纸评论说："任先生夙志要办一个理想的大学，不愿做一个坐享其成的校长。他也知道要把一个习气最深无一根基的四川大学办好，是不容易的事。然而他却愿意跑到老远的四川古城，做着垦荒的工作。"

任鸿隽确有一番宏图，他存心要把保守陈旧的川大改造成生气勃勃、"现代化和国立化"的一流大学。入川的当天下午，他就向报界说，川大原有的好教授，将继续聘请；为适应学校的革新和发展，今后将陆续聘请川外知名学者来校任职，一时在教授中引起轩然大波。任鸿隽却不顾教授们的反对，一面坚持另发聘书，一面函电交驰，聘请名人学者来川大任教。川大的教职员阵容有所改观，但任鸿隽仍不满足，他要打破川籍教授"近亲繁殖"的局面。1938年他亲赴南京，准备在京、沪、平新聘大批名教授。没有接到聘书的教授们急电旅京四川同乡会，要求禁止任鸿隽所为。四川旅京同乡会通过了"纠正陈衡哲、警告任叔永"的要案。陈衡哲当过北大教授，是新文学运动的知名作家和西洋史学者，也是任鸿隽的夫人。她那时正在北平的《独立评论》杂志上连续发表与友人的通信《川行琐记》，暴露了四川的社会阴暗面，对四川浓厚的封建气息极为不满，大加抨击，触怒了一大批省内外的四川名人。他们群起而攻之，表面上是攻击陈衡哲，实际上是要气走任鸿隽。在一连串的口诛笔伐中，有文章骂陈衡哲好打扮，半老徐娘还花花哨哨，简直恬不知耻，还有打油诗"博士峨冠绿上头，女人破脸不知羞……"甚至还有文章质问陈衡哲：你说四川这不好那不好，为何还要嫁个四川人呢？

本来甘愿到川大"垦荒"的任鸿隽，对四川保守势力的压迫深为苦闷和气愤，终于带着陈衡哲挂冠而去。

消息传到学校，师生们大为震惊。在任鸿隽的改革下，川大气象更新，许多教授把这一时期誉为学校建校以来的黄金时期，师资力量日益雄厚，学术空气十分活跃。任鸿隽选定了望江楼附近的新校址。1937年，在望江楼农学院举行了川大楼舍破土动工典礼。在川大未来的规划中，结束了学校四分五散的状况。正当学校蒸蒸日上之际，任鸿隽忽然引退，师生们惋惜不已，联名致电教育部和任校长本人，但任鸿隽去意已决。他出任川大校长仅仅一年半，却为川大开创了新局面。

任鸿隽回到南京后，在中央广播电台发表了题为《进步的基础》的讲话，对四川人故步自封，拒绝外来批评，缺乏进步的基础表示了极大的遗憾。

在抗战的烽火中，四川大学为躲避敌机轰炸，由皇城内迁至峨眉，成为大后方最完整的高等学府。1943年，国民党四川省党部主任委员黄季陆兼任四川大学校长。黄季陆赴任后，在峨眉山报国寺的第一次行政会议上就作出迁校返蓉的决定。他说："西南最高学府的川大，竟在神秘的山谷中行课，这确是与时代背驰的。"

迁校工作有条不紊地开始了。迁校委员会动用了酒精、木炭两用汽车8辆，汽轮板车50辆用作陆路运输。水上运输也有船只、木筏。川大在峨眉有文、理、法、师4个学院19个系，及附中、附小、研究所等，教职员及家属、学生共有3300余人，加上大量的用具、档案、图书、仪器，全都通过水陆运输陆续回到成都。校刊报道了迁校情形："一时，蓉城道上飙轮竞驰；青衣江头舳舻相接。渐见山城冷落，寺庙荒凉，弦歌顿歇。"

回成都后，川大以任鸿隽选定的望江楼附近的川大农学院为新校校址。黄季陆千方百计筹集资金，大兴土木，苦心经营，校址不断扩大，到了1947年，才形成今天四川大学这样的大学城的气势。

在回校后千头万绪的工作中，黄季陆首先做的便是请回已离开学校的知名教授，川大一时间群贤毕至，名师云集，一些新系和工学院的建立，都把聘请名教授放在首位。这一时期的川大条件优越，校址稳定，学子们纷纷前来求学。

黄季陆本人也是非同寻常的人物。据说他还在成都上小学时，保路同志会举行成立大会，12岁的他登台慷慨陈词，引起全场震惊。他首先发起小学生保路同志会，自任会长，加入保路运动请愿行列。他还去上海见到了孙中山，孙中山劝他仍去读书。后来他东渡日本，又到美国、加拿大留学，是国民党元老之一。他当川大校长是颇有雄心的，他要使川大成为世界上有名的完善学府。他对教师十分尊重，对

五　学堂新风

学生也很爱护，因为他身材矮胖，面带慈祥，同学们都戏称他为"黄妈妈"。

为了培养建设人才，川大增设了工学院，聘请有留法、德、意背景的李寿同教授为院长，后又由曾任中央大学工学院院长，早年留学英国的知名学者林启庸教授继任院长。工学院发展迅速，到了1949年已拥有五个系，实习工厂也获得中国各大学工学院中最完备之实习工厂的称誉。

川大的办学规模越来越大。农学院畜牧兽医系拥有300亩畜牧场，100多头优良种畜，这种条件在后方大学中是没有的。农学院教授有著名的农业学家侯光炯、彭家元。而文、理、法学院师资之雄厚更不必说了，文学院院长向楚，法学院院长吴君毅，理学院院长刘为涛、郑愈，农学院院长彭家元，师范学院院长邓胥功，都为川大提高教学质量、养成良好学风立下了许多功劳。

抗战时的四川涌入大量外省人和机构。国难当头，人们一边关心时局，一边还渴望能学习新知识，只有发愤，才能拯救国家。川大在南较场开办了夜大学，学制灵活，既有一年制选科的，又有夜大本科生。夜大学生年龄不限，从20岁至40多岁都有，学生们来自不同的单位，有秘书、经理、科股长、校长、军人。这种景象在全国大学中都是罕见的。

成都成华大学（西南财经大学前身）学生万蕴芳，摄于新南门的新上海照相馆。万蕴芳1932年出生于成都东府街，1943年就读于成都建国中学，1948年就读于成都成华大学，1950年后在成都市卫生局、成都市建委工作　万蕴芳供图

华西坝上

华西坝上又是另一番风景。成都城南的华西坝，有一大片负郭良田。自20世纪之初开始，这里渐渐矗立起了一幢幢中西合璧的洋楼。五个基督教教会办起了教会学校华西协合中学，1910年又开办了华西协合大学。这是一所综合性教会大学，内设文、理、医、牙、教育诸学院，尤以医科、牙科、制药和理科称雄。成都人开始时称华西协合中学为"五洋学堂"，是很带了些好奇目光的。

华西坝的新鲜之处，首先是它的建筑。这些洋房大都是西洋结构，又是中国式的屋顶，流檐飞角。洋教士在华西坝先后修了三十几幢洋楼，唯有钟楼是哥特式的尖顶，这在成都是稀罕的。华西坝的群体建筑自然有序，但它们不是庙堂之序，而是散落之序，是一种开阔的思路。小洋楼们散落在草坪花木藤蔓之间；钟楼是教学用的，它的附近有嘉德堂（生物楼）、化学楼、赫斐院（数理楼）与嘉德楼（教育学院），又成南北对应。重头戏都在北侧向西至医科大楼，南面显得空虚，洋人把它规划成大草坪，成了坝上学生们的足球场，或许当年这可算作成都第一大草坪。华西坝的西洋风情犹如世外桃源，这里没有三教九流的茶馆，袍哥军阀也不来染指，成都人似乎是小心翼翼地看着这个别样的世界。

华西坝上通用的语言是英语，学生们私下的闲谈也是中英夹杂。有些洋教师在成都还很有名气。加拿大教师沈克莹，身高约2米，成都人称他为沈高人。美国人丁克生，又是洋人中最矮的，才1.5米左右，诨名丁矮子。丁矮子管理华西大学的奶牛，养奶牛的坝子上又有钢琴房，因此"对牛弹琴"是华西坝一景。丁矮子在成都的出名，除了他的矮，还缘于他的满口成都话，甚至他还很会"展言子"。会成都话的洋人还有加拿大人文幼章。出生于仁寿，长大于乐山，回加拿大大学毕业后重返四川传教、教书的文幼章，满口乐山、仁寿、重庆、成都方言。

抗日战争时期的华西坝成了大后方高校集中地之一。南京金陵大学、金陵女子大学、中央大学医学院、北京燕京大学、济南齐鲁大学迁来华西坝，成为有名的"五大学"。外地迁来成都的高校有七所，数千学生来到成都求学。除了本校学生外，对无校读书的学生，省教育厅分配至成都各高校借读，这是战时的权宜之计。

成都成了战时中国的文化都市。名人会集，灿若群星。华西坝上留下过李约瑟、海明威、斯坦贝克、费德林的身影。陈寅恪、吴宓、钱穆、顾颉刚、吴芳吉、魏时珍、蒙文通、吕叔湘、缪钺、罗玉君等名教授纷纷来成都任教，汇成学术巨流，程门立雪，学术高张。坝上五大学"开门办学"，成立了"五大学教授座谈会"，经常举行学术讨论会。五大学的学生可以在各校自由选课。最受学生欢迎的便是陈寅恪先生的选修课。他所开的课为"唐史""元白刘诗"。穿长袍马褂，一手拿包着书本、讲义的黑布包袱，另一只手拿一瓶冷开水的陈先生来了，他步入教室，开始讲课。助教容媛女士也入后座。她是容庚先生的妹妹。陈寅恪先生学识精博，通贯中西。他的课总是连窗外都站满听众。先生时患严重眼疾，一上讲台便双目微阖，讲解时旁征博引，内容精辟，学生笔记不需整理，便是一篇文章。

吴宓先生在燕京大学执教时，孑然一身。据当时就读于成都燕京大学的唐振常先生回忆，吴先生与学生同住文庙街上华阳县文庙内的男生宿舍，只身一人住一小屋，行李简单，书籍无多，孤灯如豆。见过先生的人，总难忘他那踽踽独行、喃喃自语之状。先生对西洋文学有极深的造诣，他讲"西洋文学史"不用讲义，从头至尾，以英文讲述，甚至连书都不看，真可谓大师风范。

金陵女大的程千帆、沈祖棻夫妇也是深受学生爱戴的师长。沈祖棻是当代著名词家，她的"词选"课吸引了众多华西坝内外的听者。爱好诗词的学生们还组成了正声诗词社，聘请程、沈夫妇及同在金大中文系任教的高石斋、刘君惠教授为指导。在沈祖棻的悉心指导下，跟着她学词的几个学生都成绩斐然。他们呈交的习作，沈祖棻总是仔细修改，好的加点加圈甚至密圈，不好的加以批示，指出疵病所在。师生们在《正声》上刊出诗词，影响颇大。其中沈祖棻的六首《浣溪沙》，后来收入《涉江词》一书。黄裳先生评论说："随着时局急剧的发展变化，词人笔下日益减去了纤细轻柔的韵致，终于出现了'眦裂空余泪数行，填膺孤愤欲成狂'这样的声音。"

战火纷飞的年月，大后方成都滋养、庇护着国家的精英。流亡而来的大师们在备极艰辛的颠沛流离中，对抗战表现出坚持到底的精神与气节，不废所守，敬业守道。他们也使成都见识了大师的风采，给地处内陆的封闭的成都带来的影响必定是深远的。

六　繁华如梦

文庙街的"发现"

　　这是几条树影婆娑的小街。小街不宽但洁净整齐，异常幽静。小街的名称全都冠有"文庙"二字，叫作文庙前街、文庙西街、文庙后街。原来，成都的三个文庙就有两个在此：文庙前街的成都府文庙，规模最为宏大，汉代蜀郡太守文翁兴学，所创建的石室即在此处。府文庙之侧何公巷有华阳县文庙。三条小街的方位，便是以府文庙而定出前、后、西的。

　　有了两座文庙，走进这几条文庙街，便有了异样的感觉。童年的迷蒙里，似乎总是隐隐约约地觉得，这几条街上一定住过圣人，是在前世。进了石室中学，便迫不及待地去看鼎鼎大名的成都府文庙，却大失所望，就是这么不起眼的大殿啊，落满尘土的门窗封着，里面好像堆了些乱七八糟的东西。

　　失望之余，还是觉得这几条街不一般，倒不是因为住在这里便偏爱这里，而是小街总弥漫着一种氛围，一种气场，似乎是童年的心灵无法承受的俨然。

民居周宅　梁思成等营造学社成员1939年在川康调查古建筑时摄于成都　林洙供图

或许这种感受是小街两旁那些堂皇的大门传递出来的。

我童年的家在文庙西街的一座院落里。走进挺气派的黑漆大门，右边有一口井，住着一户人家，位置就像门房的住所。进门一条直直的巷道，巷道的尽头是荒草丛生的"百草园"，右侧就是两个可以相通的四合院。第一个院子里有一株粗大的、两个小孩子才能合抱的紫薇树，房屋青砖灰瓦，"四合"中的一排房屋地势抬高，像是正房，正中是空出来的，类似过厅。它们和两侧的厢房、与正房相对的一排房屋圈成一个院子。第二个院子房屋略差些，木柱泥壁，厕所也安置在这个院子里。给人的感觉仿佛是第一个院子住的是屋主，第二个住的是仆人，听大人说这是从前的公馆。这个院子对小孩子来说已是够满意了，夏夜的"藏猫"是经久不衰的游戏。别看院子不大，藏个小人还真不好找。

后来读了一些书，对文庙街陆续有了惊奇的发现。就在我们的隔壁，有条又破又烂的小巷，和我们的巷道简直无法相比。从小巷里走进去，泥地上冒出一些简陋的房子，住着的是拉蜂窝煤、拉架架车、洗衣服的城市平民。我们这边常听见他们大声说笑、唱戏、洗衣、吵架的声音。这不起眼的小巷叫"落酱园巷"，却不知本应叫"骆状元巷"，里面住过光绪乙未科状元、"新派"人物骆成骧。据说，骆成骧会试得中，参加殿试。光绪帝临轩策问，骆成骧在长篇策对中论证变法不仅符合祖制，而且势在必行。当前十名荐卷呈皇帝亲阅时，光绪帝被骆文打动，"钦定第一"。骆成骧成为清代四川唯一的一位状元。前世今生，我们糊里糊涂就和状元相邻了20来年。想来骆状元住过的未必是这样的破房子，抑或是骆状元的房子已破烂不堪。在这条街上，他是有资格排场的，为何这条巷子，无一丝公馆相？他青少年时苦读经史，中年入仕，致力于经世学问，辛亥革命后从事教育，有"穷状元"之称。晚年的他穷愁潦倒，厨灶屡空，"骆状元巷"最后演变为"落酱园巷"，为城市平民所居住，也是上苍的安排吧。而他所就读的赫赫有名、造就了一代宿儒的尊经书院，就在文庙西街尽头，后来成了带番号的部队被服厂。

石室中学的同学好些住在学校附近，于是大家就有了串门的机会。最喜欢去的几位同学家，房屋院落总是精巧的，总有一两株如盖的大树，屋子里的陈设却总如寻常所见。最令人惊奇之处，倒是窗户上的五色磨花玻璃。在那个粗粝的年代，这玻璃上的花纹显得那么细致，颜色是那么晶莹鲜亮，不由神往：精致到这样的细节上，该是什么样的生活？

同学神秘兮兮地说，知道吗，这是原来的公馆，某某军阀住的。看这玻璃，多奢侈！

深宅大院的气派

成都两个有名的世家大族的公馆，被称为"南唐北李"。城南唐家，即在文庙后街，城北李家，就是巴金的那个著名的"家"，在正通顺街。这是两个庞大的公馆,真正的深宅大院。满城的胡同里,也是遍布公馆,花枝出墙,香溢满城。满城虽好,却少有深宅大院。南城这边,文庙街成了深宅大院较为集中的地方。

这些深宅大院,究竟是怎样的气派?好在著名学者唐振常先生对"南唐"之唐家有过细致的描绘:

> 故居是四进大宅,大小房屋不下六十余间。入大门,左右两个门房。天井内各有左右门,右门内是马房,左门通花园。二门内的天井有六棵树,四株为桂花,两株为玉兰。每到中秋,桂花盛开,香溢四处。大厅颇大,可摆席十余桌,日常,除了两张方桌,再无长物。始终不明白这两张方桌作何用,儿时我们弟兄姊妹,每以这两张方桌用来打乒乓球。厅的上方悬一匾,写着祖父的堂名。厅右是书房,由内向外,隔着一个堆煤的小院,是一厅二室的小小居处,叔父逝世时停灵在此,后来租给了人家。由外向内,则与西厢房相连。厅左是个小客厅,其下,是进花园的圆门,又下,是大书房,要从花园出入了。花园内,四个大花坛,所种皆为海棠……所谓大花厅,是园中巨构,原为看花而设,空空一巨厅,了无陈设……以后,我们这一房所住的后花园租了人,我们便住在大花园内,大花厅隔成了三间房间,不足用,又住了大小书房。与大花厅遥遥相对,是一个称为四面厅的大室,外面就是靠马路的围墙了。
>
> 正厅有房十余间,祖母住堂屋左面的正房及其平房数间,伯父一家住堂屋右面的正房和平房数间……叔父一家住西厢房,东厢房一厅二室空置,其一间偶由祖母礼佛,其厅只偶会外客。主厅天井很大,奇怪的是没有花木,只有两个

大鱼缸。儿时嬉戏的地方，常在祖母室外窗前，数夜空星星，屋檐下听讲故事。有时我们闹声大了，隔窗传来祖母一声叫喊，立刻肃然。后进房多而住人少，我的几个弟兄和庶母住在这里，我们在这里嬉戏最多，也最放肆，祖母很少走到这里，声威不及。

由正厅到后进，要穿过堂屋，否则便要经过伯父一家耳房旁的小院。堂屋是家中最肃穆之地，祖宗牌位高高在上。只有年节祭祖的时候，挂出了祖宗画像，儿童们才感觉几分热闹好玩。像前摆满祭品，正厅大厅二厅的大门都打开了，从大门外开始，沿地迭燃香烛，直到堂屋祖宗像前，算是迎接祖宗回家……

应该说到后花园了。我家后花园极大，由前花园有长长的廊道相通，前花园尽处，有围墙与后花园相隔，数株大树，矗立后园的庭院之中，长廊的东侧即是隔邻刘家，后园西侧亦有围墙，有一小门，通本宅的最后一进房屋……这个后花园，由他（父亲）开造为半中半西。房屋是平房三合式，有几间房子的门窗改为西式。园中既有戏台、假山、水池，富中国园林之胜，复有西方园林的开阔的大草地。我们一房住在这个大花园里，住房宽舒之极，活动的天地极为广阔，有山可登，有洞可入，有水可涉，花木丛中鸟语花香，自然感到快乐。

家有良田的公馆主人

和唐家这样的街邻比起来，我们所住的公馆就是小巫了。唐振常

民国时期的老成都

民居陈宅　梁思成等营造学社成员1939年在川康调查古建筑时摄于成都　林洙供图

先生的祖父,是光绪三年(1877)进士,历官知县,学问很深,他的学生中有许多著名的学者,赵尧生(熙)先生是他最钟爱的学生,状元骆成骧也是他的学生——师生一个住文庙后街,一个住文庙西街。只是骆状元晚年居成都,恐怕没有机会去拜见老师了。

公馆的排场果然是大的,让县上的人艳羡不已。李劼人先生笔下的新津侯老爷,想学成都公馆的派头,修一个花园。地方倒有的是,却不晓得怎么个修法。当中挖一个大坑,说是池塘。挖起来的土,东一堆,西一堆,说是假山。不仅难看,大坑还变成臭水坑,绿水上漂满浮萍。侯老爷发愁说,为啥别人修个花园,就像个花园,我的就是烂土堆、臭水塘呢?像小福建营的龚家花园、东珠市巷的李家花园、西御街的黄家花园,都不用说了。成都的大公馆几乎无一家没有花园,只是有大有小,各有不同罢了。侯老爷为此要上省城耍几天,专门考察各公馆的花园。

考察了下来,侯老爷最喜欢西御街黄公馆的花园。公馆小客厅对面,一座假山刚好把背后的风火墙遮住,仿佛一道天然的屏风。假山遍布藤萝苔藓，不高不大的假山竟然有孔、有穴、有窍，还有洞。从洞口钻出，踏上石级，不过十步就到了山顶。抚着风火墙的墙头，朝外一看，一大片菜地，前面齐街，后面齐金河，视野好开阔！侯老爷感叹，成都这些公馆里的人，就是会享受，哪里像我们乡坝头。

其实公馆里的人也和乡坝头有联系。李劼人先生《大波》里暑袜街郝公馆的主人是客籍游宦入川的，入川才只有三代。像这类来做官的、行商的，日子一久，有了钱，蜀道之难打断了衣锦还乡的念头，又因成都人彼此都是外籍，没有排外恶习，加之锦城荣乐，且住为佳，只要买有田地，建有居宅，自然就算你是本地人，再捐个倒大不小的官，在官场上混个脸熟，也就心满意足地世代居住下去。

郝达三就是这种半官半绅的人物，捐了个候补同知，在成都、温江、郫县各有若干亩良田。城内除了暑袜街本宅，还有8个双间铺面，全佃与陕帮开皮货铺，总府街还有12间铺面出佃，所以他在半官半绅类中算是富裕的了。

郝达三是小说中的人物。大邑安仁镇的刘文彩，是闻名全国的大地主。他家有良田万亩，公馆28座，府邸成街，富甲川西。不大的安仁镇公馆林立，他自己所住的庄园称作老公馆，是占一块地修一片的，因此没有总体规划。他为弟弟刘文辉修的新公馆是洋式的，里面轩敞明朗，刘文辉却从未去住过。刘文彩并不满足于在安仁镇呼风唤雨，那样即便再来势，也是乡坝头。他在成都文庙后街又置了一个公馆，还买了一辆福特牌小轿车，往返安仁镇和成都就方便多了。1949年秋天，刘文彩坐小轿车返回安仁镇老公馆，突然吐血不止，只得又回到文庙后街公馆医治。他没有想到，他就死在成都这座公馆里。

或许可以说，川西坝子的良田，奉养着成都公馆里的主人。

西化的公馆做派

公馆里的人，当然最有条件接触新学，读到《申报》《沪报》之类东西的。这玩意儿有点像"辕门抄"，既有文章，又有时务策论，还有诗词，一纸在手，国家之事尽来眼底。尤其稀奇的是，那上面有卖各种东西的招贴，譬如花露水之类。而公馆的陈设用品，也已离不开洋葛巾、香胰子、保险洋灯、牙刷、三坠金链表之类的洋货，商业场里满是西洋用品，价钱那么贵，不是公馆里的人，谁又用得起？

最早新派起来的真是公馆。

文庙前街唐家弟兄三人是被他们的家庭塾师吴虞（又陵）携往日本游学的，三兄弟对西方物质文明产生了浓厚的兴趣。成都的夜晚还是一片漆黑的时候，唐家已经装上了电灯。日本人讲究卫生的习惯也影响了唐家。他们专程去上海买来西式浴盆，用以解决全家人的洗澡问题。

骡马市街上有家公馆，出了个化学系的毕业生，在公馆里就做起化学制剂来。还有一家公馆的主人爱好机械，索性开了一家简单的机械加工作坊，制作卷烟，算是一个"街道工厂"。

从日本回国的革命党人，曾任四川副都督的夏之时一家住进了将军街公馆，这是按照夏之时的意愿翻建的。公馆可谓中西合璧：富丽堂皇的大客厅里，是精致的西式落地门窗、壁炉、钢琴、红木家具；卧室里是铜床、罗衾锦被，鲜花点缀；公馆里还有专门的日本式浴室。

夏家由夏太太董竹君主持家务，她也是在日本读过书的，不是一般的妇人见识。女儿们的打扮全是西式，头上扎蝴蝶结，穿短裤、长筒袜、皮鞋、连衣裙，或白衬衫、蓝短裤的海军装。女儿们的膝盖四

装裱书画的师傅与卖鲜花的小贩。光顾他们生意的,多是家境殷实的人家　摘自傅崇矩编《成都通览》

季露出,使她们能跳跃自如,锻炼出健康的体质。夏家的孩子小有名气,有家公馆里举行婚礼,特别邀请夏家洋气的女孩去为新郎新娘牵纱。董竹君自己的装扮也是西化的:S型发髻,西式衣衫裙子,黑皮鞋,若是走人户,还要拿上个织锦缎细铜链的手提包。

夏家连吃饭也是西式的,三餐饭菜八菜一汤,实行每人一份的分餐制。这些做派引起公馆阶层的议论:夏家是洋派。不管夏之时骨子里是如何守旧,形式上的洋派是做够了的。

桂王桥傅樵村(崇矩)的公馆门口挂上了好些招牌,路过这里的人总要停下来,像看西洋镜似的看半天:招牌上又是报馆,又是印刷所,又是图书社,又是代派省外书报的地方,又是通俗讲演所,又是茶铺,而他本人还在里面住家,热闹非凡。让人百思不得其解的是,这公馆统共只有一正两厢,一个过厅,他如何安排下这么多的机构?还有,他哪来那么多精力,做那么多事情?

身材矮小、性喜交游的傅崇矩读过尊经书院，是个对新生事物极其敏感，且又实干的新派人物。1900年以前，成都还没有报纸，只看得到用锅烟刷印的、转抄"上谕""辕门抄"之类的《京报》，质地低劣且不论，还只在官场里流通，与百姓无缘。傅崇矩在桂王桥公馆门口首先挂出的牌子是"阅报公社"，陈列了全国各地书报60来种和两种日本报纸，免费供人阅读。他的公馆就成了公众阅览室。

傅崇矩还对算学感兴趣，又在公馆里设了算学馆，与总教习苏星舫合办《算学报》，这是成都第一张科学性的报纸。光绪三十年（1904），他到日本参加世界博览大会，眼界大开，写有一诗：

秀才出了门，更知天下事。
踏遍东西球，遂我平生志。
我生不逢辰，长才困专制。
今日归故乡，桑邦能展翅！

他回到成都，发奋著述，汇集成规模宏大的"傅式丛书"，有《中国历史大地图》20种、《万国通商水陆新地图》、中外商务丛抄》100卷等。以一人之力，完成如此浩繁的工作，真是难为他了。而他还创办了成都第一家民办报纸《通俗启蒙报》，后来又将此报分为《通俗日报》和《通俗画报》，上面的许多画稿和文章都出自他的手笔。傅崇矩对成都最大的贡献，就是写成一本被称作"清末成都小百科全书"的《成都通览》。在此书之前，州县以上的志书几乎全是官修，大多为统治者歌功颂德；私人编纂，且对社会风俗、社会下层记载翔实的更为罕见。傅氏为成都留下了极其珍贵的原始资料，殊为不易。

傅崇矩利用他的公馆，在"开启民智"上埋头苦干，做了大量工作，其他公馆的人各有看法。公馆女子喜欢看他的《通俗报》，可知道些插科打诨的事情，她们叫他"傅樵宝儿"。作古正经的人有些讨厌傅崇矩，嫌他风头太劲，精力太充沛，也太乱了一些，公馆里人来人往，进进出出，有点不像公馆。也有人称赞他的为人，乱只管乱，也未可厚非，因为他舍得干，不怕人家非议，敢开风气之先，而且干得很有劲。

议论归议论，傅崇矩真的无所谓，他要做的事太多了。本是简阳人，举家迁成都后最喜欢自称为成都人的傅崇矩，倒真是在悠闲的成都人的性格里，注入了新鲜的活力。他的公馆门口挂满的招牌，他的热情，他的刻苦，他的效率，无不独树一帜，在清末民初的社会背景下，他显得那么卓尔不群。

军阀的公馆

民国时期，四川大小军阀裂土分疆，闹得鸡犬不宁。成都成了军阀们的安乐乡，他们把吃缺空、刮地皮的钱用来买田地、修公馆。而好些老公馆被军阀蚕食，也是迟早的事。杨森命令大修马路，街道的住户都被要求退出街面五尺。街道扩宽，大公馆的八字门墙不见了，大户小家的门面看齐了。巴金的"家"，"南唐北李"之"李公馆"，大门也朝里退进去若干。门前台阶下的一对大石缸不见了，一对石狮子也不见了，门墙上红底黑字的木对联"国恩家庆，人寿年丰"也消失了。1941年初，离开成都的老家18年后第一次回来的巴金，走到那条熟悉的街道，去找寻幼年的足迹，却早已物是人非。巍峨的门墙，守卫的士兵，无情地阻止了他的脚步。门墙上有"藜阁"两个大字。据说这里是保安处长刘兆藜的住宅。大门开了，巴金看到了18年前的白色照壁，上面的圆形图案中嵌着"长宜子孙"四个大字。觉新大哥，还有嫂嫂、梅、鸣凤她们呢？高老太爷呢？这里面发生的一切就这样消失得无影无踪了吗？在曾经是自己的家门前徘徊的巴金，心绪难平，关于这公馆的记忆潮水般涌上心头。沧桑过后，巴金发现自己对这埋葬了好些年轻生命的老家除了恨，也还有留恋，那毕竟是无法割舍的一段生命。

"南唐"之唐家公馆，渐渐处于军阀的包围之中，与军阀为邻。文庙后街上，至少有五个分属不同派系的军阀之家。成都巷战发生时，全城平民遭殃。每次交战，不是这两个派系敌对，就是那两个派系打仗。顺乎常情，文庙后街应该火药味最浓才对，殊不知台风的中心是平静的，竟然毫无战争的感觉。更奇怪的是，势不两立的双方战事激烈，不知死伤多少士兵和无辜平民，而文庙后街上敌对的几家军阀之间依然来往不绝，酬酢如一，谈笑风生。这样看来，战争只是士兵和老百姓的事了，他们的生命，和将军有什么关系？

唐家日渐式微，公馆终于要出卖了。买下唐公馆的，是对门的军阀王瓒绪。王瓒绪把这幢公馆当作了司令部。旧的世家大族的衰落和军阀的兴盛成了此消彼长的趋势。公馆的内涵演变着，犹如世道的变化。

公馆生活和它的时代早已过去，还有和公馆一起的小街、老树。那砖砌的高墙和公馆的黑漆大门、铁门槛，门两旁的石狮子，代表着逝去的繁华，只出现在老照片和电影里，让人去回味和遐想。

七　蜀风留香

老成都的菜谱

1909年,激进的、有些浮躁的革命党人尤铁民从日本回到四川,准备取道成都去各州县筹备大事。几年分别,老同学郝又三十分欣喜,自然要邀约他叙叙旧。

加上另一位老同学田老兄,三人径直走向新开场不久的劝业场。在场内逛了一圈,就去前场门楼上的同春茶楼喝茶,吃西式糕点;逗留到下午两点,又到华兴街的一家春吃饭;最后进了悦来茶园听戏。当然是由家境优裕的公子郝又三做东。

晚上宵夜时闲聊起来,尤铁民不住感叹:成都的生活程度真低呀!经济不宽裕的田老兄却不同意:今天,我们三人一顿酒饭差不多5元,加上听戏、喝茶,又三花了8块钱,要抵平常四口之家一个月的生活费用了,还低吗?

这一天的休闲对郝又三(李劼人《暴风雨前》主角之一,官绅之子)这样的人家来说,实在是很平常也很惬意之事。清朝末年正是士绅们讲求革新、新派的年头,恰好也是川菜由清朝前期长期停滞走向兼纳百家、博采众长，由相对粗疏、程式化走向精致、细腻、花样翻新之时。这时的川菜不仅兼集南北之秀，连西式大菜也宽容地引进，或以地方风味见长，或以舶来品取胜。所以，无论原本就颇讲究的官绅人家，还是家境一般的子弟，都十分倾心于这些菜肴。

老成都人对待饮食的兼收并蓄姿态至今仍让我们佩服。不知是他们的宽容使得四方八味与传统菜式融会贯通，还是对烹饪的"博大容忍"（李劼人语）风度成全了成都人随和冲淡的脾性，总之，立足本土，汲取南北方乃至"洋味"精华，为我所用，加之当时得天独厚的外部环境，使川菜在清末如奇峰突起，蔚为大观。

当时的酒菜饭馆分为承包宴席（包席馆）、南馆（亦称南堂，门市营业）、随堂便饭（又叫红锅菜馆）三种。据清末傅崇矩的《成都通览》记载：包席馆（厨师带着原材料、餐具到设宴者家里办席，一般不卖堂菜。专门烹制海参全席、鱼翅席等大菜）首推正兴园，其次则有复义园、双发园，劝业场的楼外楼，此外第一楼、一家春也不错；南馆（菜可以出堂，馆内也可招客）有劝业场楼外楼、会府北街可园、华兴街一家春、天涯石街清心园、玉沙街醉霞轩等较著名。其余炒菜馆、饭馆数不胜数，它们卖家常肉蔬，价格较便宜，富商高官是不进这类馆子的。炒菜馆和饭馆还可任客人自备菜蔬，交厨房代炒，每菜只付十几文调料及加工费。

人们都吃些什么呢？看见火爆肚头、酱烧鸭子、板栗鸡、香糟鱼、辣子鸡、椒麻鸡、瓦块鱼、红烧甲鱼、甜烧白之类菜肴，今天的成都人都要会心一笑，也感到有趣吧？

一个世纪历史烟尘的缭绕，仿佛已将旧的世界熏成颓庙中废弃的佛龛，不忍细看，也难辨底色。而实际上，隔着迷茫云烟飘来的熟悉菜香，却让我们似乎牵住了老成都人的手，倍感亲切——在最本色的日常生活中，过去与现在的成都人，有着割不断的血脉。

同样，当年一家春、第一楼、楼外楼、金谷园的西餐，有黄油排、金银激凌、西国鱼翅汤、如意鱼卷、桂花牛奶汤、格利鱼排、外国洋桃、番茄饭、沙南米斑鸠、茄卷布丁等几百种菜品、西点，价格通常在一二角到一元多，那些年轻好奇又不太拮据的市民，还是有机会去赶赶时髦的。虽然老派人觉得"牛羊肉生的就切来吃了"未免古怪，但这并未阻止在吃的态度上很开放的成都人，去尝试使用刀叉的滋味。

既有彼此都熟悉的菜式，又有对外来风味的一致好奇，新老成都人倘若能坐到一块儿谈吃论喝，大概不难找到共同话题。

精研细调

近代川菜在清末已初具规模。这一切，得先从名噪一时的正兴园说起。

清咸丰十一年（1861），在棉花街（今蜀都大道红星路口至纱帽街口一段）卓秉恬的旧宅，满族人关治平（又名正兴）开办了著名的包席馆正兴园。卓秉恬为清代名臣，官至一品，担任过兵部、户部、吏部尚书与武英殿大学士，棉花街因此又称为相府街。起初正兴园菜的品种也不算多，无非是通行的"肉八碗""九大碗""参肚席"之类。它的出彩，是在后来。

清代有严格的"避籍"（官员不能在家乡任职）制度，省府要员当然都是外省籍人。他们来到蓉城总会带上家乡的厨师，这些南北名厨随之带来了各地不同风味的菜肴。当时正兴园讲究席面的典雅富丽，其主人"素来收藏古器甚多，故官场上席均照顾之。其瓷盘、瓷碗古色斑驳，菜亦讲究，汤味甚佳，所谓排场好而派头高也"（《成都通览》）。官府的大场面宴会几乎都由正兴园操办，它近水楼台，获得了博采众长的机会。

清光绪后期，贺伦夔任四川兵备道、四川巡警道道台等职，游宦四川多年。他不仅爱吃，还强调器皿的精致，主张"美食美器"，尤喜热闹阔气的大场面，绰号"贺油大"。他经常去正兴园，凡吃到中意的菜，必叫他身边的北方厨师照样做出来，同时也将他喜欢的北味菜肴带入正兴园，被称为"贺派"。南北风味交融会合，促进了川菜的革新。

接着，留学日本回国的周孝怀任四川巡警道、劝业道道台等职，他1875年生于成都，祖籍为浙江诸暨，随父宦游的经历及自身爱好，使他成为遍尝南北风味的美食家。与贺伦夔不同的是，周孝怀为正兴园引进了一些江浙名菜，他还擅长结合本地出产的菜蔬、佐料，设计新鲜别致的菜肴，行内人称为"周派"。比如，用成都北门城隍庙外出产的芋头烧圆子；用牧马山的大灯笼海椒挖空瓤子，填以鲜虾肉馅、黄酒上锅蒸；此外还创制了鸡油金钩青菜头、茄皮鳝鱼、鳝黄银杏、芋头蒸肉等，都有就地取材、惠而不费的特点。

荣乐园的创始人蓝光鉴于光绪二十三年（1897）进入正兴园当学徒。包席馆子的特点是，头天晚上必须把次日宴席上用的一些食材加工成半成品，如发海参、鱼翅、玉兰片等，就是学徒的事。由于蓝光鉴聪颖好学，尚未出师已有了一手好本事，满师后，蓝光鉴和弟弟蓝光荣便被留在正兴园工作。他们学得南北名厨的专长，又总结了"贺派""周派"的特点，逐步形成独特的风格。

当年成都也有不少陕西、山西人开的大银号、大典当行，这部分人是包席馆的常客。他们通常也带有家乡的名厨，包席时常以家乡菜加入席中，让客人品尝异乡佳肴，这又为正兴园蓝氏兄弟等名厨打开了另一扇美食窗口。

正兴园随着清王朝的覆灭而萧条、歇业。1912年，蓝光鉴与师叔戚乐斋和弟弟光荣、光璧一起，在湖广馆街（今蜀都大道正科甲巷口至红星路口一段）附近的兴隆庵办起了荣乐园。

一般人爱说川味是麻辣味，实在把川味说得简单了。麻辣味的确是川菜的特点之一，但川菜中还有一系列烧、烤、炒、煨、炖、蒸及汤菜，都是没有麻辣味的。像荣乐园的汤就特别下功夫，他们讲究火候，"奶汤要猛（大火），清汤要吊（小火）"，又取"无鸡不鲜、无鸭不香、无肚不白、无肘不浓"的特点配料，其开水白菜、银耳鸽蛋等名菜，工艺精细，色鲜味美。

俞子丹笔下20世纪20年代的成都肉铺。卖肉者穿着防水的厚底鞋，在70年代的一些肉铺还能见到它们　摘自（英）徐维理著、俞子丹绘、萧冰译《龙骨——一个外国人眼中的老成都》

荣乐园的生意日渐兴隆，后来迁往布后街。20世纪30年代以前，人们大多在家里正式设宴，以示对客人的敬重。后来，大家逐渐感受到在餐馆请客的方便简约，开始改变旧规，一时各大包席馆纷纷扩充座席。荣乐园过去的三个座场早已应接不暇，便于1933年扩大规模，据蓝云鞏所撰《成都荣乐园》一文记载，当时恰逢业主要出售布后街的园址，蓝光鉴就请老主顾安元璋出面，劝其亲戚、四川边防军总司令李家钰买下园址，长期租给荣乐园使用。因条件优厚，李家钰欣然接受。改建后有设宴开席的房间16间，可容百桌宴席，餐具为象牙筷子及到江西九江定制的仿古瓷器。此外，印花台布、玻璃桌面、皮沙发等都很考究，墙上还布置了名人字画。每年下半年是结婚的高峰，这时荣乐园的生意也更加兴旺，常有包席几十桌上百桌的，就算这样，有时还需兵分几路出动。

从前，传统的席桌台面有一套固定的程式：瓜子手碟、四冷碟、四对镶、四热碟、中点、席点、八大菜肴、糖碗等，繁冗而糜费。蓝光鉴的不少老主顾、老朋友常在荣乐园聚会，他征求众人的意见，大胆革新。废除从前的格式：省掉入席前的"中点"，宾客落座后便上四个碟子（冬天热碟、夏天冷碟），接着上八大菜，最后一道汤。这种精练简洁的风格，既能使人尽尝精粹，又省略了过去为满足固定程式用来凑数的次等菜，更节省了食客的时间与开支，因而深受欢迎。被蓝光鉴称为"便饭"的形式在成都流行开来，人们在请帖上称之为"便餐""便酌"。

蓝光鉴的交游应对能力很出色，无疑使生意更上一层楼。成都的官绅名流几乎都是荣乐园的座上宾。飞虎队队长陈纳德等各国友人，当年都曾涉足荣乐园。

荣乐园以"川味正宗"而名噪蓉城，几十年间盛名不绝，这既跟蓝氏兄弟齐心协力、亲密无间分不开，也跟他们在剧烈的竞争中善于坚持独特品位又博采众长分不开——广东、江浙、陕西的不少名菜，都被别具匠心又因地制宜地改良为新式川菜菜品；抗战时期外地人大量入川，荣乐园还大胆引进西菜、印度菜等，改制为露笋鸽蛋、咖喱鸡、叉烧火鸡等，也颇受欢迎。

数十年精研细调，荣乐园为川菜留下无数醇厚鲜美的经典菜肴，也为川菜培养了一批技艺精湛的名厨大师。提到川菜，便不能不说到荣乐园。

不散的筵席

在一般人的印象中，餐饮跟时势变换隔着宽阔的缓冲地带。然而，看看川菜的历史，就会觉得这想法太片面。

民国年间，川菜有过的几次大变化都与时势密切相关。20世纪30年代，军阀轮番进驻成都，他们的将领也从下江与川东引进省外和川东菜肴，外省馆子也陆续在成都出现；抗战期间，一批西餐厨师来蓉，在油炸、生菜方面对川菜产生了一些影响。川菜将新的烹饪法与外来美味兼收并蓄，再次推陈出新。

那时，成都的筵蒸业（餐饮业）每月有一次集会，由各大餐馆轮流做东，宴请同行，各家当然都要以自己的名菜献技。时为记者的车辐先生回忆："荣乐园的汤（加上蓝光荣的白案）、枕江楼龙元章的脆皮鱼、静宁的填鸭、哥哥传的坛子肉、蜀风的凉粉鲫鱼、广寒宫的豆瓣鱼、竟成园的芙蓉鸡片、颐之时的开水白菜与白汁鱼唇、耀华的西餐、撷英餐厅的北方大菜、明湖春的葱烧海参，还有四五六的江浙味、冠生园的广东味等，各显其能……"

时局变幻莫测，不确定的气氛在周遭飘荡，都没有从根本上动摇这些名厨精益求精的敬业传统，他们和那些深解其中三昧的知音们酬酢唱和，经营起一片多姿多彩的风景——最诱人的不仅是精美的菜肴，还有其间弥漫的生趣。灰雾迷蒙的成都，那时留给离家的游子或外乡客最具明亮和温馨色彩的回忆，往往是城内层出不穷的大小餐馆。

学者吴虞在日记里喜欢详细记叙自己与友人聚餐的地点与花销，不经意间为民国成都的餐饮业留下诸多细节：精记小餐的菜品虽不算多，但其炖品与樱桃肉、粉蒸肉、香糟肉等都做得有滋有味，上菜又快，因而食客颇多。1916年4月下旬，吴虞为纪念自己购买栅子街的住宅四周年，特意买回精记的清炖鸡鸭各一份，配以自家种植的京竹之笋，吃得心满意足——荤的素的"皆极鲜美可口，余为之一饱"。他与友人去拜访李劼人时，后者也在精记小餐招待他们。

　　在李劼人先生的小说《大波》里就已经登场的枕江楼，是一家主要出售水产品、海产品的南堂餐馆。南馆为高级餐馆，与主要卖肉类菜肴的红锅炒菜、便饭馆的区别在于，原料中包含海参、鱿鱼、鱼翅、金钩等。开业于光绪三十二年（1906）、民国年间风流不减的枕江楼坐落在老南门桥头，临水而设。鱼、虾等都装在鱼篓中，沉入江中，相当于流水放养，现点现杀，故能保持鲜活风味。

　　老主顾熟门熟路，穿过布置得精巧曲折的花木竹石上到二楼，临水的吊脚楼上，有许多分隔好的雅间。他们背倚清风徐来的锦江，或远眺城外田野竹林，然后放心地让周到体贴的堂倌替自己配菜。枕江楼的当头菜醉虾、脆皮鱼、大蒜鲢鱼、扁豆泥……哪一样不让人啧啧称绝呢？当然酒也必不可少，枕江楼的酒很考究，白酒只卖南大街乾元烧房的大曲酒和东巷子天元号的青果酒，黄酒专卖允丰正的仿绍。邀三五知己，品美酒佳肴，赏绕江清流，人生快意时刻，想来莫过于此。

　　吴虞对枕江楼的鱼虾之鲜美可口印象深刻。书法家、诗人李一氓先生则对这里的蒸干贝特别推崇，认为比后世京城各大饭店都更胜一筹——用大独蒜做底，上面整齐摆放上等干贝，蒸熟后端上桌面，大蒜烂熟如泥，特有的蒜香味非常引人，又吸收了干贝的鲜香，"反客为主"，菜底独蒜让人特别欣赏。另一道豆腐鱼也有异曲同工之妙，豆腐吸入了鱼的鲜香，似乎比鱼本身更为出彩。李一氓说，枕江楼有个外号，江湖人称"整猪楼"："因为菜价极贵，要上'枕江楼'必须要带上较多的钱，四川俗称有钱的人为'肥猪'，故得此名。虽然如此，顾客们愿去当'猪'，因为菜实在做得不错。"

李一氓先生是彭州人，1919年至1921年就读于成都联合中学（现石室中学）。同学们平日在学校食宿，星期天不时会跑出学校吃午饭，去得最多的是新街口的蜀腴饭馆。饭馆租用了一家巨宅的轿厅——那家大公馆一进大门就有这么一处五开间的大敞厅，用于上下轿子、停放轿子。蜀腴只卖饭菜不卖酒，菜都是事先预备好的，味道都很好，每天有20来样，或蒸或炖或红烧，有凉菜，没有炒菜。蒸菜有粉蒸牛肉、粉蒸猪肉、粉蒸肥肠、蒸腊肉、清蒸杂烩、蒸扣肉、蒸鸡块……汤菜有白肉片汤、猪肺豌豆汤、冰糖肘子、炖牛肉……烧菜有红烧鸡、红烧肉、红糟肉、红烧肥肠、红烧牛肉、红烧猪蹄……凉菜有麻辣鸡丝、蒜泥白肉、酱肚、凉拌牛肚、炝白菜、香肠……

李一氓在《征途食事》中回忆：

> （在蜀腴）吃饭，不算饭价；泡菜，一碟一碟放在另一桌上，自取自选，也不作价。既无炒菜，一点就上，所以上菜很快，完全称得上是"快餐"。那时，我们都是些中学生，说得好听一点，甚为淘气。一去四五个同学，只点三四样菜。既然米饭和泡菜不要钱，就尽是吃饭和泡菜，三四样菜还只点那种最便宜的。一顿饭下来，不会超过一元钱。少不更事，现在回忆写出来，殊无意义……

李一氓说，后世称为"快餐"的，其实成都早已有之。跟蜀腴类似的还有朵颐，菜品中等，价位也合理，略不同的是有炒菜，可以喝酒。

相传抗战期间，著名书法家谢无量曾慕名前往东大街的"味之腴"品尝东坡肘子。一进门看见招牌上几个字功底不凡，忙向店主打听出自哪位大师。店主说出原委后，谢无量不觉笑了："我说，成都没有人能写出这样的字嘛！"

原来，这"味之腴"的店招，是从苏东坡的字帖中选出来放大的。这家饭馆是抗战时由四个公务员和温江一家小杂货店的老板合伙开的。当时成都饭馆很多，且各具所长。几个人一商量，决定开一家以出售炖肉为主的饭馆。五人中有四个是读过线装书的，反复琢磨，定下"味之腴"这个颇为雅致的店名。腴者肥也，切合炖肘子的特点。请谁书写店招呢？想来想去，有人提议：何不就找发明东坡肘子的苏老先生呢？众人拍案叫绝。此举效果甚好，慕名来品尝东坡肘子并观赏店招的人络绎不绝。东坡的字与东坡肘子果然相映生辉，肘子以鸡汤原汁，文火慢煨，配以雪山大豆，肥而不腻，浓而不黏，色白味鲜。再与浇上红油的凉拌鸡同时上桌，一红味一白味巧妙搭配，"味之腴"享誉蓉城。

街边的一家民居　梁思成等营造学社成员1939年在川康调查古建筑时摄于成都　林洙供图

姑姑筵本是成都城乡儿童的一种游戏名称（孩子们在一起用玩具模拟大人做饭、炒菜），可它也是当年成都人妇孺皆知的一家餐馆。姑姑筵20世纪30年初开张，先位于城内包家巷，后迁至青羊宫旁边的马家花园，庭院幽静，花木葱茏，菜肴别致，很快名声大噪。

　　店主黄敬临是成都人，他的母亲对美食独具慧心，仅咸菜就能做300多种。黄家女眷也都是烹饪高手。著名学者李宗吾20世纪30年代撰写的《姑姑筵食谱序》记载，黄敬临的祖父由江西宦游入川，精于制馔，"为其子聘妇，非精烹饪者不合选"。

　　黄敬临是清末秀才，毕业于四川法政学堂，早年曾供职于京师光禄寺，据说为慈禧创制的漳茶鸭子（以福建漳州的嫩芽茶为熏料）等佳肴，曾用以招待外国使节。20世纪20年代中期他担任过射洪、巫溪等县知事（即县长），后来在四川省立第一女子师范学校任烹饪课教师，向学生传授熏、蒸、烘、爆、烤、酱、炸、卤、煎、糟等技艺。

　　那时，吃姑姑筵要提前几天预定，餐馆每天待客不超过四桌，更显得紧俏。姑姑筵的菜品色香味形俱佳，店招既上口又风趣，它还成为不少人看花会后必不可少的去处，慕名前往者都交口称赞。但凡有人预定席桌，黄敬临都要求开列客人名单并注明其年龄、籍贯、职业等，以便有所侧重地安排菜品——高官不喜油腻，北方人不耐麻辣，年轻人偏爱酥脆，老者适宜软和——结果自然是皆大欢喜。

　　开办姑姑筵之前，黄敬临曾在少城公园（今人民公园）开设晋龄饭店，既承包筵席，也开零供应游园顾客。晋龄有烤填鸭、油淋随园鱼、红烧鲤鱼肚、蝴蝶海参、软炸扳指等名菜，食客甚众。该店后来转让给别人，改名静宁。

　　黄敬临喜欢在姑姑筵餐馆的大门上自撰自书对联，其中两副为：

提起菜刀，拿起锅铲，自命炉边镇守使；

碗有佳肴，壶有美酒，休嫌路隔通惠门。

叹老夫无命作官，才租这大花园承包酒席；
替买主下厨弄菜，好像是巧媳妇事奉公婆。

成都怪杰刘师亮游花会后光顾姑姑筵，见到上述对联，有竹枝词十二首赠黄敬临。其中一首为：

看会欣逢二月天，姑姑筵外贴双联。
君休误认姑姑美，名借姑姑好卖钱。

店主之不同凡响、食客之诙谐轻松，尽在其中。黄敬临还有另外两副对联同样流传很广：

右手拿菜刀，左手拿锅铲，急急忙忙干起来。做出些海参鱼翅，供你们老爷太太；
前头烤柴灶，后头烤炭炉，轰轰烈烈闹一阵。落得点残汤剩饭，养活我大人娃娃。

横批：混寿缘。这一联要用成都话读出来，更觉有味。
其二为：

学问不如人，才德不如人，只有熬菜煎汤，才算我的真本事；
亲戚休笑我，朋友休笑我，安于操刀弄铲，正是文人下梢头。

既显得通透、旷达，又略含无奈、自嘲。或许，这两种况味都是真切实在的。这位民国前期的卸任县长,漂亮地实现了从官员到餐馆老板、名厨的身份转换,却还无法浑然无迹地弥合其心理落差。黄敬临曾自述,之所以开店,是因为辞官后回到成都,"赋闲已久,新猷无路,坐吃山空,殊非长策"。他有一首诗:"挑葱卖蒜亦人为,误入歧途万事非。从此弃官归去也,但凭薄技显余晖。"流露的同样是这种失意与自我排解。

黄敬临还与其子在陕西街开设了"不醉无归小酒家"。这里的葱烧鱼、红烧舌掌、蒜泥肥肠、豆泥汤令人耳目一新,店堂也清雅宜人,吸引了不少文化界名人。

黄敬临的弟弟黄保临则在南打金街开了一家"古女菜"餐馆,分享姑姑筵盛名。古女乃"姑"字拆开而成。此店集以上三店之大成,还新增鸡豆花、炒鸭脯、鸡肾汤、凤尾拌鸡等新菜。后来"古女菜"迁至总府街,改名"哥哥传",示其技艺为黄敬临所传。"哥哥传"的做工、选料同样精雕细琢,迅速成为名店。

1930年夏,位于指挥街的小雅餐馆开张。不久,几家报纸刊出一条惹人注意的新闻:《成大教授不当教授开酒馆,师大学生不当学生当堂倌》,小标题是:"虽非调和鼎鼐事,却是当炉文雅人。"这位教授就是曾留学法国、后为著名作家的李劼人。据李先生回忆:"1930年暑假,成都大学校长张澜由于思想左倾为当时军阀所扼制,不能安于其位……我自度在张澜先生去后,我也难以对付那些军阀……遂借了三百元,在成都我租佃的房子里经营起一个小菜馆,招牌叫小雅。一是表示决心不回成都大学,一是解决辞职后的生活费用。"

店名"小雅轩"是吴虞拟的,出自《诗经》。李先生和妻子亲自做菜的"小雅",从店堂布置到菜肴,真的是小而雅:几样家常风味的便菜每周变换一次，大多伴以时令蔬菜，像怪味鸡、厚皮菜烧猪蹄、粉蒸苕菜、青笋烧鸡、夹江腐乳汁蒸鸡蛋、肚丝炒绿豆芽等。加上炖鸡面、番茄撕耳面、金钩包子等面食，精美别致，不落俗套。学者罗元叔以七言古诗祝贺友人，其中"番茄撕耳最清新，当归汽鸡脍紫鳞"，就巧妙地揉进了小雅的几样招牌菜点。

李劼人先生有不少与吃有关的著述，他对"烹饪艺术"从理论到实践都有精深的造诣，认为川菜中"繁复多变化的手法，不特西洋人莫名其妙；即中国人而无哲学科学头脑，以及无实地经验无熟练技巧者，也根本无法名其奥妙"。由这样感情投入的美食家当炉，即便撇开他大学教授的身份，小雅也有理由让人们追捧。

小雅一年半后就因故关闭了。虽说是为稻粱谋，小雅还是很像李先生身体力行其美食主张的一个小基地，它也为民国成都的餐饮史写下了有书卷气的俊逸的一笔。

20世纪40年代初在华兴街悦来茶园附近开业的颐之时餐厅，凭借其细腻别致的菜肴名噪蓉城，在食客中享有牢固的地位，曾被誉为"蓉城餐馆之最"。当时有知味者说："颐之时一出，盛极一时，人称荣乐园与颐之时为'一时瑜亮'"；"比之绘画，称之为吴湖帆与张大千"。

颐之时的主人罗国荣是学徒出身，早年师从川菜名厨、曾为四川总督锡良家厨的王海泉，后来去姑姑筵工作，得到黄敬临的指点。罗国荣担任过刘文辉公馆家厨，曾主理二十四军驻渝办事处餐厅，往来两处的要员尝过他的手艺后均印象深刻。

颐之时引得各路食客纷至沓来。川康绥靖公署主任邓锡侯曾在颐之时宴请四川省主席张群，后者对清嫩软糯、汤味鲜香的清蒸鸭子最为难忘，经常派人去买。罗国荣善于创新，构思巧妙，他推出的清蒸鸭子、清蒸鱼翅、酸菜海参、豆芽包子、干烧鱼翅、菠菜面、萝卜饼等一系列名菜名点都令人倾倒。他的一些别致之作还配以狗地芽、嫩南瓜藤等当时不登大雅之堂的野菜时蔬，视觉效果与口感都别具一格。

张大千、林山腴、杨啸谷等名家都经常光顾颐之时。书法大师谢无量对颐之时的开水白菜、口蘑肝膏汤、鸡皮冬笋

华西饭店一角　梁思成等营造学社成员1939年在川康调查古建筑时摄于成都　林洙供图

汤、干烧虾仁、笋衣鸽蛋等招牌菜赞不绝口，以"别出新意，前人未及""出手不凡""雄秀独出"点赞。文化名人与名厨之间这种沉浸至深、引为知音的默契，在此后越来越动荡纷乱的世道中再难酝酿，颇有点高山流水似的绝响。

20世纪30年代初，成都的高级餐馆依然大多设在花木扶疏或庭院深深的幽静之地，开设于祠堂街的努力餐却坐落在临街的大路口。这是中共四川地下党的负责人车耀先为掩护身份而办的，餐馆也是地下党的重要联络点。人们对店堂内醒目处的一幅横批印象深刻："假如您吃得不满意，请向我们说；假如您吃得满意，请向您的朋友说。"两行字亲切诚恳，明白晓畅。而餐馆不仅以生烧什锦、白汁鱼、宫保童鸡、清汤三鲜等名菜为人交口称道，还经常供应大众蒸碗饭、大众面食、大肉蒸饺等价廉物美的"快餐"。这种面向普通消费者的经济

实惠的食物，使努力餐常常座无虚席，也打破了高级餐馆仅为上层人士服务的惯例。

从新东门出城，沿护城河，过猛追湾，面前是散布乱坟的荒地。正值芦苇成林的秋天，藕荷色的芦花随风飘拂。几个少年在萧瑟的秋景中兴致不减，他们沿着高大冷峻的城墙一路前行，再几转几弯，顺着木厂走一阵，陈麻婆豆腐店就到了。

那是20世纪20年代末，后来的美食家车辐与要好的同学、朋友，经常去陈麻婆店"打平伙"。他们分头去割黄牛肉，买菜油、酒、油米子花生，然后将牛肉、菜油直接交到厨房，向掌勺的薛祥顺师傅说明有几个人、要吃多少豆腐。

两间门面就坐落在路旁，方桌、长板凳都称得上简陋。几个年轻人边聊天边闲看门前小路上鸡公车、轿子来来往往。随即，热气腾腾的豆腐端上桌来，立即就把众人的注意力全部吸引过去了。

20世纪20年代已有竹枝词夸赞麻婆豆腐："麻婆陈氏尚传名，烘来豆腐味最精。万福桥边帘影动，合沽春酒醉先生。"许多食客一直无法解释清楚：为什么一道食材低廉的小菜，却如此滋味无穷，难以言叙？

这家小饭店于清咸丰十一年（1861）开设，既无招牌，又无名气，只有些粗茶淡饭供人歇脚打尖。当年从彭州、新繁等县到成都的商旅行人都要经过万福桥，桥上桥下川流不息。新都、新繁等地挑菜油到成都的贩夫走卒常在万福桥头的店里歇脚，吃点豆腐等家常菜。店主陈兴盛（一说陈春富）之妻用挑夫们油篓中剩下的菜油炒牛肉臊子，配以豆豉、豆瓣、花椒、蒜苗等佐料，做出的豆腐色泽红亮，麻辣鲜香，酥烫嫩滑。老板娘脸上有几点麻子，人们遂将她做的美味豆腐称为陈麻婆豆腐。

成都县城隍庙离万福桥不远，殿宇堂皇，古木葱茏，香客云集。市民到城隍庙敬香时，都喜欢慕名去品尝麻婆豆腐，还有不少食客专程前往。到了夏天，许多市民爱到"北海樽"喝茶，在遮天蔽日的浓荫下乘凉聊天，侧畔的绳溪水清流潺湲，几乎让人忘记暑热。待到夕阳西下，再去附近的麻婆豆腐店就餐——这一天算得上相当完美。

据蒋慕良先生的《陈麻婆豆腐》一文讲述，1932年因军阀混战，川康通道被封锁，导致麻婆豆腐很关键的原料汉源花椒无法进货，该店宁可暂停营业。其选料之严格、讲究，赢得同业与顾客夸赞。陈麻婆豆腐店店堂一直简陋，且几十年如一日使用大方桌、长板凳。随着成都人口的增加，饮食行业竞争加剧，它于1936年开始修饰店面，添置家具，增加菜品，改变单一经营豆腐的传统，也结束了顾客自带牛肉、菜油来店加工的旧习。

上百年时光流转，麻婆豆腐已不再是早年那样寒素的角色了，它作为风靡世界的代表性川菜菜品而览尽风光，不过，在家庭主妇舞着锅铲的手里，它依然是显示手艺却并不神秘的小菜一碟。

那些脍炙人口的餐馆难以尽数：盘飧市、朵颐、利宾筵、竹林小餐、菜羹香……人们对川菜的评价是"一菜一格，百菜百味"。这些绝不雷同的滋味，便由几千家各具品格的餐馆成就，更由名店名厨点化而成。今天，我们只能从李劼人、车辐等前辈洞悉成都风情的文字中，去怀想那些风味浓郁的菜肴和觥筹交错的聚餐了。

吃蔬菜的聪明

成都地处省会，全省各县知名的佐料都会聚于此：永川豆豉、涪陵榨菜、郫县豆瓣、夹江豆腐乳、叙府芽菜、资中冬菜、保宁醋……

仅名品酱油便有犀浦酱油，德阳窝油，中坝口蘑酱油，成都太和酱油、白豆油、甜红酱油等十多种。青羊宫每年举办花会时，上述名品的作坊都会到现场设立临时门市，供应游客。温江的真净窝油、南虾窝油、南虾酱油等在成都广有人缘，味之腴名菜东坡肘子的蘸碟与凉拌鸡丝，还有祠堂街菜羹香的白片肉，都使用温江酱油。花会上的温江荞面、温江豆花等受人青睐的小吃，也申明使用的是温江酱油。

四时菜蔬物产丰盛，加之配料精湛多样，川菜之都的成都主妇，即便不是名餐馆的座上常客，耳濡目染之间，也大多有一套蒸、炒、煎、炖、煨、烩、卤的功夫，红油、麻辣、椒麻、糖醋、蒜泥、芥末、怪味、姜汁、白油等种种滋味，都是拿得起放得下。

当然，家常味的最大特点还是惠而不费，讲求口味，不尚奢华排场，最平凡的材料也可以让家人或客人感到舒服适口。荤菜不用说了，平平常常的素菜，不仅物尽其用，还往往别有风味。比如，廉价的蕹菜，吃了叶子，余下的菜秆怎么办？车辐先生一口气列出：蕹菜秆切成小节和红辣椒、豆豉炒，微辣而脆香；或切成小方碎块与切碎的新鲜辣椒同炒；要不就切成丝，加切碎的豆豉煎炒，又是一种味道。他说，这些做法，休嫌小道，却是"风景这边独好"。

20世纪40年代初在成都生活过几年的何满子先生对此也印象深刻：米汤煮冬苋菜蘸豆瓣，是滑润可口的美味；将青菜（芥菜）切细，炒至半熟压制而成冲（成都话读còng）菜，以醋、熟油辣子并稍加糖拌食，鲜嫩爽口，对鼻部有种像芥末的独特刺激，给人特殊的美感体验；夏秋间选摘鲜嫩的辣椒枝叶，炒来微含苦味而清香可口，有他种蔬菜所不具备的特异滋味，初次吃到时不胜惊叹。何先生最赞叹的，不是这类菜在任何食谱或《山家清供》等书中找不到，而是成都人"吃蔬菜的聪明，表现在能化废为宝的巧思上"。他认为，这些独有地方色彩的菜肴，"在构成这个城市的性格和风采上，起着它的一份作用"。

  琢磨从前的人吃些什么，当然不是恢宏阔大的题目，但是很有趣，也还不是绝对的小儿科。因为，历史除了宫廷改弦易辙、城头旌旗变换，还有别的东西，比如吃饭穿衣。大多数成都市民乐天知命，把寻常日子过得从容散淡，他们成就了川菜，川菜也成全了他们。

八　小吃诱人

价廉物美

秋冬之交，凌晨的室外已是清寒袭人。此刻，温暖的被窝最引人留恋。

半梦半醒之间，寂静的窗外，有一阵悠长的叫卖声由远而近飘来："发糕——热发糕——""醪糟——鸡蛋——"起初，尚能抵御诱惑，但紧接着，蒸蒸糕、虾羹汤、油茶、花生糕、牛肉烧饼……各类叫卖声此起彼伏地响起，声调或高或低，打竹梆、敲铁片的"伴奏"声或急或缓，听得人满嘴生津，少不得一个鲤鱼打挺跳下床。

这是清末的市声。那时，五色炫目的新奇玩意儿和西式吃食传进成都的还不多；除去商铺云集的大街，城市的大部分地方寂静而安闲。吆喝声与树林里的鸟啼构成市井中朴素、世俗的背景音乐。叫卖声伴随着香气四溢的小吃，令馋嘴的孩子按捺不住，就是成人也垂涎欲滴。所以，老成都人不管住在重门深院，还是小街曲巷，不仅不怪这市声扰了清梦，反而对它们蛮期待的。

清末成都的小吃大多没有店铺，小贩沿街挑担、提篮叫卖。从傅

八 小吃诱人

崇矩成书于宣统元年（1909）至宣统二年（1910）的《成都通览》可以看出，当时小吃的品种已非常丰富：豆腐脑、荞面、糍粑、汤圆、艾蒿馍馍、锅盔、抄手、包子、水饺、春卷、油糕……数不胜数。有的今已不存，有的至今仍为成都人所喜爱。那些小吃原料很普通，售价也不贵，所以平常人家都能接受。如羊肉烧饼每个6文；锅盔有椒盐、油旋子、糖饼子等五类，4文钱一枚、7文钱两枚、10文钱三枚；珍珠馍馍（米团中包红豆粗沙馅）每个3文、三个8文。几文钱相当于多少呢？还是傅崇矩告诉我们，当时木工每日工钱96文，

卖油糕与转糖饼，后者现在还能在公园里见到 摘自傅崇矩编《成都通览》

外加三天吃肉一次；石工每日工钱106文，铁工每日工钱200文至250文。普通劳动者的工资固然不高，而面向一般消费者的小吃也妙在花费不多，却能尽兴。

一些做工精细讲究、原料货真价实的小吃渐渐有了固定的买主，有的摊主积累渐丰，也有能力租赁街边小铺开店。像澹香斋的点心、大森隆的包子与点心、科甲巷的肥肠、开开香的蛋黄糕、九龙巷口的大肉包子等很多店铺，名气渐大，被远远近近的食客津津乐道。不过，若想一次性大饱口福，还是等到逛青羊宫花会的时候吧。

赏鲜花·享口福

清末民初在四川高等学堂分设（附属）中学念书的郭沫若，经常与同学去逛成都的望江楼、草堂寺等名胜。他在《反正前后》里讲述，从南门出城往西，顺着浣花溪的北岸往前走，从百花潭、青羊宫到草堂祠一线，路边散落着一些私家宅院，沿途特别清幽。

这条路径，平常除乡里的农人、寺院的僧侣，或极少数偶尔要去寻幽访胜的墨客骚人之外，很少人往来。但到了花会的时候，便出现着肩摩接踵的人的洪流。最好你从南校场的城墙上去俯瞰——先附带着说一句，成都的城墙是很宏大的，坦平的城墙上可以并排着跑三两部汽车。你看那城下的马路上一来一往的都是新式的马车。

农历二月的青羊宫花会正热闹异常。

薄雾蒙蒙的冬天结束，人们终于卸下厚厚的冬装，手脚也变得灵活起来。今天是难得的晴天，阳光透过横斜的树枝，暖融融地抛洒下来。时辰还早，走路的、坐轿的、坐马车的人流已出了南门，纷纷朝青羊宫赶去。

赶花会是新春最值得人期待的盛事。最早，是那些培育花木的园主，将自己的各种花木、桩头、盆景等，聚集在青羊宫和二仙庵，既为销售，也是比赛。名花异蕙，怪树奇根，各逞其妙。春光旖旎，游人渐多，茶饭小吃等各项营生也与年俱增，参观者有时每天有十多万人，人们一出城门，"即拥挤不堪。车马喧阗，官商毕集。红男绿女，结队偕来"（徐心余《蜀游闻见录》）。几百里外邀约着来成都赶花会的也不乏其人,以致青羊宫周围的农民,秋冬季节都不耕种,直接将土地租给商家,租金数倍于春麦的收入。

1909年的花会较往年别有一番不同:四川劝业道道台周孝怀为鼓励发展地方产品,特将花会改为全省性的劝业会。各州县的各种特色货品都来此陈列出售;一些大餐馆和茶园也进场营业;临时戏台搭起来了;出南门外增设了马车,南门柳荫街至青羊宫的道路扩建了……总之,花会上除了花木桩头、各类小吃、游戏杂耍,今年气象更新。

花海人潮,人面桃花。

游弋穿梭的目光、不知疲倦的脚步终于停在小吃摊前。重口福、善享受的成都人,怎么会轻慢小吃呢?赶青羊宫不吃小吃,岂不是白来了一场?再说,也真有些饿了。

会聚此间的,都是本地和各县的知名品种。

凉粉摊子旁边,总是有打锅盔的并排出现。头缠青纱帕、腰系家机布围腰、脚穿线耳子草鞋的师傅,手拿擀面棒,在案板上噼噼啪啪,打出长短夹杂的节奏,看似夸张,却十足地达到了招徕生意的目

卖凉粉的小贩　摘自傅崇矩编《成都通览》

的。才出炉的锅盔有椒盐、葱油、红糖味等品种，白面锅盔中间可以夹卤肉、兔肉。块头更大的黑面（含有麦麸）锅盔则可夹豆瓣、盐菜，各种选择，随人喜好。锅盔夹兔肉特别受青睐，兔肉用手撕成丝，加上葱丝、豆豉、熟油辣子、花椒、香油等，色香味俱全。

凉粉摊子排列成行，很有阵势。车辐先生将"洞子口凉粉"的色鲜味浓写得活色生香——白而发亮的凉粉，盛在江西瓷的蓝花大品碗里，加入成都特产的红酱油和鲜艳的辣椒油，配以绿葱丝、黑豆豉等，很勾人食欲。调料中的花椒还必须得当面擂碎：

> 凉粉的花椒，当着食客面前，放在木制的"莫奈何"（木质的小磨，花会上也当作玩具出卖）内，几擂几碎，然后放入佐料中，哪怕赶花会的人再多，"打拥堂"时，照样擂碎，一丝不苟。

为何不将花椒面预先准备好呢？请教过一位老成都，他斩钉截铁地说：那当然不行，花椒面肯定要临时研磨，香味才不会因为搁置而减淡。他们家每天吃面条时，都是现用小碓窝舂花椒的。

以糯米为原料的小吃也有很多，除了著名的"三大炮"，还有糖油果子、窝子油糕。青羊宫老君殿旁，热气腾腾煮着红糖心子的粉子泡泡汤圆。这种用原始方式制作的汤圆在乡下较流行：将红糖包好后放入有糯米粉的箩筛中滚来滚去，边滚边洒水，汤圆越滚越大，煮进大锅里再一膨胀，4个一碗，分量比一般的汤圆竟多一倍。它售价低廉，各县来赶花会的农民走了几十里路，正值唇干舌燥，腹中饥饿，这时买一碗粉子泡泡汤圆，喝点汤圆水，顺便歇歇脚，真是再好不过了。

如果偏爱面食，甜水面、红油素面、担担面、豆花馓子面、清汤金丝面、抄手、饺子等，也是各领风骚。食客的惬意神情，摊主的殷勤招呼,把花会的人气渲染得十分酣畅。

此外,小笼蒸牛肉、小春饼、荞面、牛肉焦饼等摊位前也围满了食客。

学者刘大杰1936年看到的成都花会依然盛况空前,色香味俱全:

> 平日我们在街上不容易看到艳妆的妇女,到这时候,成都人倾城而出,买花的,卖花的,看人的,被人看的,摩肩擦背,真是拥挤得不堪。高跟鞋,花裤,桃色的衣裳,卷卷的头发,五光十色,无奇不有,与其说是花会,不如说是成都人展览会。好像是闷居了一年的成都人,都要借这个机会来发泄一下似的,醉的大醉,闹的大闹,最高兴的,还是小孩子,手里抱着风车风筝,口里嚼着糖,唱着回城去。(《成都的春天》)

花会是游客们尽兴尽欢的胜地,也是名小吃的主人们打擂台的战场。表面不闻刀光剑影,暗中却是步步过招,都想一展锋芒。磨砺之间,成都小吃日渐精粹,成都人的味觉日趋敏感。

年年岁岁花相似。青羊宫花会一届届办下去,赶花会的人一拨拨涌出城门。开始很不起眼,后来却风靡成都的赖汤圆,起初也是从花会登场的。

汤圆·肺片·包子

20世纪20年代,赖兴元初到花会摆摊时多少有些怯场。

来自资阳农村的赖兴元起初是挑担子沿街叫卖的,担子的一头挑砂锅，一头挑汤圆粉子和糖油等佐料。因为物美价廉，在东门一带有了一点名气。

一个阴冷的雨天，赖兴元在东大街的街檐下卖汤圆。匆匆而来的一个顾客，边吃汤圆边和他闲谈起来。原来，那人叫罗远辉，跟赖竟是资阳同乡，在省建设厅工作。罗介绍赖兴元在花会中占得一块口岸，后者从此时来运转，随后在总府街有了铺面。几届花会之后，赖汤圆今非昔比，名声大噪，有了一定的经济实力。

那时成都已有30多万居民，日常生活所需粮油数量不小。赖兴元与罗远辉及另外两位资阳同乡又做起了粮食生意，并购置房产。20多年后，赖兴元跻身成都富翁行列。他的发家史，对无数来蓉城寻求机会却从未被命运垂青的外乡人来说，像一段奇异而遥不可及的梦境。

赖兴元特别尽心维护赖汤圆这块金字招牌。为了使自己的汤圆别具一格，他和店伙计反复磋商，改良品种：选用鸡油做汤圆心子的主要原料；每碗汤圆分别为冰橘、枣泥、玫瑰、附油桃仁四种心子，外加一碟白糖芝麻酱。这种"鸡油四色汤圆"玲珑精巧，一口一个鲜，更是惹得食客盈门，外地来宾也必定慕名登门，赖汤圆闻名遐迩。

夫妻肺片也有一番来历。请看李劼人先生的描述：

这种用五香卤水煮好，又用熟油辣汁和调料拌得红彤彤的牛脑壳皮，每片有半个巴掌大，薄得像明角灯片，半透明的胶质体也很像；吃在口里，又辣、又麻、又香、又有味，不用说了，而且咬得脆砰砰的极为有趣。这是成都皇城坝回民特制的一种有名的小吃，正经名称叫盆盆肉，诨名叫两头望，后世易称为牛肺片的便是。

八　小吃诱人

李劼人先生专门解释过"两头望"这绰号的有趣来历：牛肺片起初由小贩在街头销售，短凳一头坐人，一头放置瓦盆，盆内插满竹筷，食客多为体力劳动者，各取一双筷子，聚拢而食。小贩以小钱一把计数，食毕算账，2文钱3块，3文钱5块。"有穿长衫而过者，震其色香，欲就而食，则又腼腆，恐为知者笑，趑趄而过。不胜食欲之动，回旋摊头，疾拈一二片置口中，一面咀嚼，一面两头望，或不为熟人察见否？"

后来，"牛肺片"由郭朝华夫妇提炼与发挥。抗战期间，他俩在长顺街一带摆摊卖牛杂，逐步摸索出独特的制作技术：精选牛舌、牛心、牛肚等原料，均匀切片；再用精心搭配了各种香料的卤水煮，保证火候得当；最后用红油、花椒、芝麻、香油、酱油等调料拌和。生意越来越好，夫妻俩租赁了店铺，坐堂营业，夫妻肺片的名声在抗战前后已远播川内外，而且早就成为席桌上必不可少的冷荤之一。

成都名小吃绝大多数都经历过这种由平常到绚丽的轨迹。它们来自民间，也盘桓于民间。即便声名登峰造极，也始终不失朴素天然。如果要加以形容，说它们是小家碧玉最为恰当：没有盛装丽人的娇艳逼人，也不似富贵小姐的矜持规范，比乡野丫头又多些修饰教养……总之是可人可心，可以亲近，不可轻亵。

李一氓先生1920年左右在成都念中学时，最爱与同学去"吃零食"的地方，是青石桥的一家包子铺，那里的金钩包子，以猪肉和大粒海虾米为馅——四川人称金黄色的海虾米为"金钩"。离文庙前街的学校不远有家小铺子，用小蒸笼做的粉蒸牛肉和粉蒸肥肠也很受学生青睐，"吃几笼也就饱了"，而且相当便宜。

冒饭·甜水面·肥肠粉

著名学者何满子先生1940年夏首次来到成都,就为遍街美食倾倒。

首先给他留下深刻印象的是竹林小餐。他和朋友走进祠堂街挂着"开堂"牌子的餐馆,一进门就听见顾客在喊"幺师",原来,堂倌即服务员叫幺师,何满子也就让幺师来一份鸡汤泡饭——

> 竹林小餐是火车座,一打量,墙上贴着一张小纸条,娟娟秀秀的写着二行小字:
>
> 鸡汤放酱油,自己吃亏;
>
> 倘要味道好,请用盐巴!
>
> 这种亲切而照顾周到的提示使我很感舒服而且有趣,这也是流亡以来跑了许多城市所没有遇到过的。这两句话必须用四川话念出来才够味。

附着在成都饮食上的这种人情味,不仅令异乡人顿感亲切,就是本地人,也是受惠多多。当年挑担子在新南门、致民路一带做生意的甜水面小贩,每到中午,总会被华西大学、金陵大学、齐鲁大学、济川中学的女学生团团围住。她们吃完甜水面后,还将摊主准备好的冷饭添在吃后的佐料里,价廉而物美。后来,一些小姐太太也蜂拥而至,一付小担实在难以应对,顾主们便相约去小贩家住的院落里。依然是甜水面、冷饭,加一碗醋汤,生意依旧红火。

黄昏前出现在街头的冒饭肥肠抄手担子也倍受欢迎。担子一端的鼎锅中,肥嫩雪白的大小肠子早已煮好,中间小横板上的瓦钵子里是切好的心、肝、肉、肺片,任君选择。另有一大筲箕米饭用于冒饭,

八 小吃诱人

一家人在夜市摊点上享用肥肠粉。梁正宇绘漫画《蓉市夜景》，1941年刊于《华西晚报》

外加粉条、豌豆尖、冬菜、芽菜及佐料，真是麻雀虽小，五脏俱全。顾客或站或坐，悉听尊便。如果什么都不买，从家里端碗冷饭去冒热，也行，只花一点点加工钱，还要给你浇上葱花、辣椒之类。

这种冒饭、肥肠、抄手担子也爱摆在戏院、书场附近，到了散场时刻，总要拥挤一阵。

旧日成都小吃大抵是上述平常食物，再搭配许多"下里巴人"的东西，猪肉或家禽肉都算高级货色了，食材距离高贵精致要差十万八千里。因此，也更显出这些小吃制作者精深绝妙的造诣。

20世纪三四十年代，少城公园静宁餐馆的软炸扳指、北门大桥的肠肠粉、暑袜街的红肠肠、东门城隍庙的肠肠豆汤、鼓楼北街的小笼蒸肥肠，原料都是猪肠，却令众多食客入口难忘。其他如暑袜南街喜胖子的五香卤肚及砂仁炖肘子，东大街夜市的涮羊血，骡马市的厨子抄手，东御街西御街的两家王胖鸭，提督街大可楼的海式包子，荔枝巷的钟水饺，梓潼桥街稷雪的牛肉面、红汤面、猪油发糕……这些名小吃，也都没有特别珍稀名贵的材料。

当然，有些名小吃店也有更为精致的品种，像稷雪的蟹黄包子、鳝鱼面，春熙路五芳斋的粽子和虾仁炒面等，也都大受青睐。

老舍先生当年曾经梦想，如果抗战胜利后可以选择居住地，他希望春天住在杭州，西湖春景不消说是极美的；秋天居于北平，北平之秋万般皆好；夏天则上青城山，满目青绿，幽静清凉，可以荡涤尘虑，静心写作长篇；冬天呢？他在成都与昆明之间稍微犹豫了一阵——成都"虽然并不怎样和暖，可是为了水仙，素心腊梅，各色的茶花，与红梅绿梅，仿佛就受一点寒冷，也颇值得去了"。昆明更暖和，花也很多，"可是旧书铺与精美而便宜的小吃食远不及成都的那么多"。鲜花、书店与精美便宜的小吃兼而有之的成都，让他决定首选成都，次选昆明。

何满子先生说他"曾经探求成都小吃之所以具有特殊风味的根本原因"：

> 发现秘密是成都人能把并不珍贵的普通材料调制出鲜美的食品，这就需要人工的精巧来弥补，把平常的东西提高到不平常……特殊风味就由此而来。同时又因取材于并不昂贵的原料，所以产生了廉价的副效应。价廉而物美，便导致了小吃的大众化，导致了竞争，一系列的良性循环使小吃质量更为提高，成都风味更为稳定和突出。

何先生举例说：江南和广东等地的面条，全在交（浇）头上出花样。而成都的素面只用点青巅（豌豆尖苗之类），全靠调料提味，而且花色繁多，各擅胜场。20世纪40年代，除了吴抄手、叶抄手等名店，驰名成都的荔枝巷素挑面、红庙子甜水面（阔条子，每碗只有面

陈雄著《成都社会特写》插图之"小食"

一条）、飞龙巷素椒面、皇城坝红油面等，令外地的很多面条相形见绌。

不少旧时小吃已经烟消云散，只存在于老人们的记忆中了。也许因为年代久远，回味中感受的诱惑愈显深沉强烈。车辐先生曾经用"此情可待成追忆"来概括那浓郁的惆怅之情。不是美食家，恐怕难以有此缱绻情怀；而那些至味的美食，一定也当得起这番浓情厚谊。

九　市井的休闲

茶铺就是客厅

如果走在僻静的街巷中，那狭窄的路面顶多能容得下一台小型汽车，被削弱得只剩下一条细线的街沿可供人侧身而过。走几步过去，路旁的一间茶馆却依然有不少茶客。

用的是那种很资格的铜壶，铜的光泽已经凋谢，沉着的色调却令它有着可以信赖的老成持重；依旧是那种最合规范的三件头的茶具：茶碗、茶船、碗盖；茶客们大多上了年纪，脸上有些洞明世事的矜持，又像是困顿未消的倦意；茶馆里摆满了方桌和竹椅，都旧了，连桌上凹陷的部分都暗暗的，不知被多少双不太干净的手摩挲过；取下的铺板还能依稀辨出从前深紫红的底色，倒写的"福"字和红底黄色的门神，早就因为日晒雨淋变得斑驳颓败；也是最老式的平房，青瓦、黑檐，竹篱笆墙上糊的泥巴、石灰已经剥落，露出陈年竹篱的灰霉色……是暂时还没有写上"拆"字，但主人显然已不太经心的老房子。站在它面前，闭一闭眼睛，觉得这茶馆似乎老得有100岁了。

百年前的茶馆差不多就是这样。很多东西流逝了、破碎了，成都人坐进茶馆的笃定姿态却未改变,老式茶馆的基本格局也仿佛从前。

百年前的茶馆当然有那时候独特的风习,还是来看李劼人先生是怎么描述它的:

  茶铺……是成都城内的特景。全城不知道有多少,平均下来,一条街总有一家。有大有小,小的多半在铺子上摆二十来张桌子;大的或在门道内,或在庙宇内,或在人家祠堂内,或在甚么公所内,桌子总在四十张以上。

  茶铺,在成都人的生活上具有三种作用:一种是各业交易的市场。货色并不必拿去,只买主卖主走到茶铺里,自有当经纪的来同你们做买卖,说行市;这是有一定的街道,一定的茶铺,差不多还有一定的时间。这种茶铺的数目并不太多。

  一种是集会和评理的场所。不管是固定的神会、善会,或是几个人几十个人要商量甚么好事或歹事的临时约会,大抵都约在一家茶铺里,可以彰明较著地讨论、商议乃至争执;要说秘密话,只管用内行术语或者切口,也没有人来过问。假使你与人有了口角是非,必要分个曲直,争个面子,而又不喜欢打官司,或是作为打官司的初步,那你尽可邀约些人,自然如韩信将兵,多多益善——你的对方自然也一样的——相约到茶铺来。如其有一方势力大点,一方势力弱点,这理很好评,也很好解决,大家声势汹汹地吵一阵,由所谓中间人两面敷衍一阵,再把势弱的一方数说一阵,就算他的理输了。输了,也用不着赔礼道歉,只将两方几桌或十几桌的茶钱一并开销了事。如其两方势均力敌,而都不愿认输,则中间人便也不说话,让你们吵,吵到不能下台,让你们打,打的武器,先之以茶碗,继之以板凳,必待见了血,必待惊动了街坊怕打出人命，受拖累，而后街差啦，总爷啦，保正啦，才跑了来，才恨住吃亏的一方，先赔茶铺损失。这于是堂倌便忙了，架在楼上的破板凳，也赶快偷搬下来了，藏在柜房桶里的陈年破烂茶碗，也赶快偷拿出来了，如数照赔。所以差不多的茶铺，很高兴常有人来评理，可惜自从警察兴办以来，茶铺少了这项日常收入，而必要如此评理的，也大感动辄被挡往警察局去之寂寞无聊。这就是首任警察局总办周善培这人最初与人以不方便，而最初被骂为周秃子的第一件事。

另一种是普遍地作为中等以下人家的客厅或休息室。不过只限于男性使用。

清末时良家妇女一般是不进茶铺的，敢于进茶铺与烟馆盘桓逗留的，除非是陪着某些男子出入的烟花女子。住家妇女通常只是去茶铺买开水、买热水、端泡茶，这倒不受非议，且很正常。

由于穷困人家住房狭隘，根本没有独立的会客空间，一旦家里来了客，不消说是直接领到茶铺去；即便是中等人家，家里也有堂屋，堂屋之中，也有桌椅，或者还有所谓客厅书房，家里也不缺茶壶茶碗，也不乏端茶送水的人，但是依然习惯了，客人来了，寒暄几句，也必定是一起去喝茶。因为茶铺的种种好处，实在是家里所不具备的。首先，可以提高嗓子，谈天说地，嬉笑怒骂，既不妨碍他人，也无人干涉；其次，无论春夏秋冬，茶客喜欢打赤膊也好，跷二郎腿也好，要剃头、修脸、打发辫也好，尽可无拘无束；当然，假如你无话可说，无事可做，只想泡一碗茶消磨时光，茶铺也总比家里热闹。听听隔座人的高谈阔论，奇闻趣事，既长见识又给自己增加了谈资，总比百无聊赖地呆坐家中强。这种时候，喝什么茶倒在其次了。

茶馆再好，假如花钱多了，肯定也没有人常来。所喜茶钱并不贵，清末时一碗雨前毛尖只需制钱3文，春茶雀舌与普洱同价，每碗制钱4文，只相当于一个锅盔的价格。在茶馆喝茶还没有时间限制——可以先吃两道茶，将茶碗移在桌子中间，向堂倌招呼一声："留着！"隔一两个小时回来，照旧可以去吃。

"喊茶钱"是茶馆的一景。当某人走进茶馆时，先到的熟人或朋友必定会大喊一声："茶钱我这里会了！"若是交游广、有面子的人进去，往往满场的人都争相抢着"喊茶钱"，对这位后来的茶客来说，这当然是很体面的事了。

清末宣统年间成都有茶馆454家。知名茶馆有文庙街的瓯香馆、粪草湖的临江亭、山西馆街的广春阁、中东大街的天禄阁、下东大街的文泉阁、北打金街的香泉居、鼓楼北一街的芙蓉亭等。人们最常喝的是茉莉花茶，也有极少量玉兰花茶、栀子花茶。

清末和民国时期的成都茶馆，同样是既卖茶也供应热水，好些茶馆备有两个大瓮子，烧开水用河水，烧热水用井水。茶馆附近的街坊可就近到茶馆买开水和热水，后者用于洗漱，每罐或每壶仅一两文钱。有的主妇还会去熬药、炖肉，花费也不多。那时市民的燃料以木材为主，为方便和节约计，小户人家难得举火，都很习惯于依赖茶馆，以至于许多人租佃住宅，会把靠近茶馆作为居住条件优越的要素之一。

茶馆还有另一项便民风俗：无钱而又渴极者，可随便到茶馆喝剩茶（又叫吃加班茶），堂倌还会为他们加水，店主并不会禁止。这一风俗当然只能在大量下层市民生计艰辛、又没有卫生概念的年代流存，但它还是让我们感受到几分酸涩的暖意。

据《成都通览》记载，成都在劝业场开场后始有宜春楼、第一楼、怀园等"特别茶铺"数家。特别处在哪里呢？"茶香、水好、座雅、楼高"，当然价格也贵些。

劝业场茶楼用的水是"人挑自来水"，因而有"水好"之美誉。还是因为当时劝业道道台周孝怀的倡导，官商合办的利民自来水公司1909年成立，从万里桥下取水，用竹管输送到城内的蓄水池，再由人力从水池挑水，这比直接从河边挑水的确省事。劝业场便在华兴街建有蓄水池，场内茶楼酒肆用的都是这种新潮的自来水。

人挑自来水由于自身无法杜绝的一些缺陷，后来终于寿终正寝了。不过，劝业场那些成都最早用"自来水"的茶楼，当时带给茶客的欢欣、愉悦却是不言而喻的，他们从中品出的除了"水好"，一定还有别的滋味。

河水香茶

1943年第一次到成都的青年黄裳，为遍地茶馆感到讶异："茶馆之盛，少时以为当属江南为最；稍长，到了一次扬州，才知道更盛于江南；及至抗日战争时期到了成都，始叹天下茶馆之盛，其在西蜀乎！"他在《茶馆》一文中讲述：

> 成都有那么多街，几乎每条街都有两三家茶楼，楼里的人总是满满的。大些的茶楼如春熙路上、玉带桥边的几家，都可以坐上几百人。开水茶壶飞来飞去，总有几十把，热闹可想。

黄裳注意到，此地的茶客没有特别明显的阶层分野，各色人等往往在同一屋檐下坐着，各得其所。换成北平，很难想象穿"短装的朋友坐在精致的藤椅子上品茗"。而成都的茶馆里"可以找到社会上各色的人物。警察与挑夫同座,而隔壁则是西服革履的朋友。大学生借这里做自修室,生意人借这儿做交易所,真是,其为用也,不亦大乎!"

茶资当然不贵。20世纪30年代末第一次来成都的作家易君左,在著名的二泉茶楼买了一碗成都人普遍喜欢的茉莉花茶,只花了3分钱,但"茶香水好,泡到第二三道茶味全出来了"。

民国时期,成都茶馆极盛时有六七百家。知名者如皇城坝贡院的吟啸楼,登楼品茗,倒真是不妨一抒胸臆;鼓楼南街的归去来,店堂雅洁,相传老板曾经宦海;还有总府街的濯江,以及消闲处、会友轩、停月居、掬春楼等茶楼。

当然,多数茶馆没有这么风雅的招牌,店堂也极平常甚至草率。茶馆里相熟的茶客抢着付茶钱,激烈得仿佛差点动武的场景每天都在上演;街坊邻里有什么纠纷依然会忍不住说:"走,口子上茶铺去讲理。"尽管周孝怀老早就制止过,吃讲茶的流风余韵却并没有完全褪尽。

城区有些不甚讲究的茶馆,图方便就近使用井水。但大部分茶馆的招牌上会标明自家乃"河水香茶",那的确是可资招徕的。成都井水略微有咸味,住家繁密处井水水质更为逊色,远不如河水泡茶口味纯正。所以,不少茶馆雇人每天到河里挑水,这自然要增加开支。20世纪30年代后期有了板车才改用板车运水。

不过,井水也有例外的,望江楼旁的薛涛井口碑就极佳,"冠绝一时"。不但成都人以饮到薛涛井水为赏心乐事,就连远在重庆的风雅人士也不惜山高路长,从薛涛井汲水回去泡茶。据说薛涛井与泉眼相通,因而清冽异常,"其味较江水高逾百倍";井水距离井口不过一尺多,即便大旱之年也取之不竭。

清末每逢三年一遇的乡试，官方就会封闭薛涛井，不准任何人挑用，井水被运往城中心的贡院，为考官等泡茶。那时还会派专员驻守井边，或派员沿途督察挑水夫。后者佩戴腰牌，以免与闲杂人等混淆。

薛涛井畔不仅设有茶馆，还有五间大厅，那是品茶的雅座。民国时期，望江楼依然是市民的游赏胜地，它在学者刘大杰的印象中充满了春意，"有老诗人在那里吊古，有青年男女在那里游春。有的在吹箫唱曲，有的在垂钓弹筝。这种情味，比起西湖上的风光，全是两样"。

成都有很多家知名茶馆也特意采用薛涛井水，少城公园一家茶馆还信誓旦旦：假如有人尝出他们用的并非薛涛井水，甘愿奖励对方多少洋元。黄裳觉得，"这件事可以看出成都人的风雅，真有如那一句话，有些雅得俗起来了"。虽说雅得刻意，有点接近于俗，但确实可以看出成都人在喝茶这件事上不肯敷衍塞责。

那些临河街道上的茶馆取水十分方便，当然是近水楼台。锦江南岸九眼桥头的太平下街是成都的竹子交易市场，茶坊酒肆因而很集中。住户仅200多家的太平下街竟有茶馆7家。这些茶馆都是依水而建的吊脚楼，将水桶吊在手转轳辘上或拴在竹竿上，探腰即可打水。灶旁都有用石板镶成的水池，池中先用明矾沉淀河水中的泥沙，再将水舀到陶瓷缸里过滤，滤后的水再用铜壶烧开。陶瓷缸里由下到上铺有棕丝、沙粒、小石子若干层，清亮的河水经这么一处理，很有些土法制作纯净水的味道，特别甘甜沁人。

在自来水尚未普及的年代，锦江水是成都人取之不竭的上佳饮用水。

清末民国时成都的茶馆有些是袍哥组织或商业帮会聚会之地。如安乐寺茶馆是粮油业的聚集场所；下东大街的闲居茶馆是纱布业的；上东大街的留芳、城守东大街的掬春楼、春熙路南段的清和茶楼是丝绸缎业的；安乐寺对面新商场茶社、春熙路东段江楼茶社、大科甲巷观澜阁是印刷业的；提督街魏家祠茶社是皮鞋业的；商业场的品香是枪支鸦片的交易市场；督院街口的茶馆是全城武师会聚之处；还有的茶馆是同乡会、同学会的会址，像提督街中山公园（后来的劳动人民文化宫，现为恒大广场）的茶馆内，就挂着富顺县旅省同乡会、屏山县旅省同乡会等几十个会牌。

商业场的昌福馆需从弄堂拐弯上楼，陌生人不太熟知，它是文人墨客聚集之所。青年何满子20世纪40年代在成都编报纸副刊，他每两三天必去那里一坐，既可遇到文化界不少熟人，索稿交稿也都在茶座解决，十分方便。成都茶馆不仅是旅人初入城后最深的印象，它对外乡人的亲和力、感染力同样浓酽。

抗战期间，随着下江人的大量涌入，成都人口激增，茶馆也随之增加。由工商界人士廖文长在城守东大街开设的华华茶厅有茶座上千，堪称当时的西南之最。茶厅三个大厅当道处都悬着纸版大日历，还抄写了很多治家处世格言，格调不俗。华华茶厅地处繁华商业区，交通便利，附近大小餐馆也多。它开张不久，虽未挂牌成为某行业的公会，但很快成为附近各乡各县人士在蓉的聚会场所，时常高朋满座。它的设施和茶具考究，茶叶又全是每年从大邑、邛崃采购的春茶，自烘自窨，物美价廉。茶厅里堂倌统一着装，给顾客擦手的毛巾共有七套，逢星期一便用印有"星期一"字样的，以此类推，令顾客觉得颇讲卫生。

华华茶厅经营有方，而它能成就其不凡的规模，还是仰仗了成都平原人人嗜坐茶馆这一雄厚的民众基础。

良辰美景

当我还是小学生时，对于任何公园里都必不可少的茶馆很是不解：逛公园就逛公园，何必跑大老远出来喝茶？既然想喝茶，干脆在家里或者直接上茶馆多好？很多年后，当我也带着孩子去公园时，才发现在公园坐茶馆真正舒服：空气新鲜，视野开阔，而且劳逸结合。

成都的游乐去处从来都不缺茶馆。喝茶既然是成都人日常生活中最享受的一件事，享乐的去处怎么会离得开茶馆呢？

西门的草堂寺、青羊宫、二仙庵不用说了，人们出游南门大桥（万里桥）外不远的武侯祠主要是为许愿，却也并不妨碍喝茶。每年正月初三到初五这几天最热闹。人与轿子、鸡公车都挤在土路上走，扬起阵阵尘土。到了武侯祠内，官、绅、商、贾们多半在大花园的游廊过厅上吃茶看山茶花，善男信女们则忙着向诸葛亮求签许愿。几十个道士一年的生活费全靠诸葛先生的神机妙算。

辛亥年（1911）夏，楚用（李劼人《大波》主人公之一）冒着暑热走进武侯祠。转过正殿，老式八仙方桌前尽是上了年纪的生意人、手艺人，他们披着布汗衣，叼着叶子烟杆，有的下象棋，有的打纸牌，有的做手工，不慌不忙地享受着道士出售的毛茶。没想到在最清静的中午也是座无虚席，引廊旁一明两暗的船房已被人占满。

楚用正在踌躇，恰好遇见了成都籍的同学小胖子，还有三个穿白洋纱衫子的年轻女子，小胖子的妹妹和表妹。看到陌生女子，楚用窘了一阵才渐渐稳住心神。小胖子建议去吃茶。没有座位了？那有何难："找着当家道士，打个招呼，他自然而然会把我们请到大花园的抱膝独吟轩，恭而敬之地泡上顶好的青城茅亭茶请我们喝，摆出专门用香油做的素点心请我们吃。"

小胖子不是在夸海口，但也不是他自己特别有能耐，靠的是父亲的面子——他父亲先前是累举不第的老秀才，现在开着绸缎铺，时常同此地的当家道士谈书论道，上个月还送给道士一本中华书局新影印的字帖——这是小胖子的妹妹揭的底火。

你看，同样是去游玩喝茶，也还是有喝热闹的，有喝门道的。

武侯祠古柏成林，枝叶繁茂，即便烈日灼人，树荫处依然有丝丝阴凉，体弱者穿着单衣，还不敢久坐，夏天来此乘凉者尤其多。到20世纪三四十年代，武侯祠依然是茶客们的心仪之所。无论森森古柏下面，还是流水池边的亭阁上，都有方桌几张，竹椅若干。茶园既卖茶也兼营饭菜，游客可以从容地在武侯祠盘桓大半天。

望江楼同样值得流连。盛夏天无论太阳多么酷烈，遮天蔽日的万竿翠竹都会洒下一地清凉。薛涛井畔，吟诗楼上，都有茶座，经常坐满茶客。

清末民初两次在四川任职的徐心余，晚年在其《蜀游闻见录》中讲述，成都各大庙宇僧徒众多，煮饭须用大锅，因而锅巴既大且厚。僧人将锅巴油炸后，或自用或赠人。锅巴酥松香脆，当客人来饮茶时，以此为茶点，尝过的人莫不交口称妙。当年以昭觉寺的锅巴最为著名。

学者、外交官李一氓1920年前后在成都念书时，同学们星期天或走亲戚，或去南较场踢足球，或游览杜甫草堂、望江楼等，也经常相约喝茶，多数是到少城公园或劝业场坐茶馆，往往一坐就是六七个钟头。"喝茶之外，还可以会朋友、扯闲谈、吃零食，看当天的报纸等等。也可以在茶馆里叫几样菜吃午饭，菜也做得不错。"

20世纪30年代中期任四川大学教授、中文系主任的刘大杰也爱坐茶馆。"茶馆在成都真是遍地都是，一把竹椅，一张不成样子的木板桌，你可以泡一碗茶（只要三分钱），可以坐一个下午。"茶馆里有卖字画、图章的，也有卖旧衣服的，有时候"可以用最少的钱，买到一些很好的物品"。郊外的茶馆，或临江或在花木浓荫下，茶客喝着茶，吃着花生米，悠然欣赏自然，也可读书、睡觉，百般舒服。高兴时"还可以叫来一两样菜，半斤酒，可以喝得醺醺大醉，坐着车子进城"。他说，此地丝毫感受不到其他都市的那种紧张空气，唯有轻松与悠闲。

少城公园（今人民公园）1911年由成都将军玉昆始建，之后扩建，占地百余亩，门票仅5枚铜元，游人从早到晚络绎不绝，春夏天尤其热闹。也是徐心余告诉我们的，公园里的耍法居然相当多，"有泛舟当歌而管弦入听者，有蹴鞠为戏而足战声酣者"；园之南面还有"牲畜场"，游人既可见识老虎花豹，也可观察山禽水鸟，"颇具奇观"。那可能算成都最早的动物园；公园里也演出京戏、文明戏等，需要另外购票才能入座；最稀奇的是，园之左侧还有一座当年少见的"清洁西式浴堂"。划船、踢球、游逛之后，最宜舒畅地沐浴一番，"浴罢披襟而归，其乐趣真不可言喻矣"。

上述种种游赏还必须与喝茶、就餐配套，方才圆满。少城公园水榭花台初成，无数茶园、饭馆便已落户于垂杨古木之间。公园的茶馆鼎盛时竟达8处之多，如绿荫、鹤鸣、枕流、永聚等，其中的绿荫、鹤鸣茶社是当时的教师聚会之所。

每当寒暑假快到时，尚未争取到下一学期教职的人们便会忐忑不安地来到这两个茶社寻找机会。小桥流水、鸟鸣啁啾的茶社也就暗含着紧张的空气，供需双方和"中介"都在此碰运气。少城公园这两个茶社，这时就很像教育界的人才招聘市场。

西南联大教授、著名作家朱自清先生的第二任妻子陈竹隐是成都人，抗战时期因成都物价低于昆明，他们于1939年将家迁到成都，赁居于东门外宋公桥街报恩寺（现空军医院后面）。报恩寺当时已无香火，房舍及其周边住着一些平民。朱家那三间竹篱笆墙草房顶的房舍，狭隘简陋，陈设简单。朱自清家孩子多，战时物价上涨，每每入不敷出。

朱自清在川滇之间往返，假期与休假时回到成都，直到1946年8月才彻底离开。那几年，他在教书之余也忙于著述，写成《经典常谈》《古诗十九首释》等书。在蓉时，朱自清时常与诗朋唱和，偕好友喝茶，望江楼、少城公园、青羊宫等处的茶园，都留下了他与叶圣陶等友人畅谈的身影。他与叶圣陶分别住在城东城西，有时两人就各走一段，到位于城中心的少城公园喝茶。

虽说时有生计之烦，冻馁之忧，朱自清对成都的好印象并未消减，他的散文《成都诗》毫不遮掩对此地的喜欢——细雨如酥，落花飘飞，空气新鲜润泽，鲜花与爱花人都很多，一些旧宅前的泡桐或黄桷树高大粗壮，仿佛遮门掩户，西北城区尤其少城更是特别清幽。他眼中的成都规模不小，"据说成都是中国第四大城"，某种风味接近北京，却又在似与不似之间。朱自清觉得易君左的一首诗最能描摹成都的舒适与闲适：

　　　　细雨成都路，微尘护落花。
　　　　据门撑古木，绕屋噪栖鸦。
　　　　入暮旋收市，凌晨即品茶。
　　　　承平风味足，楚客独兴嗟。

朱自清认为，北京虽有茶楼，却不像成都这么普及，也不够热闹。而早睡早起的成都人，每日离不得喝茶，易君左的那句"入暮旋收市，凌晨即品茶"，"是不折不扣的实录"。

成都周边乡场的茶馆也给学者们留下了深刻的印象。1938年齐

1941年成都龙泉驿赶场天热闹的茶馆　（美）卡尔·迈登斯　摄

鲁大学迁至成都后，著名学者顾颉刚次年开始担任该校国学研究所主任，起初住在城内青莲巷。1940年，为避日机轰炸，也喜欢乡间清静，他将研究所搬到城北30里外的崇义桥赖家院子。赖家院子位于乡野田畴间，此地环境优美，钱穆等同事及研究生们都很喜欢。据钱穆的《师友杂忆》，赖家院子离城较远，附近的小乡镇也在五六华里之外，宾客稀少，因而十分僻静。他每周六下午与研究所诸生有个主题讨论会，直到晚餐前结束，"讨论会每择研究所附近茶店中举行，围坐小园丛树中，借作郊游，备极舒畅"。

钱穆的学生、后来成为著名学者的严耕望和胡厚宣也曾忆起与先生于周末赶场、求教的乐趣。严耕望在其《怎样学好历史——严耕望的治史三书》中写道："星期天，诸生到附近场集玩，先生有时也参加……率领诸生投身大自然中。有时坐在乡村茶馆，喝茶吃花生、闲谈；有时席地藉草，或坐或卧，看青天飞鸟，望白云幻变。诸生可随意提出问题请教，先生即海阔天空地随意漫谈。在这些随意谈话中，我每每得到不少启发。"

胡厚宣的《齐鲁大学国学研究所回忆点滴》一文，也对当时与先生钱穆逛幺店子、坐小茶馆的经历回味无穷："当地习俗有茶馆中吸竹筒烟、洗脚，有大铜茶壶；幺店子中吃茶、吃点心及瓜子花生、橘子干、地瓜。其间与钱先生谈天，几无所不谈，非常爽快。"

成都的茶馆是消闲释闷之地，也是师生授业解惑、求学问道之所。

吃书茶的滋味

秋天的傍晚，轻风卷起地上稀疏的落叶，走在路上，已能感到寒意袭人。忽明忽灭的路灯下，却也不乏三三两两的行人。

一天的营生已经结束，这些人都有个共同的去处——吃书茶。光线暗淡的茶馆里，颓败的桌椅、不光鲜的衣衫加剧了空间的晦涩感，叶子烟、一墙之隔的厕所、灶台……散发的混合气味在潮湿的空气里回旋，总也散不出去。人们的兴致却不低，一边用盖碗轻轻拨弄茶碗中泛起的几片浮茶，一边有一搭没一搭地摆着龙门阵，等着艺人出场。

老成都人的夜生活就是这样拉开帷幕的。

他们吃书茶的兴趣究竟为何这么浓郁？今天被花花世界搅得时常不耐烦的人们已经没有闲心去探究了，只剩下不解：茶馆里轮番登场的曲艺类节目说来也不算少，但终究还是太单调呀，哪里禁得住一趟趟地跑去？

演奏扬琴的盲艺人　摘自傅崇矩编《成都通览》

老成都人可不这么看。大多数吃书茶的是中下层市民，小生意人、小公务员、手艺人、拉黄包车的……他们在扬琴、竹琴、评书、金钱板、清音或急或缓的节奏中沉迷，闭目摇头，倍感熨帖：有丝竹乱耳，有花茶润喉，再厌倦琐碎的日子都可以赛神仙了。

除了座上客，还有不少人站在茶座后充当外围（俗称听"战国"）。这是一批不愿花钱的痴迷听众，以衣衫破旧、出卖劳力者居多。每当艺人中途下来收钱时，他们便"哄"地一下纷纷散开，待重新开场时再围拢来。尽管他们不受欢迎，然而，正因有了这些捧场的忠实听众，吃书茶的气氛才显得更为热烈。

另外也有不少小听众，那是被吃书茶有瘾的父亲带来玩的。他们会一边吃花生、瓜子等零食，一边听听《说唐》《薛家将》，坐久了也顺便喝口茶。被父亲带进茶馆的少年，很多人长大后也爱喝茶，茶馆陪伴了他们在蓉城的每年每月。

吃书茶也分个三六九等。东城根街口的锦春茶楼前就颇气派：车辕包着白铜、黄铜，车篷撑着黑白丝绸的私包车以及黄包车，一辆接一辆叮叮当当地驶来，间或还有黑色的轿车在门口停泊。

九 市井的休闲

西装革履或一袭长袍的人流陆续走进锦春茶楼。这座老式建筑的二楼上是宽敞的书场，各色菊花在明亮的灯光辉映下愈显清雅。正中的演唱台上有张茶桌，贾树三（当时人称贾瞎子）戴着一副墨镜，默坐在桌后的椅子上酝酿今晚的演出。台口两侧悬着两副红缎金字对联，其中一副联文为当时《国民公报》主笔谭创之所撰：

唱罢离合悲欢，回首依然贾瞎子；
拍开风花雪月，伤心谁问李龟年。

茶客在等待贾树三开唱。这时，麻子堂倌手提锃亮的紫铜茶壶，另一手拿着20来个黄铜茶船、白瓷茶碗，快步走到桌前，手一扬，十来个茶船脱手撒出，恰好每人面前一个。众人正惊叹间，茶碗已被他魔术般放进茶船，碗中正是茶客各自点的雨前、雀舌、香片、龙井等。紧接着，堂倌站在一米之外，举起茶壶，只见一道水柱凌空而降，唰唰唰倾入茶碗。须臾，水柱戛然而止，十来碗茶已相继掺好。茶水恰与碗齐，茶碗外滴水不洒。这一连串动作似行云流水，如在瞬间完成，看得人眼花缭乱。

贾树三斜抱渔鼓，手持简板，轻抚慢拍，嘈嘈切切的书场顿时寂静。《三英战吕布》《华容道》等是他的拿手好戏，他时而声若裂帛，时而低回婉转，一个人在台上既唱且敲，倒像有若干种声音、若干人马供他驱策。一曲既罢，300来位听众好一阵子仍沉溺其间，仿佛痴了一般。

中场休息时，常来的听众大多会买一包脆香、微热的花生米或南瓜子助兴。卖主司胖子的花生与贾瞎子的竹琴、邹麻子堂倌的掺茶绝技并称锦春楼三绝。锦春楼曾经因"三绝"名动锦城，20世纪40年代，冯玉祥、胡愈之、谢添等都曾慕名前往。

老舍先生抗战期间曾几次经过或在成都逗留，觉得"它特别的可爱……因为它有手有口"。"有手"夸的是"成都还存着我们民族的巧手"，工匠们制作的手工艺品精美多姿，比北平还多。

有"口"则既指成都人多数健谈，"文化高的地方都如此，因为'有'话可讲"；也指川剧与曲艺的精湛繁复。老舍喜欢川剧的复杂与细腻，竹琴特别令他赞叹，他在《可爱的成都》里写道："竹琴本很简单，但在贾树三的口中，它变成极难唱的东西。他不轻易放过一个字去，他用气控制着情，他用'抑'逼出'放'，他由细嗓转到粗嗓而没有痕迹。"老舍写于1942年的《青蓉略记》对贾树三的竹琴回味不已：

> 乐器只有一鼓一板，腔调又是那么简单，可是他唱起来仿佛每一个字都有些魔力，他越收敛，听者越注意静听……他的每一个字像一个轻打梨花的雨点，圆润轻柔；每一句是有声有色的一小单位；真是字字有力，句句含情。故事中有多少人，他要学多少人，忽而大嗓，忽而细嗓，而且不只变嗓，还要咬音吐字各尽其情；这真是点本领！希望再有上成都去的机会。多听他几次！

丝竹绕梁

吃书茶也常在午后开始。

抗战爆发的第二年，敌机空袭成都，市民们开始了历时几年的"跑警报"。城外不少地方被辟为疏散区，一些令人流连或因陋就简的茶馆也应运而生。其中以新南门外锦江岸边的茶馆最集中，稍具规模者便有六七家。不少外地人更是趁着跑警报游遍了城外的名胜；而成都人在疲于奔命的惶惑时刻最需要什么呢？无疑只有茶馆最能抚慰他们的焦躁不安。

锦江北岸的"江上村"就一点都不简陋，抬眼处清江漫流，近旁茂林修竹，绿荫匝地。露天茶园或游廊里的茶座常常席无虚设，逢到跑警报的日子更是水泄不通。不少衣着得体、举止大方的女子坐进茶馆，也毫无拘谨，有时还和男士们谈笑风生。

与它隔江相望有草顶竹篱的大茶馆，相比之下就显得寒酸了，但生意照样兴隆，它最吸引人的便是花样繁多的说唱表演。每至午后，花鼓、竹琴、金钱板、口技、清音等，时而清亮婉转，时而铿锵激越，将满场200多茶客的情绪调度得时喜时悲。一天接着一天，此地弦歌不绝，盛况不衰。

毕竟是大后方，战争的惨烈景象不会突兀地显现于眼前，空袭的敌机也没有时刻盘旋于头顶。日子既然得过下去，茶当然也得喝下去。新南门的茶馆兴隆了好几年，直到抗战结束后，说唱艺人都到城里的茶馆演出，丝竹之声才渐渐从锦江边飘散。

1942年，新世界茶厅开张了。它坐落在总府街智育电影院（后来的红旗剧场，今王府井百货）对面，开张不久便颇受欢迎，附近一些餐馆的老板每天在此聚会。除了地处闹市、茶具精致、座位舒服等好处，新世界茶厅每天午、晚两场的书茶很得人心。贾树三的竹琴、李德才的扬琴、孙大玉和八岁红的大鼓、戴质斋和曹宝义的双簧、曾炳昆的相声……荟萃一堂，众多名角将新世界茶厅耀得魅力四射。跟后来的当红歌星一样，他们也不缺乏追星族，后者常随着名角一天之中在城内城外茶馆的转场而紧追不舍。

青石桥街宜淳茶馆楼上的扬琴也是午后3点开场，5点收场，不过没有名角。五六个盲人排成一竖队，后面的人搭住前面一人的肩头，一只手则拿着伴奏乐器。楼梯又窄又陡，盲艺人牵扯着登楼，看着就叫人心里灰灰的，就像窗外阴郁、黯淡的天色。扬琴声也有些逼仄、索然，跟那些忠臣义士、节烈女子的故事一样，渲染着凄凉悲绝的况味。

午后成都的空气慵懒而迟滞，好些僻静的街巷很像沉在半梦半醒间。假如没有竹琴，没有清音，没有说评书的急促语气和"啪"的一声惊堂木令人神清气爽，整个城市的人说不定会昏昏然睡去了。

茶馆是成都人修身养性的乐土，也是说唱艺术栖息繁衍的家园。

曾经有位醉茶的成都人开玩笑说：林语堂那句著名的"不喝茶还能成为中国人吗？"很应该改成"不喝茶还能成为成都人吗？"真是这样，当年几乎每条街都有的茶馆，使得喝茶这件事在成都比别的很多地方显得通俗而随意，一点都不扭捏，不拔高。不管贩夫走卒还是文人高士，一坐进茶馆，可以高谈阔论，也可浅吟低唱，就着盖碗茶，"古今多少事，都付笑谈中"。

最大众化、平民化的茶馆，已经亲密无间地融入成都人的生活方式，它把成都人的悠闲和慵懒、随和与任性都暴露无遗。所以，倘若要感受成都的市井气息、闾巷风情，直接上茶馆就好了。

十　乡土的娱乐

成都人悠闲，爱凑热闹，也特别好玩。

成都地处盆地之底，周围有大山护卫着，蜀道之难，对寻常百姓来说也走不到哪里去，于是在这天府之国的繁华之地，就有了名目繁多的娱乐。

从腌肉装香肠到游百病

成都人的娱乐是从大年三十除夕开始的。农历新年是民间最长、也是最盛大的节日。这之前的冬月、腊月，家家户户就忙碌起来了。冬至那天就要杀猪祭祖，腌肉装香肠。几乎家家都成了猪肉加工厂，屋檐下、厨房的梁上挂满了自制的腌肉香肠，像挂着新年的喜悦。小孩子们已经开始盼望了："红萝卜，蜜蜜甜，看到看到要过年。"新年前的倒计时里，人们的节奏越来越快，祭灶，焚灶，办年货，打扬尘（做清洁），刮对子，迎新灶神，贴春联。家庭主妇们打米酥，做米花糖，苕丝糖，蒸年糕，磨汤圆粉，做一家老小的新衣、新帽、新鞋袜，忙得不亦乐乎。商家店铺四处收账，十二月中旬末大小官署同时封印，过年的长假就要开始了。从正月初一到十五，成都人变着花样找乐子。

除夕彻夜的鞭炮为新年伊始撒遍了喜庆的纸屑。新年第一天，四扇城门洞开，成群结队的人们悠闲地进出，有的去看田园风光，有的阖家穿新衣走"喜神方"，游武侯祠、丁公祠、望江楼。街上到处有闹年鼓、耍狮子龙灯、打连箫、踩高跷的。小孩子们穿新衣，戴大头和尚，扯着竹子做的响簧，满街"嗡嗡"声。年三十吃过了团年饭，初一开始走人户了——"自家翻历拣良辰，遍约诸亲与比邻。今日娘家明日舅，预先分派配均匀。"亲朋好友互相串门，拜访的时候要互相鞠躬。小孩子见了长辈要磕头，磕头太多，膝盖都酸了，可是小孩子们却乐此不疲，因为每磕一个头都能得到红包。人们互相设宴款待，好像要把一年的宴席都在这十几天吃完。对老成都的平民百姓来说，一年之中也只有过年时能畅快地"打牙祭"了。吃喝成了新年中重要的内容。

更多的花样是在玩上。不同的日子，出行的人流涌向不同的地点。初一多游武侯祠、丁公祠、望江楼。按旧时说法，岁后八日，一日鸡，二日犬，三日豕，四日羊，五日牛，六日马，七日人，八日谷。初七这天是人日，讲究的人家要在床帐上贴人的剪影，祈福避灾。

成都的人日又有其他城市没有的风俗，这天要到杜甫草堂去。杜甫好友高适有《人日寄杜二拾遗》一诗："人日题诗寄草堂，遥怜故人思故乡……今年人日空相忆，明年人日知何处。"多年后，杜甫重睹高诗，而斯人已去，杜甫写道："自蒙蜀州人日作，不意清诗久零落。今晨散帙眼忽开，迸泪幽吟事如昨……"（《追酬故高蜀州人日见寄》）两位诗人的友情令人感慨，成都人挺敬重他们的，每年人日这天必去草堂。人日草堂,人们赏梅吟诗,新年也有了一丝风雅。

到了初八、初九夜里,各寺庙、会馆、街坊点起天灯,老成都街上成了灯的海洋。老成都灯会的魅力在于倾城出动。各大街都有牌坊灯,街上各店铺都要张灯结彩,而且总在暗中比赛,看谁的花灯更漂亮。家家户户大人孩子统统出门,手上都不能空着,要提着花灯出行。街上流星闪烁,如同天上的银河。有竹枝词曰:

上元会后搭灯棚,走马鳌灯数千擎。
火树银花璀璨处,呼朋打谜胜登瀛。

在各街道里,东大街的灯和花炮总是最好的,因为东大街是顶富庶的街道,大绸缎铺、首饰铺、大皮货铺都在这里。东大街牌坊灯的灯面绢画年年都要更新,各家店铺挂出的灯笼,有玻璃彩画的,有绢底彩画的。看灯的人也极有兴致,细细地看那画上的红楼、三国、水浒、西厢、聊斋。那些画多出自本地名手,还不匠气。

正月十五,新年就要结束了,这一天家家户户吃元宵,敬神送年,又是一番闹热。照理说年已过完,成都人却还有一个花样,正月十六游百病,城墙漫游,据说可使一年不生疾病。"游百病"之后的夜晚,花炮震天,新年方才结束。

赶花会迎春天

新年过得如此隆重,成都人该玩累了罢,也果真如此,娱乐的节奏开始放慢。到底有多慢呢,掐指算来,却几乎每个月都有娱乐的名目。据《蜀典》载,成都自唐以来,就逐步形成了月市,即正月灯市、二月花市、三月蛋市、四月锦市、五月扇市、六月香市、七月宝市、八月桂市、九月药市、十月酒市、冬月梅市、腊月桃符市。到了清末民初，有些月市消失了，有些保留了下来，有些淡化了。月市与娱乐有一定的联系，娱乐和风俗之间的联系却更紧密。

新年才刚刚过去一个月的农历二月十五日，成都人就迫不及待地倾城出动，到青羊宫赶花会去了。赶花

放风筝的乐趣，可以从秋冬一直延续到次年春天　摘自傅崇矩编《成都通览》

会是成都的一大盛事，是成都人迎接春天的仪式。据说农历二月十五日是花朝节，即百花的生日；又是道教始祖老子的生日，两个生日搅在了一天，于是青羊宫庙会也就成了花会。成都本来就是花城，五代时的后蜀主孟昶下令在成都遍植芙蓉，使成都有了"芙蓉城"的美誉。平民百姓也素来有爱花的风雅。成都人赶花会是一件兴师动众的事。春天的成都，通向青羊宫的大路上游人如织。成都人从老西门、老南门走出城门，春风拂面，满目春光。赏花人流中有走路的、坐轿的、坐鸡公车的、坐马车的、坐黄包车的，还有人从柳荫街口、王爷庙前坐船直抵百花潭。

劝业道道台周孝怀颇具商业头脑。他将本是看花买花的地方性花会改为全省性的劝业会，并且通令全省各州县的各行各业都选送货品到会陈列出售，花会就更热闹了。花会上有了临时迁入的大餐馆和茶

园,有各式各样的小吃,有武术擂台"打金章",临时戏台上有成都人喜欢的川剧名角的演出。为了便于交通,劝业道修筑了成都第一条马路,它从老南门外锦江北岸至青羊宫马家花园,长三里余。

花会是风车的海洋。风车是老成都人把玩春风的玩具,它所运用的原料是川西坝子上到处都有的竹子、纸和颜料。老成都有许多手巧的平民、农人。也不需要什么机构的评选,满世界的风车自然成了花会的标志和吉祥物。五彩的风车在春风里悠然地旋转,把春天的气息渲染得浓浓的,于是人也有了五彩的心情。地上的风车,加上天上的风筝,使得春天的成都有了一种动人的灵气。

四乡八里的人到青羊宫烧了香,再买些农具、竹器和实用的物件回去。城里人来了,买些字画、花草、玉器和小玩意儿,他们的乐趣在于春天的郊游。花会也是妇女的节日。一年之中,难得有这样的机会,就是官宦人家或世家大族的太太、奶奶、小姐们,平日里只有家里的男人才可以见面的,赶花会时也可以露出脸来。她们在婢女的簇拥下,炫耀着各自的新妆踏青、观花,她们自身也是花会一景,人面桃花,被陌生男子赶着看。

花会上看女人的男子颇多,"怪他多少采花客,不看群花看艳姿"。这也是一年之中男人们大饱眼福的时机。有些闲人天天来赶花会,也有这个原因。有些男人看得倒憨不痴的,也有轻薄放荡之徒,对女人动手动脚,甚至把他们认为"不周正"的女人突然托举起来。为了维护秩序,花会上有了巡查队捉拿流氓。民国时二仙庵门外设立了两根"靸神桩"。"靸神"是不正派的意思,和流氓差不多。巡查队捉来"靸神",将其绑在杉木条子上,在脸上用刀刺上"靸神"二字,那蓝靛浸染的字体便永久留下了。

花会的闹热要持续到三月上旬,临时搭就的棚架才陆续撤走,要饱眼福,且待来年。

积善行德的快乐

一个生日接一个生日，成都人找来好些娱乐的理由。老子的生日刚过，三月三送子娘娘的生辰又到了，抢童子童女又是一番嬉闹。抢到的人自是欢喜，即便自己有儿有女，拿去送给无子女的，也是一件乐事。紧接着，又一个生日来了。四月初八，传说是佛祖释迦牟尼诞生的日子，放生会又将成都人聚集到九眼桥至望江楼一带的锦江边。雀鸟贩子们四处捕捉麻雀、画眉。老成都树木森森，田野开阔，是鸟儿们的乐园，捕些雀鸟丝毫不难。那些心怀善意的人们买来雀鸟，抛上天空。鱼贩子的生意也并不逊色，鱼鳅鳝螺龟蟹蚌，都是放生对象。从九眼桥头的白塔寺到望江楼畔的雷神庙，约半里长的锦江边，木脚盆、竹笆篓鳞次栉比。常常是上游在放生，下游就有人打捞。岸上游人如织，江中彩船花舫，笙歌缭绕，红袖绿鬓，恍如秦淮。

佛诞之日川西还有个奇特的风俗，也可看出成都人的风趣：嫁毛虫。旧时没有滴滴涕之类的农药，成都人对付毛虫的办法，就是干脆把它们嫁掉。人们用红纸两条架成十字，做成"毛虫架"，上写"佛祖生辰，毛虫远行"之类的话，于室内倒贴。只是不知毛虫们是否真的嫁得远远的了？

年终大采购

五月端阳的龙舟会又是一大盛事。成都人要包粽子，包盐蛋皮蛋，门上挂菖蒲陈艾，给小孩子洗药水澡。天气亢阳，人们都关注农事，乡民们祈雨到了街上，耍起竹叶扎成的龙。家家户户备上水缸水桶，向耍龙人身上泼水。满街水珠四溅，人们身上湿漉漉的，衣服都贴在了身上。天要下雨了，又会有一个好收成。

较大型的娱乐还有八月中秋、九月重阳登高、十月看城隍出驾。一转眼，又到了岁末，成都人的年终大采购开始了。逛夜市，是成都人生活中的重要内容。夜市之趣，全在一个"逛"字里。好玩的成都人将一种商业行为也变成了游乐。

年前的黄昏时分，商业闹市盐市口至东大街的商店陆续关门收市了，一盏盏马灯、油壶、电石灯在阶上檐下亮了起来，映着小吃摊上的袅袅白烟，地摊上的书画、铜器、古董、玩具、旧书、杂货，和熙来攘往悠闲自在的游人。

东大街毕竟是老成都的首街，街面是红砂石板，两边的檐阶也宽而平坦，确是摆地摊的佳处。新年将至的时节，东大街的铺面贴上了朱红京笺的宽大对联，大多请名手撰写。门额上则是一排朱红笺镂空花，贴泥金的喜门钱，门神下粘着拜年的梅红名片，年前的气氛在这些地方便渲染出来。夜市上各种叫卖声此起彼伏，韵味十足，这是一种松散的购物氛围，人们在置办年货的同时感受新年将至的喜庆，心情也有了些欣喜。夜市上的商品鱼龙混杂，从上九夜起，每夜都是人流涌动，几乎都要扯点地皮风。夜市上的闹热也真是看不够、说不够。

逛夜市的购物之乐只是为那长达十六天的农历新年埋下伏笔。成都人过了一年仿佛又回到了原点。新年来临了。

吃茶看戏

生性散淡诙谐的成都人能说会侃，光是自己说还不过瘾，还要听别人绘声绘色眉目传情地说。清末民国时的成都民间文艺之盛或许是空前绝后的。富庶的川西坝子滋养了名目繁多的曲艺：道筒、扬琴、清音、评书、金钱板、荷叶、盘子、花鼓……道具最简单的是金钱板，艺人靠着手中那三块厚实的竹板就打出了行云流水、万马奔腾。再配上铿锵又富于韵律的唱词，就可以令听者如痴如醉，乃至上瘾。茶馆是民间曲艺的最佳表演舞台。去茶馆吃茶，远不是为了解渴，而是可听、可喝、可看的。扬琴、清音、评书、道筒和茶馆是浑然一体的，茶客们端的盖碗茶、听的看的曲艺、摆的龙门阵，都是"味道长"。

木肘肘（木偶戏）等表演，带给老成都的孩子和成年人许多快乐　摘自傅崇矩编《成都通览》

成都人爱看戏，街上、乡场上，不时都可以扯起场子，看猴戏、灯影戏，看耍把戏——吐纸肠子、破肚皮、变鸽子、坐坛子之类。还有一种被单戏，就是单人木偶戏。老成都有位叫蒋银山的，就最为擅长。在一条如同被单的小布帷内，蒋先生身兼数职，唱、念、做、打一人包揽，真是"手忙脚乱"。演完后收刀捡卦，将"剧团"挑在肩上，便又云游四方，这真是一个人的剧团。木偶戏班的场面就大了。木偶里生、旦、净、末、丑样样俱全，木偶艺人技艺十分精湛，所做木偶表情细腻，形象栩栩如生，甚至可以做出吹胡子、理飘带的动作，煞是有趣，是个活生生的小舞台。木偶戏最吸引的观众，当然是小孩子了。

台上台下的风花雪月

在老成都所有的民间文艺中，川剧是最为风光的，它已经融入了成都人的日常生活。城市乡镇，川剧几乎无处不在。逢年过节，庙会祭祀，乃至酬神祈神，有哪一样离得了川剧呢？川剧锣鼓真是响遍了巴山蜀水，戏迷们"虽忍饥受寒亦不去，晒烈日中亦自甘"，真不能想象，倘若没有川剧，成都人的娱乐要打多大的折扣。

看戏去罢！光绪三十二年（1906），爱看戏的成都人有了一个前所未有的去处——可园。可园是华阳人吴碧澄修建的。在这之前，川剧没有剧院，和曲艺一样，它的舞台在会馆、茶园、庙宇里。可园固然也是茶园，但它却是固定下来演川戏的。可园要卖票，每座五角。演出的时候，观众交头接耳，卖零食的穿梭于观众席中，装水烟的随时伺候着。本来可园也设置女座，女人看戏，自己也成了戏园中被人看的，真是"女宾到处最销魂"。这种有伤风化的事，不久便被禁了。据说那时候连京中戏园都无女人看戏。

清代之前的四川本没有地方戏剧，川剧的形成是清初移民填四川后，各省移民带来了不同的剧种，在会馆里的万年台上演出。在长期的融合中，川戏形成了，它汲取了各方戏剧的精华。川剧高腔，来自江西弋阳腔；弹戏，来自北方梆子腔；昆腔，来自昆曲；胡琴，又分西皮和二黄，源于同属皮、黄系统的安徽徽调和湖北汉调；灯戏，是川剧五种声腔中唯一的四川民间音乐，乡土味极浓，此所谓川剧"昆高胡弹灯"之说法的由来，也就是川剧的五种声腔、五个源头。在兼收并蓄中，川剧成了川人的一道娱乐大菜。

各行各业都有自己的祖师爷，川剧找到精通音律的唐明皇做祖师爷，还是乾隆末年名噪一时的旦角演员魏长生想到的。艺人们在当时还是一坝菜地的华兴正街修了一座老郎庙，供上唐明皇，算是有了一个组织。

到了清末，川剧成了川人之"首戏"。劝业道道台周孝怀看准了妨碍川剧发展的弊端：戏班子多，没有固定的演出场所，戏目虽多但戏文不佳，淫戏、凶戏屡禁不止。周孝怀的一贯作风是快刀斩乱麻。在他的"娼、厂、唱、场"的"唱"字计划里，他砍出两大板斧：修新式戏园；设戏曲改良公会，请高手修改、创作川剧剧本，排演新戏以感化愚顽。

新戏园修在哪里？周孝怀选中了川剧窝子老郎庙。老郎庙要拆，会首康子林大为震惊，艺人们据理力争，与周孝怀达成协议：新的悦来茶园成为伶人永远的谋生之所；老郎庙迁至猫猫巷，照原貌恢复。

悦来茶园修起来了，是一个新式的剧场。这时候风气有些开化了，女人也可以看戏，但和男人却隔着"楚河汉界"。男人是从华兴街正门入场，女人从梓潼桥侧门入场。男人坐堂座，女人坐楼座。楼座前还有帘子，"垂帘观戏"。堂座上，最好的位子是剧场前半部的"堂包厢"，安的是方桌和双人长板凳，看戏的时候喝着盖碗茶，嗑瓜子，吃点心。楼座下的位子是最廉价的"普通座"，有铁丝网和堂座隔着。堂座后面有"弹压座"，弹压队士兵十余人在那里看戏，维持秩序。弹压队到来和离去时，乐队都要奏迎送曲。戏园毕竟不是茶园，如此追求玩乐的效果浪费了不少空间。堂包厢不久便被撤走，全

· 十 乡土的娱乐 ·

民国前期出入悦来茶园看戏的成都女子　摘自《百年春熙：成都市春熙路百年变迁》

部改为长排木椅连座。看戏不吃茶是不可想象的，于是在木椅背后加上固定的木板，可放茶碗，吃茶看戏便两相无碍。楼上的帘子后来也撤走了，女人们在楼上闪亮登场，也可接些眼风了。

　　演出开始了，剧场里却并未安静下来，始终一片嘈杂。卖烟、糖、花生、瓜子的少年胸前挂个木匣，里面装着他们的货物，在观众面前兜售。方方正正、热气腾腾的脸帕在一场戏里要散三至四次。如果你不想要，服务人员会喊："悦来的帕子，人人都有的！"不由分说，脸帕从他手里飞出，落到你脸上。夏天还有"人拉风扇"，用薄木板固定一排多把蒲扇，再贯一长索通过滑轮用人力拉动。剧场里有八个这样的"风扇"，场内清风徐来，拉扇人却苦不堪言。

　　看戏是精神的盛宴，这不仅是指戏里，也有戏外。看戏的时候，台上暗送秋波，台下秋波暗送。男女分座，并非可望而不可即。堂座的青年写张便条，请服务的幼僮送到女宾楼上。那位令他心仪的女子看罢含笑点头，两人意会。戏散场时，男青年早已等候在梓潼桥街女宾出口处了。服务女宾的老妈子和服务男宾的幼僮在这方面都灵醒得很，他们知道发生在悦来茶园的故事。某知府大人的姨太太、某知县大人的小姐、某女学堂的女学生在这里搭上男朋友，都是由他们传书递柬送纪念品的。倒未见得是他们开化，而是服侍得老爷太太小姐们舒服了，得锭把银子的赏号是他们最喜欢的。

台下的风花雪月，其实也并不逊于台上。

悦来成了川剧伶人的风水宝地，著名的戏班三庆会便诞生在这里。本来成都有好些戏班。在四川总督赵尔丰镇压"保路运动"引起的"罢市风潮"中，戏班也罢演。随后成都市面混乱，也无法演戏。艺人们要糊口养家。到了辛亥年年底，几大戏班的艺人联名向警察总厅申请复业，几经周折，才被批准在悦来联合演出。戏迷们久未看戏，早已拭目以待，一时间悦来盛况空前。八大戏班的艺人索性联合成立"三庆会"，名角荟萃，展现出川戏班子前所未有的盛大局面。川剧各流派以前都只能演一两种声腔戏，三庆会发展成了多艺全能的川戏剧团，昆、高、胡、弹、灯，样样能演，川剧自此有了大突破。

此后，川剧院逐渐增多，有了新又新大舞台、华瀛大舞台、锦新大舞台、万春茶园、品香茶园、大观茶园、永乐剧院等。

周孝怀"唱"字计划的第一招"修戏园"，便使川剧走出了庙戏的小家子气，而有了走向大剧种的趋势。第二招"改良剧本"，更是让川剧来了一番脱胎换骨的改造。不可否认的是，早期川戏艺人大多文化程度不高，传统剧本多数是靠老艺人口传身授，随人变化，还未定型，剧本里还有不少荒诞淫秽的内容。周孝怀组建"戏曲改良公会"，组织蜀中大手笔，将各戏班剧本调去审查修改。川剧有了知名的剧作家，如黄吉安、冉樵子等。

三庆会最早定型的剧本《情探》便是诗人赵熙改编的,他是周孝怀的老师、蜀中名宿、清末御史。《情探》戏文曾被高校当作范文讲授。且看唱词:

更阑静,夜色衰,月明如水浸楼台,透出了凄风一派。
梨花落,杏花开,梦绕长安十二街。夜间和露立窗台,到晓来辗转书斋外。纸儿、笔儿、墨儿、砚儿,件件般般都似郎君在,泪洒空斋,只落得望穿秋水不见一书来。

《情探》由此成了川剧的经典剧目,且被多个剧种移植。改良加工后,川剧剧本达到近千种。郭沫若称这一时期的川戏是"改良川戏"。作为地方戏剧,必得走一条雅俗共赏的路子,才会有强大的生命力。川剧表演艺术十分精细而多样化,四川人特有的幽默感使川剧喜剧可达到"奇言惊四座,妙语解人颐"的效果。川剧艺人总结了许多表演技艺,如眼睛的表情,薛艳秋总结出24种;小生的风度,袁玉堃总结出10种,而单是小生中的书生又有10种:瓜、秀、酸、呆、俊、刚、柔、狠、伪、浮。阳友鹤的手法、身段、步法更是有几百种。

而由成都名流评出的"戏状元"康子林更是留下了变脸、开慧眼、翎子功等川剧绝活。川剧的"吐火""滚灯"也是绝技。康子林演《庆云宫》,广读《南齐书》《梁书》《资治通鉴》,对南北朝的政治制度、梁武帝萧衍的为人和家庭生活作了多方研究。有了这样的刻苦,才有了炉火纯青的演技,成就了川剧一代大家。抗战时期,学者黄裳在春熙路徘徊,不经意寻到一家古风犹存的川剧院,看了一场川剧,惊叹道:"四川的文化恐怕以保存于成都者为最丰富也最真粹罢。"此时之川戏,正是鼎盛之时。

川剧迷是狂热的,不计其数的业余川剧演唱者被称为"玩友"。玩友们在遍布城乡的茶馆中、院落里、打谷场上,围坐清唱,锣鼓喧天,自娱自乐,叫作"打围鼓"。玩友登台演出就成了"票友"。由票友而成了川戏艺人的也有,譬如川剧艺术家浣花仙、贾培之、陈滨然等。

川剧熏陶了一代又一代的老成都人,在他们的心目中,川剧魅力无穷。

十一　摩登时代

不是我不明白，这世界变化快。

你千万得留神，如果一不小心，嘴里蹦出洋派新派之类的词，人家就要说你老派了。

这时候玩的是"摩登"，就连要写川剧剧本的五老七贤都去看电影了。如果对某部国产片赞赏有加，他们还会题诗称赞，电影院也要把他们的诗打在字幕上。

挡不住的诱惑

华兴正街巷口的悦来茶园的黑漆木牌上写着今晚上演的剧目：《请医杀院》。这是一出叫座的剧目，叫座的原因是剧中的妓女要唱金嗓子周璇唱的歌。演出前，省会警察局长派人来提"牌子"，管票务的只是按旧规矩办，以前给多少票，今天还给多少。殊不知局长嫌票给少了，开戏后，警察故意来肇皮（捣乱），找到管后台的说，戏里妓女唱歌，有伤风化，不能演。

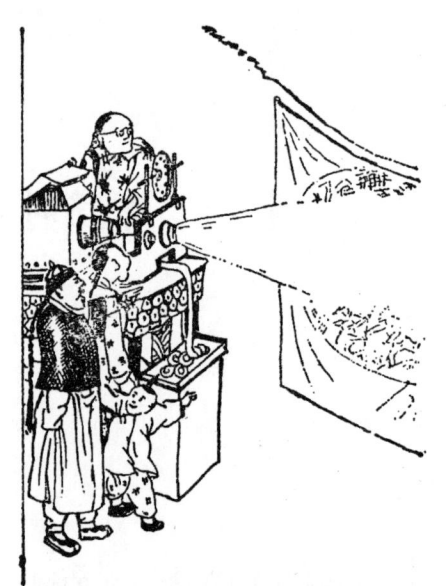

成都人1909年左右开始接触电影（电光戏），由特别新潮的傅崇矩在日本"习演一年，方购回川"。据他介绍，公馆、衙署约演一场，要20至30元钱。观众到设于图书局的电光馆观看，票价为每人2角。电影也在可园等茶园、戏园和玉带桥放映 摘自傅崇矩编《成都通览》

前台艺人已经出场，观众翘首以待的时刻来到了，突然一人冲到台中抱拳向观众致歉，各位！对不住！警察长官不准演这个戏！警察冲上来抓住此人就打，一时间堂子大乱，哭喊叫骂闹成一片。这次的闹剧还导致了川戏艺人的游行请愿。

电影明星周璇的魅力真是锐不可当，连川戏也要赶赶明星的时髦。

电影的历史也不过100余年。当成都有正式的电影院时，已是民国十年（1921）。留法归来的季叔平、杨吉甫等成立了新明电影院，租用基督教青年会作为放映场所。后来电影院多了起来，智育、大光明、昌宜、蓉光、中央、国民、蜀一、大华都是成都人熟知的影院。

看电影是新式的娱乐，和看戏完全不同。但成都人是习惯了戏园子的，初进影院，当然也要把在戏园子里的做派带进来。尽管开演时漆黑一片，只有一束光转动着，也不妨碍把电影院当成新式"茶园"。看电影是来玩的，何必搞得紧紧张张？为了照顾人们的习惯，电影到了成都就要被活生生切成两个时段，影院自己做主把电影分成上下集，中间留一刻钟让观众上上厕所、抽支烟，卖零食的也乘机穿梭于观众席中。叫卖声、谈笑声、咳痰声，翻动座椅的砰砰声，使得电影院如同闹市。

早期的故事片是默片，卓别林在成都大受欢迎。他的《摩登时代》，仿佛成了电影这种新式娱乐的注脚。电影带来的是一个摩登的时代。

成都人对电影的迷恋到了可怕的地步。每当电影院换映新片，影院门口便人流如潮。买票、抢座位，得有非凡的"挤功""抢功"才行。

美国电影《出水芙蓉》上映时，狂热的成都人更是斯文扫地。电影在城守街的新明电影院首映，半个月的时间，城守街从早到晚被挤得水泄不通，车辆无法通行，商店做不了生意。人太多了，就连放映时间都乱了套。上一场刚完，下一场观众已迅速占领了座位，影院只好关上大门立即开映。小孩子挤进场，几乎要闭气。被拒之门外的，便搭人梯翻墙入场，要求补票。而"高空入场"的人中，竟有妇女和老人。这种身手矫捷的劲头都要让人怀疑：这是悠闲的成都人吗？

抗战时，成都成为大后方，居然在电影这种新式娱乐上有了一次"开风气之先"的荣耀。那时国产片较少，看的电影多是进口的美国好莱坞影片。著名学者何满子先生抗战时在大后方几个城市作过比较，昆明、桂林、重庆进口的影片，都不及成都先到先放。回到上海，头轮大电影院新放映的英美影片，在成都也早已放过。战争时期，英美影片已不到上海，成都人便先睹为快了。

在何满子先生的记忆里，成都电影院的"周到"也是富有成都特色的。早期的外国片是默片，影院怕观众看不懂，在片子下打上字幕，观众便齐声跟读："乖乖，我真爱你！""你这不中用的东西，气死我了！"读过之后，全场哄堂大笑。情节稍复杂时，影院还雇专人，手执扬声筒高声解说。有声电影的外国片对话未经译制，电影院打出幻灯字幕，有些是演员对白，有些是情节提示，多用成都方言。何满子先生记得，字幕上常出现"啥子""咋个的么""给他个不来气"之类的对话，令人忍俊不禁。有部片子男主角邀女主角相会，至期而失约，字幕说明："她放黄了。"这些"成都特色"常引起观众哄笑，也得到片子本身所没有的额外乐趣。成都人改造电影的功夫真是了得。

电影的作用也有被夸大的时候。电影明星孙景璐和王豪主演的喜剧《玉人何处》在成都就惨遭"滑铁卢"。此片中的剧情对白被广州的汽车驾驶员斥为对汽车工人的侮辱，在广州掀起强硬的抵制行动。当成都蜀一大戏院、中央大戏院挂出将映该片的预告后，第二天两家影院附近繁华的街道上就出现了无数抵制《玉人何处》的标语，春熙路、少城公园最多。第三天，一列卡车队伍在市内街道浩浩荡荡地游行，车厢两侧挂着不准《玉人何处》上映的标语。车上的人敲锣打鼓，最触目的是前三辆车上放着三口棺材，表示了以死相争的决心。这场风波以汽车工人的胜利而告终。

电影这种新的娱乐带着不可抗拒的诱惑来了，几乎轻而易举地就攫取了成都人的心。就连抗战时躲避空袭，也有人在城外建了两家竹棚电影院。跑警报、看电影两不误，恐怕也只有成都人才这么幽默。

时髦的"文明戏"

话剧在成都时兴起来了。这是一种不需要唱腔的"文明戏"。演员不唱，又有什么看头？尽管说到看戏，就是川剧、京剧，但学校的学生却喜欢上了话剧，演话剧成了学生的时髦。在川大、省一师、成都艺专、省美专、外专、华西协中、中华女中等大中学校里，已经成

《摩登小姐》,华西协合大学汉语老师俞子丹20世纪20年代绘 摘自(英)徐维理著、俞子丹绘、萧冰译《龙骨——一个外国人眼中的老成都》

立了好些剧社、游艺会了。

成都最早的话剧团是留日归来的成都人曾孝谷组织的"春柳剧社"。曾先生在日本东京留学时,与李叔同、欧阳予倩创办过"春柳社",成为中国话剧的先驱。他根据斯陀夫人的小说《汤姆叔叔的小屋》改编的话剧《黑奴吁天录》,是我国第一部情节完整的多幕话剧剧本。

春柳剧社是成都话剧的萌芽。曾先生本来以为,在文盲众多、文教落后的成都,演员用口语代替唱词,观众更容易看懂。殊不知守旧势力强大,就连学生都不愿演戏。好不容易在成都县中找到几个愿意演的学生,都被视为异端。其中一位叫王子苑的学生,因为扮演的是女角,家里人竟与他脱离家庭关系。

到了1926年,四川戏剧协社成立,旅沪川人王怡庵是组织者。王先生在上海时是《申报》记者、上海剧协成员,曾与洪深、应云卫等人一同演出若干大型话剧。四川戏剧协社的第一个戏就是王怡庵导演的《少奶奶的扇子》,一时名扬省城。演出地点在少城公园内的通俗教育馆，演少奶奶的演员是男扮女装，演得出色而被视为"女戏子"，这种现象在保守的成都倒不足为奇。

风靡一时的话剧打破了成都社会的沉闷空气，在死水中激起了轩然大波。川大校长任鸿隽支持新剧运动，他从平沪等地聘来大批具有创新精神的知名学人，其中的刘大杰、匡直先生指导学生成立了"戏剧研究会""戏剧社"。那时川大校址还在皇城内，1935年10月10日，川大戏剧社在致公堂作了第一次公演，演出了《父归》《名优之死》《丢了的礼帽》。话剧令人耳目一新的面貌引起了极大的轰动。由此次开端到1936年夏天，戏剧社又举行了三次公演，演出了刘大杰的《十年后》《她病了》、田汉的《湖上的悲剧》、丁西林的《压迫》等。每次演出都是盛况空前，《成都快报》上有青年写文章，相信"新剧的发展在将来的成都能够燃起熊熊的火焰"，他们要充当"时代的反抗者、叛逆的女性和不肖的儿女！"

话剧的反封建倾向引起了守旧势力的激烈批评。然而守旧势力没有想到的是，"男女之大防"的古训竟被摩登的话剧给彻底冲垮了。

上海有个"摩登剧社"，它的创始人之一、川人陈明中回成都组织了摩登剧社，采用的剧目是田汉编剧的《苏州夜话》《南归》《湖上悲剧》《第五号病室》、易卜生的《娜拉》等。

摩登剧社真是摩登，在青石桥街川北会馆的第一次会演就来了个男女大合演，不再男扮女装，甚至连台下的观众也是男女混坐——那时连电影院的座位都男女有别。这在成都是破天荒的。男女合演、男女混坐这种"有伤风化"的事，竟然就在摩登剧社的推动下，被成都人接受了。摩登剧社连演七八天，看"摩登戏"、做"摩登观众"的成都人趋之若鹜，场场爆满。摩登剧社初战告捷，欲罢不能，在大学、中学巡回演出，盛况空前。

和传统戏剧比起来，话剧更直面人生，观众看起来少了一些隔膜，更易入戏。"九一八"事变后，摩登剧社在春熙大舞台演了一出爱国剧《山河泪》，观众挤得水泄不通，剧场里充满了爱国气氛。城防司令部开来七车武装士兵，在剧场大门架设机枪强迫停演，演员们大义凛然，我演的是爱国戏，要抓要杀随你便！硬的不行来软的，当局抬出"五老七贤"，提出控告："兹有妄人陈明中等组织摩登剧社，提倡男女合演话剧，引诱哥儿舞女，不惜破坏善良风气，有伤风化，应予查封。"摩登剧社由此夭折了。

抗战爆发后，来成都的话剧剧团如走马灯似的，有中国旅行剧团、西北电影公司、国立剧专剧团、中电剧团、中华剧艺社、上海影人剧团、上海业余剧人协会等。成都人看到了好些名剧：《桃花扇》《结婚进行曲》《家》《棠棣之花》《孔雀胆》《风雪夜归人》《日出》《雷雨》《北京人》《塞上风云》《天国春秋》……在银幕上看过的明星们走上了成都的话剧舞台，成都人看到了白杨、秦怡、张瑞芳、舒绣文、吴茵、谢添、金焰、顾而已、陶金、魏鹤龄、章曼萍等电影明星，掀起了"追星热"。在白杨、谢添们下榻的益州旅馆，要求得到明星签名的影迷络绎不绝。《日出》上演后，悦来商场内有家承制全剧服装的"华麒洋服店"一夜成名，新婚夫妇置办结婚礼服，新娘要穿白杨所演的陈白露穿的那种晚礼服，新郎要租用谢添所演的张乔治戴的礼帽。春熙路上"东亚照相馆"因为拍摄了剧照，一时间生意兴隆。明星吕恩用丝袜随意将头发束成马尾巴，赤脚穿上皮鞋的形象也流行开了。导演应云卫和夫人程梦莲每晚散戏后步行回五世同堂街住处，途经梓潼桥正街时，常在一家姓胡的小饭铺吃蒸排骨，被影迷发现后，这家小饭铺的蒸排骨销量大增。

追星的滋味和"打围鼓"大异其趣。玩友和追星族从本质上原是一回事，但同样是迷恋，行为却完全两样。

电影、话剧带来的是新的文化和社交生活。

听洋乐唱洋歌

老成都人最早听到的西洋音乐，或许是从华西坝上那些外籍教师居住的洋房里飘出来的。20世纪之初，对西洋音乐知之甚少的成都人终于有了一位启蒙老师，他就是从日本东京音乐学院留学归来的叶伯和。叶伯和是带着一把小提琴、一架钢琴和小提琴教材、乐谱回到成都的。1914年，他登上了四川省高等师范学校乐歌专修科的讲台。这是四川第一所开设音乐专科的学校。叶伯和创造了诸多第一：第一个介绍和使用五线谱，第一个教授钢琴、小提琴等西洋乐器，第一个讲授唱歌技能及乐理、和声学等西洋音乐理论。叶氏门人后辈成了成都最早演奏西洋乐器、唱"洋歌"的人。

20世纪30年代中的一些年月，每到周末，锣锅巷叶宅就热闹起来，带着大提琴、小提琴、单簧管等西洋乐器的人们鱼贯而入。这些西洋音乐爱好者是叶伯和发起的"海灯乐社"的成员。他们借叶家的钢琴，举办小型室内演奏会。从叶宅飘出过柴可夫斯基的《如歌的行板》、海顿的《弦乐四重奏》、贝多芬的《田园交响乐》……

暑袜街有个礼拜堂，它靠近繁华的春熙路。平安夜，里面飘出的乐声是那么空灵美妙，仿佛是来自天堂的声音，冷冷的，如同圣诞夜的白雪。这和我们的川戏的热闹相距是多么遥远。

暑袜街礼拜堂要举行音乐会了。偌大的成都，找不到一个音乐厅，权当用礼拜堂代替了。有没有人知道音乐会呢？当然有了，那是省艺专、南虹艺专、四川大学、华西坝五大学的教授、学生和流亡成都的外省文化人。教堂只能坐五六百人，相对于一大批音乐爱好者来说，座位就远远不够了。所以尽管音乐会在成都是阳春白雪、曲高和寡，去听音乐会时还是人满为患。

40年代中后期，南虹艺专的著名男高音歌唱家蔡绍序在暑袜街礼拜堂举行过个人独唱音乐会，小提琴家张季时、大提琴家丁孚祥将自己的学生组成一个百人弦乐团，1947年在暑袜街礼拜堂举办过一场空前盛大的音乐会，连过道和走廊都加满了座位，黑市票被炒到5块大洋。蔡绍序演唱了拿手曲目《我的太阳》、四川民歌《槐花几时开》，还有大提琴独奏《天鹅》、小提琴独奏《小夜曲》、男女二重唱《茶花女饮酒歌》，都博得了满堂掌声。当百人弦乐团演奏莫扎特G大调弦乐小夜曲时，灯光骤灭，忽然停电，组织者却早有准备，在台上燃起100多支蜡烛。烛光摇曳，如群星闪烁。

暑袜街礼拜堂里，还响起过从西方学音乐回来的著名女高音郎毓秀的《蝴蝶夫人》咏叹调、《塞维利亚的理发师》咏叹调。她的花腔女高音婉转旖旎，令人心醉神迷。还有海星合唱团的《黄河大合唱》《在太行山上》《到敌人后方去》，也曾响彻礼拜堂。

西洋音乐远离茶园式的喧闹嘈杂，它和成都人习惯的娱乐方式是那么的不同。

惊艳游泳池

令人无法想象的"摩登"娱乐接二连三地出现了。南虹游泳池是南虹艺专修的，因为南虹艺专设有音乐、绘画、体育三种。它是成都第一个比赛游泳池，可谓开风气之先。以现在的眼光来看，南虹游泳池实在太简陋了。除了一个池子和两间竹棚（男女更衣室）外别无他物。那时成都公开开放的游泳池很少，而南虹游泳池紧挨锦江、华西坝，每至盛夏，池内总是人满为患。

20世纪40年代的一个夏天，一位摩登女郎居然在这游泳池里表演跳水。女人游泳本已罕见，在公共游泳池举行高台跳水表演，事先还要张贴广告广而告之，当然要引起轰动了。不大的游泳池空地上，密密麻麻挤满了上千人，前面的坐着，后面的站着，再后面的站在长凳上、爬在树上。想象不出看女人跳水会引起怎样的骚乱，游泳池周围还站了一圈荷枪的军警。那是酷暑中的一天，烈日当头，连池子里的水都升温了。

不知等了多久，引颈四望的人们欢呼起来。跳水小姐步出更衣室，在达官贵人的陪同下走到游泳池，脱下身披的天蓝色浴巾，露出曼妙的身段。她那玫瑰红泳装衬托着雪白的肌肤，给人的视觉轰炸不亚于第一次看到身着比基尼的女郎。跳台是专为这次表演而搭起的简易木台。她跳的是高台跳水入水式，还表演了蛙泳、蝶泳、自由泳、混合泳，每一个动作都带来全场的惊叹声、喝彩声和雷鸣般的掌声。据说女郎的身份是驻军某师长的姨太太、成华大学的学生。

这场前所未有的表演使游泳池的板凳损失了十几条，都是被踩断的。第二天的《新新新闻》和《华西晚报》上都在醒目位置刊出女郎跳水的玉照，真是"美人鱼"一跳惊蓉城。

娱乐的时尚悄悄地发生着变化，西方的娱乐方式，娱乐观念——激烈的动态、竞技、寻求刺激，挑战着传统的舒缓、散淡、相对静态的娱乐方式。首先接受这种观念的是大学、中学的学子们。华西坝的草坪上已经活跃着生龙活虎的踢足球的青年学子的身影。中学里，篮球、排球、垒球风靡一时。学校里对体育的注重是空前的，川大校长任鸿隽就提倡学生积极参加体育锻炼，读书不忘运动，运动不忘读书，一洗文弱之耻，养成合作互助的道德、公平正直之习尚。而以运动来休闲，在三四十年代的成都也是新的生活方式。况且这时已经有了"体育公园"——少城公园。

旧式娱乐中，人们还没有公园可去，只能去游游寺庙、会馆、戏园、城墙、茶园酒肆、私家园林、郊外名胜。少城公园出现了，它真是不同寻常，有许多空地，用来作网球场、排球场、篮球场，边上有单杠、双杠。靠近小南街那一面，有座悬着"射以观德"匾额的茶铺，还有一个射箭场。坐在这个茶铺的茶客，有不少是练射箭和武术的。大门西侧的广场上常有足球赛，还有"洋马儿"自行车出租，每辆自行车租金为10分钟600文。当时的200文便可买块白面锅盔，如此昂贵的租金还是有人不在乎，宁愿花三块锅盔的价钱来过过瘾。广场上还举行过田径比赛，30年代末的黄包车工人越野赛，就是从犀浦跑到公园广场。

20世纪30年代中期，著名的南洋网球运动员林宝华在少城公园网球场打过球。抗战时，学校里的篮球运动已经十分普遍，篮球国手王玉增、鲍文沛等常在广场打球，引来球迷观战。

少城公园有个排球场，要用球场比赛只需在管理人员那里登记一下就成，因而这里比赛不断。常比赛的排球队多是中学校队。石室中学叫"SS"球队，树德中学是"啸风"队，蜀华中学是"流星群"队，协进中学则专门针对流星而来，叫作"克星"队。体育教师有个"益壮"队，军校有个"梯恩梯"（TNT）队。有球队，就自然有了各自的球星。女队比赛中，甫澄中学有个Wonderful，叫王德芬，树德中学有个"猴子"，叫阚永伍，她们扣球比男队员还狠。1949年后她们都进了国家队，她们是从少城公园的"坝坝排球赛"中起步的。

少城公园足球场上有一支"四师"足球队，是30年代初成都足球队中的劲旅。这支职业足球队的有名，更多的是因为它是川军二十一师师长范绍曾——诨名"范哈儿"创办的。范绍曾踢足球劲头之大，可与他的打围鼓媲美。又胖又笨的他，还经常穿起球衣上场过瘾。他一上场，场外观众就要发笑，只见他在场中跌跌撞撞，可是不管观众如何喝倒彩，他也毫不在意，坚持赛完。从踢足球中他得到了另一种快乐，那是当玩友、打麻将所不能获得的。

运动给人带来蓬勃朝气，也给萎靡不振的世风注入了阳刚之气。然而对更多的城市贫民来说，这只是一种和他们距离遥远的"摩登生活"，要他们能够身体力行地投入进去，实在还有漫长的路要走。

十二　妇女生活

缠脚·放脚

　　这是一个难以产生才女的时代。晚明以来，礼教的绳子变得更粗、把人捆得更紧了。即便真有才的女子也是深藏闺中，名声传不了多远。

　　成都女子在近代留给人的是沉寂模糊的印象。在一个男权社会里，女子是被忽略的弱势人群，是一个沉默的群体。

　　好在这是离现在还不太久远的年代，我们依稀还能感受到她们的存在。因为她们正是我们的外婆、奶奶们。

　　外婆本来是没有正式名字的，是嫁给外公后才有了名字。从这个意义上说，她的生命是从结婚开始的。

　　旧式女子生下来就是为做贤妻良母而准备的。因而她们的人生是从小就看到老的人生。六七岁的女孩子，童真未泯就开始学针线，学女红，为出嫁做准备。不能想象，没有一双巧手，不擅长家务，不会做泡菜的女子，到了婆家会过一种什么样的日子。十二三岁的女孩就开始蓄发，谓之留头，深藏不出。

闺房里是一番怎样的情形呢？家境殷实的人家，架子床是少不了的，床上叠着绣花被面的被子和绣花枕头，帐闱上绣着花鸟虫鱼之类，或许这就是闺中女子做女红的成绩。屋内一边有两个大立柜，柜上放着两个方形的大木箱。这就是陪嫁的"双箱双柜"。窗前有条桌，上面放有梳妆匣。柜子前是两张条凳，即所谓的"春凳"。床的一头，空着的夹道前挂着门帘，那是遮马桶用的——女子是不出去上厕所的。或许门上、墙上会贴着月份牌，上面是上海的时装仕女画，署名"曼陀"。

如果还想具体地感受大户人家小姐的闺房，大邑安仁镇的刘氏庄园里有小姐楼可供观赏。类似的小姐楼在成都旧式民居中数量虽不太多，却精致乖巧，不拘泥于规范。小姐楼又叫闺楼、绣花楼，原则上是不能冒犯中轴线的，只能建在角落。小姐楼安置的是大家闺秀，门窗、廊道、栏杆都有雕花。刘氏庄园的小姐楼还有些许西洋风味，较之老庄园的繁复幽暗，小姐楼则显得轻俏、明朗。

清末四川几位打扮齐楚的妇女，长裙内是三寸金莲　（澳）莫里循　摄

十二　妇女生活

缠脚是待字闺中的女子顶要紧的事情。即使是《点石斋画报》里的海上百艳，衣香鬓影下露出的也是金莲一点。要缠出一双合格的三寸金莲，必须将正在发育的女孩的脚用布条紧紧缠住，直缠得脚趾骨折，活生生将一双健康的天足缠成轻度残废。做父母的却都下得了这样的狠手：脚若是缠得不好，能否嫁出去都成问题。在李劼人先生笔下，成都近旁天回镇的邓幺姑向往城里太太小姐的生活，她虽是乡下人，也偏要缠出一双好小脚。哪怕晚上痛得抱着脚哭，也不肯松一松裹脚布。而别人夸她长得好看，先不说她长挑的身段，脸蛋上的酒窝、大眼睛，而是称赞她的脚实在缠得好，再不像乡下女人的黄瓜脚了。

我见过外婆的三寸金莲。它既小且尖，只有大脚趾是正常生长的。其余的脚趾全折伏在脚掌上，这样便成了一个尖子。有了一双小脚，走路、站立久了都不行。隔不了多久，外婆就要泡脚，然后用刀片修去脚上的老茧。这是一双无可挑剔的金莲，当年外婆的美貌中，这双金莲便是出彩之处。外婆的一生吃足了小脚的苦头，尤其是在她的晚年，"文化大革命"中，身为大学教授的外公被批斗、羞辱、抄家。那时外公在重庆执教，外婆一双小脚，走路买菜，诸多不便，尤其是阴雨天，路滑泥泞，外婆爬坡上坎，有时只能手脚并用，匍匐前行。后来回到成都，外婆也因年老体衰、小脚站立不稳而常常摔跤。

今天的人无论如何也不会明白，一无是处的小脚，怎么会让人觉得"金莲瘦小自销魂"？而有些女子，为了追逐"时髦"，还要"买得街前高木底，装成三寸小金莲"。就连大足的村婆进城，也硬要穿上小鞋。看她正前，露出的是尖尖的金莲，脚跟却犹如鹅蛋，这就叫作"金莲一尺零三寸，鹅蛋双双窝后头。"

曾任山西巡抚的四川总督岑春煊发现，四川妇女的缠足之风竟比山西更甚。20世纪初，清政府实行新政，岑春煊刊发《劝戒缠足示谕》《劝戒缠足文》。继任者锡良也通饬各县刊发告示，劝禁男子吸烟与妇女缠足。荣县、重庆都有了放足会。成都的放足会叫天脚会，是加拿大医生、传教士启希贤于光绪三十年（1904）在玉龙街的龚氏蘧园成立的。启希贤自任会长，她讲一口流利的四川话，向座下的小脚太太、小姐们演说放脚的好处。傅崇矩的《成都通览》记录了这次会议：与会者有胡雨岚太史之太夫人、龚向农孝廉之太夫人及夫人、肖捷三大令之夫人及其女公子、朱曾三大令之如夫人、苏星舫大令之女公子等。会后，这群太太小姐还摄影留念。这恐怕是近代成都的第一个妇女组织。她们随后赞助刊发了《勿缠脚歌》，共印送十余万张。

放脚的女子渐渐多了起来，而死抱着怪异审美的女子也大有人在。金莲大势已去，遍街是天足鞋了，顽固的却是"挂羊头卖狗肉"，外穿天足鞋，里面照旧裹足。有"怪杰"之称的刘师亮幽她一默：

鞋穿放足近来多，裹足缠他作甚么？
恰似方今新国体，内头专制外共和。

大脚风行，鞋铺有了新生意，专售放脚后所穿的鞋靴，这是过渡时期的鞋子。女子天足到底该是什么样子，该穿什么鞋子，人们好像已经遗忘了。有家"十十鞋庄"，做出一只长三尺的"天足鞋"，竟然引来观者如堵，想象中佳人玉足塞进大鞋里，是如何的刺激。

缠脚是对女子的禁锢。对中国女子而言，心智的解放首先是脚的解放。

寂寞深闺

还是回到李劼人先生《死水微澜》的故事里。自从邻居韩家从成都大户人家娶来了二奶奶，邓幺姑就有了许多关于成都的知识。天回镇的邓幺姑顶喜欢听韩二奶奶讲成都。尤其令她神往的，就是成都大户人家妇女们争奇斗艳的打扮。她知道当太太的、奶奶的、少奶奶的、小姐的、姨太太的，是多么舒服安逸，日常睡得晏晏地起来，梳洗打扮，做做针线，打打牌，到各会馆的女看台看戏，吃得好，穿得好，又有老妈子、丫头等服侍，哪个的手不是又白又嫩？长长的指甲都是凤仙花染红的。

天回镇的邓幺姑所了解的成都公馆中的妇女生活当然也没有错，但她决然想象不到"一入侯门深似海"。数不清的规矩、礼节，错综复杂的人际关系，公馆女子未必过的就是神仙日子。就算是可以出去

1893年刚到成都的启希贤（中），她是加拿大医学博士，清末在新巷子创建仁济女医院（又名妇孺医院，系四川第一家妇女儿童专科医院）。医院1912年迁至惜字宫南街，1940年遭火灾焚毁后并入仁济男医院（今成都二医院） 摘自徐俊波主编《百年仁济——一所医院的文化引力》

看看戏，看看花会，也如放风一般，一年之中偶尔几次罢了。公馆女子的寂寞，岂是为人所知的？

公馆里的生活是百无聊赖的。太太小姐们通常日上三竿才下床，梳洗打扮，涂脂抹粉，是一天的大事。公馆女子有的是时间，打发时间的办法，不是诵经念佛，便是牌桌烟榻。男主人来客了，若是带来女眷，就新鲜起来，先奉上水烟袋。高贵的水烟袋镶金嵌银，也有景泰蓝的，最次的水烟袋是竹制或铜制的，是平民用的，当然不会出现在公馆里。再沏上茉莉花茶，说些家长里短的闲话。

留学比利时归国的周映彤偕比利时妻子玛格里特回到成都的家中时，正值老太爷去世。玛格里特看到的成都妇女生活便是打麻将。这场麻将打了六七天。每天，公馆的每间屋里都有好些女人围在麻将桌旁，稀里哗啦地搓麻将。麻将牌砰砰啪啪地打在桌上的声音，和婴孩的哭声响成一片，妈妈们一边打牌，一边把晃晃悠悠的乳房塞到孩子的嘴里。吵闹声、走动声、说话声，酝酿出不绝于耳的嘈杂，鸦片烟枪也在轮流使用着。她们好像被钉子钉在了座位上，几小时几小时地玩着。这种喧闹令玛格里特忍无可忍。而女人们看玛格里特也如看异类：首先她是洋人；其次，她不打麻将怎么过日子呢？

玛格里特"逃离"了成都，这位成都洋媳妇再也没有回来。原因当然很多，但成都令人窒息的妇女生活也真是把她吓坏了。烟榻牌桌在那时遍布城乡，既是交际场所，又是谈判要地。上至国家大事，下至个人小事，无不在这里沟通声气。愤激之士甚至认为这是亡国之象。这委实不是妇女之过。

闺中女子是不能见人的，就是结了婚，也只能看见家里的男人。正因为如此，上流社会女子的花容月貌才是个谜。揭开谜底的机会不多，但也有，花会就是一个。

花会群芳

花会演出的是真正的群芳谱。各种鲜花的美丽自不待说了。最令人兴奋莫名的是大家闺秀,小家碧玉在花会上就是被人看的。而平时从不抛头露面的小姐们,在花会上由于有了警察和巡兵的弹压保护,也可大胆地游玩观赏。只是入场的时候,男女须从不同的入口进入,在楠木林处临时搭一小桥,为女宾入口处,男宾不得通过。一进入会场,便男女不分了。这种做作惹得好事者写了首打油诗:"入口端因女界开,小桥一座架河隈。劝君切莫伤离别,转过弯弯就拢来。"

花会上的女子争奇斗艳,四乡八里的人赶来,也可饱览成都妇女的美色。郝公馆的大小姐在人流中是顶惹眼的一位。十六七岁的花季,脸蛋天然红白,虽是小脚,却打扮成旗下姑娘的样子:春罗长夹衫上套件满镶滚的巴图鲁背心,头上当额一道整齐的长刘海,脑后则是一条妩媚的发辫。乌黑的头发衬着雪白粉嫩的后颈,水澄澄的眼睛煞是动人。人都走过去了,还能留下形容不出的异香。这种精致,哪里是寻常可见的?

小户人家的妇女也来了,脸上涂上白粉,胭脂死红地巴在脸颊上,握着水烟袋,小脚东倒西歪地走着。乡里的村姑和她们的母亲拉着甘蔗当拐杖,围裙中兜着鸡蛋或一只鸭。看女人的男人们却不想看她们。"乡女村姑态若何?晾头梳个燕儿窝。可怜不解红妆事,却把胭脂打一坨。"村姑们却无所谓,她们不仅看花看闹热,她们也要看城里大户人家的闺秀们红白细嫩的皮肤和妩媚的风情——那是另一种妇女生活。

被别人,尤其是被陌生男子欣赏,其实正是深闺中女子游花会的真正收获。既已打扮得光鲜亮丽地出来了,不多收些眼睛回去,才是无趣。花会触动了闺中女子一根最敏感的神经,花会上经历的种种细

卖玉器的小贩，他们销售的手镯、戒指、玉坠等，最受妇女欢迎　摘自傅崇矩编《成都通览》

节被她们翻来覆去细细地品味、遐想，或许要思量一年，直到下一个花会。

公馆中女子的社交生活极其有限，除了花会，就是看戏。看戏是分了男女的。女子到会馆看戏，坐的是女看台。去悦来茶园，是从女宾入口处进入女宾座位，还有垂帘。即便是花会的茶铺，女宾座也挂有帘子。寻常的茶铺是男人的天下，根本就不设女厕所。倘若女子出行，有了内急，还真不好办，所以还是少出门为好。

新女性

民间有没有冰雪聪明的女子？偌大的成都，难道就找不出来？她们一定是被湮没了。

女学生的出现，给成都女界带来了清新的色彩。

光绪三十二年（1906），在文庙后街有了一所"淑行女子学堂"，招收能识字书写的女子，分别教授初中和高中课程。到了宣统元年（1909），华阳举人、省高等学堂经学教习陆绎之调任淑行女子学堂监督，聘请的教习多系知名学者。辛亥革命后，该校改称四川第一女子师范学校。这算是早期女子学堂。

洋人在成都也办了华美女学堂、启化女学堂。《成都通览》上"成都之成都人"一节中，专门将女学生列为一类人，可见其不一般。据傅崇矩统计，1908年成都之女学生有540人。

到了抗战时期，女学生多了起来，而私立建国中学还是男女合校。建国中学的男女生便被称为"建摩登儿"。成都女学生的装束是蓝色阴丹士林洋布旗袍，被称为"阴丹女士"。

女学堂兴起了，在"庭院深深深几许"的妇人眼里，女学生过的是另一种"文明生活"。她们学的是外国文、算学、国文、历史、地理、家事、博物、物理、化学、图画，甚至还有体操。这对笑不露齿足不出户的闺阁女子来说，简直是闻所未闻的。她们的教养与见识，和传统淑女大不相同，譬如放脚就是从女学堂最早风行开的，剪发也是从女学生开始的。她们不怕"有伤风化"，甚至不怕嫁不出去。她们能说会道，还有不在牌桌上的社交生活。

1924年暑假，贡院内的高师破天荒招收了三名女生，这标志着在四川的公立学校中，这是第一个实行男女合校的大学。1926年国立成都大学正式成立，第一次招收本科生就招了三名女生，而且这三名女生偏偏招在"蜀学宿儒"最集中、最守旧，反对男女合校最激烈的中文系。到了1929年，在校女生已经由三人发展到92人，从中文系到各系都有。这是校长张澜仿效蔡元培办学的一项重要内容，成为时人称颂张澜的三大功绩之一。

抗战时成都的大学多了起来，女大学生们成为时尚的引领者，那真是必然的。旧式才女不过琴棋书画，女学生呢，有才气的，不仅会弹琴谱曲、绣花作画，还能诗善文，在报纸副刊上发表新诗、散文；更有大胆的，还和男同学同台演戏。

旧式女子生下来就是要做妻做母的，新观念却首先要女子做人，做自己。

尽管女学生中的大多数仍然准备做一个有知识的贤妻良母，但职业女性还是出现了。

在小天竺街，美国老小姐玛丽安·曼利办了一所助产士学校，兼业产科医院。助产士们来自四川各地，接受三年的培训。玛丽安用美国四川话授课。助产士的女性中就有罗萨莉·周——后来的作家韩素音。玛格里特离开了成都，她的女儿却在成都有了一段做助产士的经历。

当助产士的是一群特殊的女子。作为早期的职业女性，她们付出的代价是巨大的。她们大多独身，接生就是她们的成就，她们的快乐。

韩素音的自传里，有她在成都做助产士的难忘的经历。

寒冷的雨夜，一个人力车夫来请大夫，不知道大夫是否愿意去为他妻子接生。玛丽安是传教士，因此这所医院的助产士也到穷人家出诊，对实在无法付钱的穷人还可免费。这是城墙边的小屋，屋顶是用竹竿撑起来的席子，布满大小窟窿。助产士们带着火把，既可看路，又可在接生时照明。她们用点燃的酒精给带来的脸盆消毒，穿上白大褂，戴上口罩，撑起油纸伞接生。城墙的石头就是产妇的枕头，人力车夫用身体挡着雨，产妇躺在木板上呻吟着。孩子生下来了，车夫却连包孩子的布都找不到。助产士们留下一条在那时极其珍贵的毛巾，让他们包小孩。或许，他们不久就不得不把孩子卖掉，让年轻的母亲去给别的小孩当奶妈。

姓刘的军阀宠爱的姨太太要生孩子了。助产士们在公馆里住了三天，军阀的管家、仆人将她们款待得很周到。姨太太的阵痛开始了。就在这时，军阀带着新的姨太太回来了。这边厢，临产的呻吟一阵紧似一阵；那边厢，新姨太太和军阀打情骂俏的调笑肆无忌惮地传过来。正生孩子的那位姨太太失宠了，她生了个女孩。一年以后，助产士们又到公馆去为这位新的姨太太接生。

不管是有钱人的太太还是穷人的媳妇，都是接二连三地生孩子。助产士们看惯了产妇们难看的体形，像吸空了的口袋似的长长下垂的乳房。她们看到了生女孩的产妇的绝望；看到了被接生婆的铁钩拉开的肚子，爪子似的脏手在产妇体内乱摸，给产妇带来巨大的痛苦……可怕的情形使她们大多不考虑结婚的问题。她们中间有的人憎恨男人，对男女关系充满恐惧；也有的人为了成为助产士，和封建家庭进行过斗争。但这不是一群性情乖戾的女子，她们是老成都早期的职业女性。

有一位女子，芳名黄侯，是成都有名的职业女性。她是电影《峨眉山下》的女主角，人们都目睹过她俊俏的芳容。她与早已蜚声影坛的导演、南国剧社著名演员万籁天组建过大同戏剧学校，附属于大同影片公司。《峨眉山下》就是万籁天导演的。这是一部成都"土产"的电影，居然能风靡十里洋场的上海，令上海人吃惊不小。

黄侯的有名并不仅仅是作为电影明星。女明星当然也是职业女性，但似乎又和"职业女性"有点不一样。黄侯不是一个甘于寂寞的女子，拍电影似乎也就红了一次，而她所组建的电影公司、戏剧学校不久也夭折了。黄侯的电影事业遭遇瓶颈，便在簧门街开了一家青年摄影室。她将拍过电影的经验用在摄影里，还会为顾客化妆，一时生意火爆。黄侯索性在祠堂街少城公园对面开了一家"皇后照相馆"，扩大了规模。她也真是聪明，用自己姓名的谐音为照相馆取了这么个名字。明星效应加上摄影师的高超技艺，使得皇后照相馆顾客盈门。

黄侯这样的女子在成都算得上稀少。广播电台请她去播音，这个工作还真适合她，可她因为忙拒绝了——她居然还是忙人。成都男人都那么悠闲，又找得到几个女子是忙家务之外的忙人呢？报纸上写出这条新闻："电台请黄侯放娇音，只是没有闲工夫。"

黄侯真的忙，她要当摄影记者。她创立了西南新闻摄影通讯社，自己当发行人兼摄影记者。她的皇后照相馆门边，挂了三块牌子：电影公司、新闻摄影通讯社和照相馆。黄侯应空军总司令周至柔的邀请，乘专机赴南京，为空军运动会拍照，着实风光了一番。她是成都第一位女摄影记者，说不定在中国也是第一。她对"摄影记者"这一职业分出男女性别颇不以为然。她在西影社成立一周年时发表感想，她认为摄影记者的条件是：健康的身体，机警的动作，耐心，脚勤，把握时间和空间，捕捉新闻的特殊动态，便可胜任。只要具备这几条，何需分男女？

黄侯之言当然不错，但又有几个女子能具备这几条呢？即便是现在，又有多少人（且不分男女）能想干什么职业就干什么职业，还能都干得漂亮呢？

妇女的生活随着时代的发展而变化着。成都竹枝词里，有好些有趣的点评："服短居然不掩裆，服长偏又着旗装。而今女界真开脱，不管旁人说短长。""轻衫薄履窄衣裳，女界争趋时世装。"老夫子们更看不惯的是处处都要显示的男女平等：男子剪发说的是亡清，女子黑油油的长辫也要给剪掉，穿着长袍在街上走，连男女都分不清楚了。饮食店里，家家都设女宾雅座，反而把男宾雅座给忘了。而酒肆茶铺里，社交已经公开，"女男杂坐说维新"，哪里还有男女之别？更可笑可气的是，"阿婆老去也维新，若不维新俗了人。白发苍然都在剪，拼同少女共争春"。

风气自然是开化了，但是作为独立的象征的职业女性仍然为数不多，还没有形成气候。张爱玲和苏青已经在讨论上海职业女性及其家庭、婚姻问题，以及她们面临的诱惑、难题和动摇、挣扎。职业女性的问题已成为上海人关注的热点。而在同时代的成都，走出家庭，走入社会的女性还远未形成一个有影响的社会阶层。但是，新女性已经在这死水里掀起了微澜。

十三　青楼艳影

影影绰绰的女子

1984年，一个分配在机关工作的同学邀请我们去她新分到的集体宿舍玩。刚刚参加工作，就能离开父母家有自己的宿舍，真是奢侈得令人羡慕。

更奢侈的是房子本身。那座一楼一底的西式洋房坐落在人民公园附近一个临街的大院内，从底到顶一色的青砖，拱形的门厅，楼梯、走廊和室内紫檀色的木地板仍保存完好。同学与她的同事两人合住二楼的一间屋子，有20多平方米，比我们当时见过的很多房间都宽敞。

靠北那面墙严格说来不叫墙，因为那一面从半人高以上就全是一扇扇紧连的窗户。房屋的层高足有三四米，开阔的视野和充足的光线令主人和客人心情都很好，大家在房间里转来转去。与门相对的那堵墙有些异样，引起了我们的注意：墙中央的下部有个突出的方形边框，框内的部分却又被封了，那堵墙因此显得特别——试图被抹去的部分显然不该是这所漂亮房子的败笔，但那种欲盖弥彰的效果又的确成为一道瑕疵。看了半天，有人恍然大悟：那是壁炉。

是被封锁的壁炉，我们从前都只在电影译制片中见过。即便在20世纪80年代中期，它在大众的印象中，依然带有享乐的、华而不实的、资产阶级的特征。作为党政机关女职工宿舍，房间里的壁炉会被封掉，我们都不觉得意外。只是疑惑：我们心目中的成都朴素端庄，这座没有奢靡气的城市怎么会有壁炉，而且未被彻底铲除呢？这时，同学凑近过来，一脸神秘，悄声细语：据说，这房子以前是妓女住的。

这么一说，我们就觉得这一切很自然了。但马上，另一股好奇却堵也堵不住地冒上来。

妓女在这块土地上已经绝迹了几十年，她们悲惨、病态又有点邪恶、香艳的形象，一直只在小说和电影里存在着；现在，隔着这么近的距离，那个影影绰绰的年轻女子又像幽灵一样飘浮在眼前：穿着花锦缎旗袍或白洋纱睡裙，斜靠在临窗的沙发上，大红金丝绒的帘幕深深地、密密地垂着，室内光线迷蒙又柔和。她手握一把檀香木的折扇，不时在抹得猩红的、浅笑的嘴边拂弄一下，趁机丢几个圆熟的眼风……

我们不由分说地把她打扮成一个美艳的、风情万种的女子，而且是像陈白露那样高档的、不仅具有风尘感的女子。其实，这一切都出自拙劣的想象——那间房子经过几十年革命岁月的洗礼，早就褪尽铅华，留下的只有建筑本身的精致与大气。

后来，我们就把那个艳冶的青楼女子忘了。

再后来，时常经过天涯石街——一条跟成都那些没有改造的老街丝毫看不出区别的街道，人们说那是从前的"花街"。

现在，那条街上住着一脸祥和的居民，走着行色匆匆的路人，街边云集的蔬菜店生意兴隆，简直无从想象它以前的暧昧。然而，关于它的历史的旁白，还是像悄悄话一样时不时在耳畔响起，叫人顿生今夕何夕之慨；一位居于此街的诗人说起他住在从前的花街时，一脸淘气的得意之色，那表情流露着这样的潜台词：他大概是侯方域之流的才子，而街上就住着李香君她们。

然而，白纸黑字记载的，满不是这么回事。

蜂狂蝶浪

晚清时，老东门附近有一地名叫柿子园。这是低级妓女麇集之所。

每天从天亮开始，总有成百的挑夫担着粪便从这里出城，这是全城粪便运出城的必经之道。路旁搭有很多简易的棚户，棚户内只有最简单的陈设。门边照例站着乡俗的、脂粉浓厚的女人，浪声俏语召唤着健步如飞的粪夫。有的粪夫就放下担子，熟门熟路进了棚户。卖笑的女人和出卖劳力的男子彼此需要着，柿子园也就每天都有最原始的皮肉买卖在成交。

北门的北较场、武担山一带，情形也与柿子园相仿。

在城内外各处，不论花牌坊、五世同堂还是驷马桥、大田坎等处，都不难找到妓女的行踪。当时成都的妓女共分几类：公开妓院里的娼妓，散布在僻静街道的暗娼，沿街拉客的游娼等。总数很惊人。

大量的游娼私妓存在，"勾引子弟，诱陷妇女，为害不浅"（傅崇矩语），她们往往肆无忌惮地当街拉客，跟正在讲求"维新改良"的新政新风有悖。不少市民对妓女也确实很厌烦，因为那时的许多诈骗案都有妓女被雇佣或者直接参与。

比如，三岔路口有一个手携肩负的年轻女子，坐也不是、站也不是地四处张望着，看上去很像大户人家的私逃之妇。若看见有独行的男子经过,她总会偷眼瞧瞧,那几分羞涩风流的姿态很是诱人。当然很多人不为所动,径直走过。

如果恰好过来的是个浪子,那就真是在劫难逃了。他一步三回头,看得恋恋不舍。女子就柔声叫道,大哥请留步。浪子果然停下,过去问长问短。女子欲言又止,犹豫一阵说:我们到僻静地方再说罢。两人就真的朝僻街小巷同行。女子这才缓缓道出实情:丈夫亡故,留下万贯家产,小叔子不仁,想独霸产业。我与娘家母亲商量,决定私带数百银子出逃,在外寻一位可靠男子安身立命——我看大哥你就人品端方,可堪托付终身。浪子一听,浑身都酥了!这样财色双丰、千载难逢的好事,怎么就让自己碰到了?

两人真的租了房子住下。一天,女子让浪子去一家商铺退货,浪子颇有顾虑,女子就给他热了两杯酒壮胆。到了商铺,伙计看到货物都不是本店出售的,自然要拒绝。双方争吵抓扯起来,浪子药性发作,七窍出血而亡。不一会儿,一老妪一幼妇呼天抢地而来,悲夫哭婿,声言要告到官里。邻里不忍,劝说再三,最后由商铺破费几百两银子了事。

这就叫"上风流当",女子和老妪就是妓女与老鸨。

情节这么曲折的案子当然不会天天发生,但傅崇矩在《成都通览》里记载的诸多骗术中,妓女在其间充当主角或配角的比比皆是。妓女已经很污染市容了。

于是,晚清能吏、四川巡警道道台周孝怀出来收拾旧河山了。

"文明之美名"——监视户

光绪三十二年(1906),周孝怀着手对上文所述三类妓女加强管理。

他下令先对所有妓院与私窝子（又称私台基）的暗娼摸底，然后全部编入"监视户"册子，并在其门框上钉一块写有"监视户"字样的小木牌；同时将私娼全部集中到天涯石街列室群居，不准异地接客；不想当妓女的，则送到大田坎的官办纱厂做工。天涯石街因此又叫新化街（或写作兴化街），这条街算是成都最早的规范的红灯区。新化街的末等妓女大多为残花败柳，她们的"客人"一般是小商小贩、散兵游勇，既无"阔人"，又无"贵人"。

成都警察对沿街拉客的妓女进行的这种"集约化"管理，大有淳风俗、兴教化之效果，颇得时人好评。但人们对妓女居然也一改旧规，成为"坐商"，还是觉得很新鲜好奇。当时有竹枝词曰：

> 新化名街妓改良，锦衾角枕口脂香。
> 公家保护因抽税，龟鸨居然作店商。

> 新化街头脂粉香，全凭各界善提倡。
> 可怜学校与伽蓝，不及娼家易改良。

刊于1909年《通俗画报》上的漫画《豆渣公爷得头彩游新化街》

周孝怀还规定，妓女只能在内室接客，不准到门外拉客，若有违章者，便送入济良所开除妓籍。为此，周孝怀还派人在天涯石街口修建了一座岗楼，派警察站岗，以防妓女外出拉客或地痞入内肇事。

有好事者想难为周孝怀，特请他为岗楼题词，大约觉得他无论怎么写都很容易落进自己设置的圈套。谁知周孝怀却并不为难，大笔一挥，书成"觉我良民"四字，并让人制一横匾，钉在楼口。众人一品评，果然词意贴切，雍容大度，不觉叹服。

警察局还颁发了监视户管理"规则"：

一、各学堂学生应守礼法，不准入内；

二、各营兵丁应守营规，不准入内；

三、年轻子弟应爱身体，不准入内。

以上三等人，该户如敢私留，查出一并治罪。如有地棍痞徒，借词滋扰，亦准该户密报本局拿办。

此前，成都的妓女又称婊子、卖弄、找家、舍屋，被官方赐名"监视户"后，不少人誉之为"文明之美名"，迅速普及，以至当时孩子们斗嘴，有男孩会懵懵懂懂地骂女孩：不听话，长大送你去当监视户！

据傅崇矩统计，1910年左右，全市有监视户325家，有相当部分"装束怪异，语言粗鄙，脂粉浓重，光怪陆离"。其中虽有何玉卿、张老幺等几人稍堪入目，但仍然有一种抹不去的土俗之气。不过，萝卜白菜，各有所爱，她们的相好也还不乏官绅。《成都通览》记载，当时有不少娼女从良，进入济良所，也有不少人出嫁，如很有名的田老三、黄四海、水红桃子、张老幺（又名金蝴蝶）等，但后者飞去又复来。

成都也有不少名妓，但也许是"世风日下"，也许是环境仍嫌封闭，其中极少有诸如秦淮八艳那种"女知识分子"似的名妓，可与名士诗酒酬唱，缠绵悱恻；类似上海租界内红倌人的"书寓"成为文人商人日常交际应酬场所的情景也不普遍；当然，更没有出现什么小凤仙、赛金花之类遭遇奇特，跟英雄、状元结缘的青楼女子。

成都妓女就连名字都取得草草率率，看看监视户中姿容出众者的群芳谱：曾老二、刘老新、皮老疯、资州老四、五皮齐、周老三、灯灯红、刘灯干、幺妹（即麻脚瘟）、玉蝴蝶（即季老三）、张玉卿（即墨蝴蝶）、潞淮卿（即陶老疯）、杨荷花、齐滚子、重庆人、曹二太太……这些又可气又可笑的称谓，听着不像艳帜高张的妓女，倒像是提劲打靶的"操哥"。都说成都人爱"调文"，但爱调文的成都人却一点都不想花时间去琢磨、推敲妓女的芳名，或者他们中真正的名士压根儿就与妓女结缘不深？如果真是这样，或许反倒可以看出成都民风之淳厚了。此为闲话。

《成都通览》还调查了当年成都的另一类人——像姑。他们又被称为"旱监视户""吃相饭"，通常由"无教育之游荡子弟为之"。其名号同样取得浮皮潦草：倪老幺、王老幺、潘老幺、大谢老幺、唐和尚、傅老韭、池老幺、方娃、田老少。只有一个"刘良臣"显得很独特，这名字，简直适合出现在举人、进士的榜单中。

却说那些公开的妓院对挂不挂"监视户"的牌子倒也不十分在意，红妓女门前依旧车水马龙。那些私窝子就着急了：牌子一钉，不但出尽家丑，有些不想撕破脸面的熟客也会望而却步，这岂不是把饭碗也端了？

住在南新街的钱大嫂就非常焦虑。丈夫从前在走马街的萧公馆给大少爷当跟班，自己做点针线活，日子总算能对付。谁料去年夏天丈夫连发几天高烧，被收了命。两个儿子，一个10岁，一个6岁，正吃长饭，每天恨不得连锅都嚼下去，加上婆婆，一家四口怎么过？钱大嫂好歹拆东墙补西墙地支撑了几个月，禁不住邻居孙嫂子的劝说，也描眉画唇起来，起初半推半就、后来习以为常地送旧迎新。幸而钱大嫂还有些姿色，人也机灵，大半年下来，也结交了几个时常走动的相好——都是小职员、商铺伙计之类，其中以鼓楼北街曹裕泰京货铺的大伙计傅贵最为知心。他们会为她花点钱，家里终于可以周转了。儿子知道妈妈有男朋友，却并不奇怪，因为街上很多人的妈妈都有男朋友；婆婆依靠自己生活，不仅不怪罪，还会帮帮闲。现在麻烦来了：监视户的牌子一钉，傅贵他们怎么还好上门？

钱大嫂跟傅贵他们的交往，若说是纯粹的财色交易吧，也不尽然，大家多少也是日久生情；若说是不贪图他们出钱为自己养家糊口吧，也不对。可钱大嫂到底不是可以把脸揣到兜里的人，能坦坦然然由地下活动转为正式"下海"，她着急地跟傅贵商量。

好在傅贵既热心帮忙，又能找到门路。说来也巧，前些日子，他渐渐感到走动于钱大嫂家自己的财力有些不支，有心将富家公子萧大少爷——算起来是拐弯亲戚——拖进来。大少爷以前在公馆见过来给丈夫送鞋的钱大嫂，对她的俏丽大方颇有印象。这次刚一碰面，双方都有些窘，倒是钱大嫂略显老练些，找些闲话来岔开了。虽说跟钱大嫂只是初交，但萧少爷心软，经不住傅贵说情："若挂了牌子，滥兵痞子，只要有钱就可以进去嫖，钱大嫂那么刚烈的人咋受得了？"萧少爷要帮这个忙倒也很容易，舅舅就在警局中任要职，由他通融，不会有什么问题。果然，钱大嫂的麻烦第二天就迎刃而解。

像钱大嫂这么幸运，能与萧少爷之类上流人士攀上交情的暗娼又能有几个呢？她们免不了被钉上监视户的牌子。对周孝怀的满腹怨恨无从发泄，有人便干脆偷偷在周孝怀府上钉了一块"总监视户"的牌子,以示报复。

被人不怀好意地命名为"总监视户"的周孝怀,整饬娼界的决心却依旧坚定。他在青羊宫花会开办劝业会时,全省各县的名特产品及工艺品荟萃一时,逛花会的路上游人如织。周孝怀特地从上海购回两辆新式华丽马车,从老南门驶往青羊宫,供游人搭乘。从南门坐马车出游成为当时令人神往的新鲜事,但他却特地规定"娼妓禁止乘坐"。这不仅令娼妓难以领略香车宝马、招摇过市的风光,也让携妓冶游的浪子大为扫兴。不过,既然周孝怀发了话,一般人也只好依从。

有人却不信这个邪。某高官的儿子正迷名妓"海龙",已从上海购回时髦衣物,把海龙装扮得珠环翠绕,想与她一道坐马车兜风。所以,他很不把周孝怀的规定当回事。公子与娉娉婷婷的海龙同车,射向海龙的惊艳眼光让他十分受用。春光明媚,清风不疾不徐,吹得人飘然欲醉。哪料到,不知深浅的警察居然胆敢将海龙拉下车来,还犟头犟脑地声称是奉命行事,害得公子携美人同车的计划落空。

花开花落

20世纪30年代的成都仍处于防区制。来来往往的各路驻军为明娼暗妓带来了兴隆的生意。高档妓院不仅装饰得朱门绣户,还会挂些字画附庸风雅。镶在玻璃镜框内的美人玉照眉目传情,每当熟悉或不熟悉的客人尚在客厅流连,老鸨已殷殷勤勤迎出来,递过水烟。这里的女子出门,衣履隆重华丽,不知情者乍一看,会将她们误认为官太太;也有惊惊惶惶,打扮得"乔眉乔眼"、浓脂厚粉在街上抛眼风的游娼,"逢人故作娇羞态",就看有没有人被勾魂了。

20年代便已红透重庆的著名女优"梨花女使",据说有古时诗伎、歌舞伎遗风，通常卖艺不卖身。她姿色并不出众，但谈吐风雅，所以往来无白丁。后来她到了成都，与当时名妓金蝴蝶、银蝴蝶结为姊妹，不幸在30年代初的军阀巷战中被流弹击中而亡。金蝴蝶、银蝴蝶、粉蝴蝶、风流小生是当时鼎鼎有名的人物，后者的靠山是军阀石肇武。有人依靠她们的裙带关系，可以在官场从容行走。这些飞来飞去的"蝴蝶"在同行中绚烂一时。

当时有登记的公娼数目不少，加上藩库街、福字街、大田坎、驷马桥、花牌坊、王家塘等处的私娼，成都妓女总人数难以统计。

陈雄著《成都社会特写》的插图，在门口等待客人的妓女

贤良的士绅们提到妓女，总是禁不住摇头。倒是人称"怪杰"的刘师亮能够一笑置之：他住的那条街监视户很多，于是干脆在门上大书一联："这条街君子居多，那件事老夫耄矣。"

抗战期间，大批文化人来到成都。当他们一进入被绿野平畴、茂林修竹环绕的古城，恬淡安闲的氛围和古朴优雅的风情立刻驱走旅途的困顿，看尽了颠沛流离景象的双眼，总算能捕捉到几丝平和气象。

不过，这个城市还有令人不安的另一面，如果走近它或者一头撞见，"锦里繁华"的好印象要大打折扣。

40年代前期曾在成都从事话剧工作的吴祖光、丁聪与女演员吕恩等住在五世同堂街。那天他们去往不远处的天涯石街之前，其实是有心理准备的，可还是被吓了一跳。

周孝怀时代的"新化街"当时已显得更破败。吕恩与中华剧艺社社长应卫云夫人程梦莲身着旗袍，丁聪、吴祖光则改了装束，穿着旧布鞋、短衣衫，扮成体力劳动者，走到新化街的岗哨前。这里的木栅栏前有卫兵站岗，阻止衣冠齐楚的上流人进入。

对几位年轻艺术家来说，"花街"更像一个正在上演惨恻剧目的舞台。小街昏暗，木屋简陋，坐在门槛上嗑瓜子或站立等待的女人，有的已人老珠黄，神色颓唐，有的才十几岁，头发蓬乱，脸上涂着劣质胭脂，很多是用红纸沾水抹上去的。

有的游客拉着妓女当街调笑，后者就势逢迎，做出谄媚的娇态，空气中飘浮着廉价的香水味。这里似乎集中了全城最不幸、最病态的女人。

这幅惨状令丁聪震惊，他将自己对底层社会刻骨铭心的观察诉诸画笔，妓女、嫖客、地痞、老鸨……一个个力透纸背的形象，将锦城那个落满枯枝败叶的角落展露无遗。1946年，剧作家吴祖光在《清明》杂志上发表散文《断肠人在天涯——花街行》，丁聪的彩墨漫画

丁聪的彩墨漫画《花街》　1946年发表于《清明》杂志

《花街》也同时刊出，引来好评如潮。

花街之行令几位艺术家难以忘怀，吴祖光1979年在《三十七载因缘——小记丁聪兄》里还难受地提到这段往事："人间果真有这样的地狱啊！我们怀着悲愤凄婉却又无可奈何的心情，眼看着我们的姐妹在受苦受难而全然爱莫能助，终于无限怅惘地离开这个令人心酸落泪的地方。"

1943年，也即抗战中举国上下最艰难的时候，成都少城公园举行了一次规模最大的全民献金活动，当时任国民政府军事委员会副委员长兼国民节约献金救国运动总会会长的冯玉祥将军也赶赴成都。同仇敌忾的抗日激情令这次献金活动异常成功，不论社会贤达，还是引车卖浆者流，不论拮据的大学生，还是贫寒的孤寡老人，甚至囚犯，均踊跃捐款。最令人吃惊的是许多妓女慨然解囊的场面，其中五位妓女的爱国之举更是将献金会的气氛推向高潮。据当时报纸记载，她们捐献的金额分别是"悦宾女士3万元，易明伦女士3万元，李老八女士3万元，桂玉圆女士2万元，朱绍华女士1万元"，总计12万元。与之形成有趣对照的是，当时成都金融界70家大小银行、银号共捐献124万元，平均每家不到1.8万元。相形之下，谁还能不经意地脱口念出"商女不知亡国恨"呢？大敌当前，这群早已"零落成泥碾作尘"的烟花女子，此刻散发出难得的清纯气息。

扬州妓女

扬州妓女曾经在成都占尽风光。

扬州妓女来到成都，是从1932年刘湘打败刘文辉，他的势力从重庆发展到成都之后。此前，刘湘的防区重庆、万县已有扬州"台基"，现在，妓院老板们也跟着军队西进，到成都来开辟一片新天地了。

与川妓的风格大不相同，扬州妓女（不全是扬州人，也有下江人甚至四川人，因卖入扬州台基，统称扬州妓女）的装束更时髦漂亮，妓院陈设也更新潮考究。她们不局限于坐等客人上门接客，而是满城满街地"出局"（又叫出条子），餐馆、旅馆、烟馆、茶馆、戏院，处处可见她们侑酒、陪座的身影，时人称作"蓉城无处不飞花"。

1934年的《川报》曾以《烟赌娼云集，枕江楼营业旺》为题报道："外南枕江楼餐馆，每日楼上楼下，座客皆满，有挟妓肆赌者，有横榻吸烟者，有妓女抱琵琶弹唱者，应有尽有，座客飞觥猜拳，恣意寻乐。"妓女从事的本来就是有伤风化的职业，扬州妓女再这么不事收敛，不避行迹，闹得满城野草闲花，很令端方严肃的本地士绅看不顺眼，加上固有的地域观念，将扬州妓女"驱逐出境"的呼声日高，当局真的在1934年令扬州妓女立即离境，并严令大小旅馆不许招留一人。

风头一过，扬州妓女去而复来，她们既善应酬，又有一套吹拉弹唱的本事，轻而易举就风靡全城。比起川妓的传统接客方式，她们唱念做打十八般武艺俱全。"满座笙歌杂绮罗"，男人们很享受：交际场上有这些莺莺燕燕相伴，不仅一扫沉闷乏味之气，倍添开心，还融入了时髦，增添了派头。由于身价大增，扬州妓女的度夜之资也不菲，然而还是有不少阔人千金买笑。

扬州妓女与本地妓女的界限渐渐消融，很用了些日子——后来，高级川妓也仿照扬州妓女的做派，进入交际场周旋；而相貌平常、不善应酬，没有"出局"机会的扬州妓女也被迫低价宿客。

抗战期间，很多下江人来到成都。避战难的扬州妓女在亲戚和熟人的引荐下也大批涌入。全市共有扬州妓院100多家，除干槐树街、惜字宫南街、燕鲁公所、桂王桥西街、三倒拐街原有的扬州妓院外，如是庵街、书院西街等都各有多家。而西御街同春里巷道内几乎全是扬州妓女。兵荒马乱的时节，心理素质很好的嫖客们依然气定神闲：为适应跑警报的阔人之需，扬州妓院在东门水碾河开设疏散区的临时营业所，生意照样兴隆。

生意最红火的扬州妓院是管金秀开的。1933年初刚到成都时，管金秀夫妇带着两个姑娘瓶卿、红卿，后来又添了秀卿。几位姑娘都风姿绰约，又能歌擅弹，因而不仅出局的条子（叫妓女去场面上应酬的便条）应接不暇，上门走动的也都是高级军官、大商人、大袍哥。

管金秀住在干槐树街的公馆，门前随时都停有轿车。公馆对面是著名的树基儿童学园，由加拿大人创办于1914年，设施完备，园内环境优美。周末来接幼童的都是精致的私家包车，这家儿童学园后为成都第三幼儿园。

1947年，流沙河先生考入五世同堂街的省立成都中学（简称省成中，后来为成都二中、成都北师大附中），周末常去看电影或逛青年路的旧书摊，因而对五世同堂街到春熙路一线的街道及其店铺等比较熟悉。他在《老成都·芙蓉秋梦》一书里讲述，干槐树街的左边有一家陕西人开的当铺，灰砖门面，铺龄甚老。当铺西邻的一家独院有点神秘，"黑漆双扇大门紧闭，不知院内情形。偶见一老妇，装束甚雅洁，发簪白兰花，坐一辆漂亮的私包车，膝上倚一绝艳少女，从双扇门内出。后悉此处养有扬州台姬，老妇是院妈妈管金秀"。

流沙河先生考证："台姬俗作台基，正如瑶子俗作窑子，其误已久。按宋玉《高唐赋》，'巫山阳台女名瑶姬'，台姬瑶子二名实自此出。"《老成都·芙蓉秋梦》记载：

管金秀的干槐树街独院是住宅，非妓院。早在成都军阀二刘战争之时，她就来成都发展业务了。她养教的扬州台姬能昆曲，能京戏，能琵琶，能笙箫，能交际舞，能西洋歌，尤能察言观色，投谀送媚，而又礼仪娴雅，应对机灵。她们不在宅中伴宿，而到市场应召，陪酒助欢，伴座增色，献艺娱宾。嫖客召她们，谓之叫条子。她们应召去，谓之出条子。条子即是瑶子。条瑶叠韵对转，隐语也。她们做的业务，近似守规矩的三陪活动，更合娼妓二字原义（娼，唱也。妓，技也）。若要伴宿，另有去处，不在住宅乱来。抗日战争，下江人几十万涌入川，扬州台姬随之而至，全盛时成都操此业务者多达百余家。省文联老工友钟万山，昔年告别蓬溪乡下，来成都拉街车，多次载客到玉沙街刘文辉公馆斜对面小巷，内有扬州妓院。他和其他车夫留在妓院门口等客，闻听院里唱戏作乐，得知内有舞厅，且设赌局，而嫖客皆银行职员。中午车夫饿了，妓院女仆出馈大碗面条，油浓肉多，兼散纸烟，嘱其等待客出，乃知不在此夜宿也。

几个当红妓女从良（通常是给军官或富商当姨太太）后，又有来自上海、苏州、杭州的几个姑娘补充进来，风头最劲的当推"宝宝"。抗战期间川军出川抗战，在蓉的高级军官少了，风月场上轮到投机暴发户和特务当主角了，宝宝的客人以这两类人居多。由宝宝引发的桃色新闻或准桃色新闻也成为新闻界趋之若鹜的热点。某银行的高管对宝宝几近痴迷，一日不见如隔三秋。他在管金秀的销金窟里缠绵，消费，赌钱，最要命的是老是输钱，最后挪用公款几百万元，被送交法院——听起来不像旧事，更像反腐倡廉的新闻。古往今来跟风月场沾边的故事，往往是按几个固定的模式上演，毫无新意，却永远有人前赴后继。

　　管金秀初到成都时，仅有财力在城守东大街租一间旅馆，后来不仅买了公馆，还在顺城街买了地皮修建西式洋房。她的两座住宅都极尽豪奢：楠木家具，紫檀木麻将桌，丝绒沙发，丝缎帘幕会随季节而变换花色；地毯、卧具等俱为美、英、法等国的舶来品；管金秀将她的摇钱树们包装得也极为讲究，化妆品必用进口名牌，衣饰发型独领风骚。她的妓院中备极精致的中餐西餐、舒适豪华的起居设施、雍容富丽的气派，连穷奢极欲的高官富商乍一见也不免惊讶艳羡。

　　这样的销金窟，寻常客人当然不敢轻易染指，但也有例外。管金秀手下一个妓女喜欢上不够阔绰却漂亮的客人，"执迷不悟"，竟被剪去头发软禁起来，几乎被逼疯。这也不新鲜，应的还是那句旧话，"姐儿爱俏，鸨儿爱钞"。

　　那些风花雪月或飞蓬败絮般的旧事，都随风逝去了。不知道前世的风尘是否已经完全消退？

十四　老"七十二行"

背夫·轿夫·更夫

　　这可真是一堂好家具。

　　色泽凝重深沉的紫檀木，质地精密细腻，设计和做工一看均出自高超匠人之手，大气典雅，一丝不苟。较之店里别的楠木、香樟等高档家具，它依然显出超凡出尘之态。见识过各色各等家具的张师不禁暗自赞叹：不知是个什么样的富人才置办得起呢！

　　旁边家具店的老板一直在惴惴地观察张师的神色，"能行吗？"张师用肩和手感受着面前大立柜的重量，沉吟片刻说：可以。老板听罢，笑逐颜开。

　　那天，做好了各种准备的张师用力吸一口白酒，猛喷在捆绑家具的绳索上，随即屏息运气，收紧肩绳，大立柜像被连根拔起的古树，稳稳地移动起来，徒弟们也背起其他家具上路了。背负着庞然大物的队伍，令店外看热闹的人都惊呆了。

　　张师他们从事的是当年市民生活中必不可少的搬运业，他是此行中赫赫有名的状元。民国早期仍维持旧习：棺材要抬，家具要背，因

民国时期的老成都

旧时搬运家具的工人　摘自傅崇矩编《成都通览》

为家具形状多是长方形,与棺材相仿。为着避讳,出售家具不用人抬。张师傅面前那堂紫檀木家具,此前不知难倒了多少搬运工,店老板好不容易到手的生意差点因此打水漂,幸而请出了此行中的"状元",他果然身手不凡。

背夫们背负过像大山一样重的箱柜床桌,却没有谁能给自己家添置一堂贵得咋舌的高档家具,那是富人的专利。背夫们是些凭一把力气辛苦度日的小人物。

成都底层社会就是由这些小人物组成的。他们从事的,很多是现在已不存在的职业。

大热的天,连树叶都没精打采地低垂着头。可今天是母亲的生日,张嫂还是回了趟西门的娘家。母女姑嫂一阵嘘寒问暖,不觉又到了傍晚。母亲照例叫小弟弟:"去轿铺喊乘轿子,送你姐姐回去。看仔细点,别像上回那样,坐垫又脏,窗玻璃又没换成布帘子,把你姐姐热病了。"

官绅人家一般都长年雇佣轿班(又称大班)。张嫂的娘家、夫家都只是小康之家,当然没有专门的轿夫,但她出门拜客、回家省亲,也经常坐轿子。街头轿铺分布很广,十字路口也随时有三三两两的轿

·十四 老"七十二行"·

夫或坐或站等生意。那种两人抬的小轿又称街轿，普通人家出行、拜客，喊乘轿子是很方便的。

老成都人出行，要么走路，要么坐轿，轿子是很常见的交通工具。轿夫则是从业者众多的一个职业。

轿钱视路途的远近而定。清代末年的光绪三十二年（1906），在周孝怀要求下，警局对轿费作了具体规定——每四条街之内，一乘轿40文；四条街之外，每多一条街加钱5文；等候一个小时之内，每个轿夫加钱10文……以此类推。有此明码标价，乘客、轿夫都省了许多口舌。

城门边还摆放着更脏也更简陋的鸭篷轿，轿夫们的衣衫也更破败。鸭篷轿有二人抬的，也有三人丁拐子抬的，是专供出城下乡用的。走长路者可以去轿行雇轿，若临时需要出行，也很方便。临近几个城门的街口都有轿夫空着手在招徕顾客。一旦揽到生意，说好价

1896年成都平原的车夫与沉重的鸡公车。后面布告上有"四川""提督"字样　（英）伊莎贝拉·伯德 摄

格，他们立即飞跑去城门口外将轿子抬来迎客。一般一里地的脚钱需要10文左右。客人的行李也多用人挑或抬，长途轿夫和挑夫每日每人有300文左右收入。每走三四天或遇到翻山越岭，乘客照例要犒劳轿夫，大致相当于小费。所以，轿夫如果揽到走长路的客人，吃饭歇脚时客人的酒钱又给得大方，这几天就是累点，也算是交到好运了。

1910年早春，从老家到省城报考中学的郭沫若与五哥乘坐的就是长途轿子。他们先从老家沙湾前往嘉定（今乐山）城，到曾经在四川高等学堂分设中学当过国文教员的王畏岩先生家逗留了一天，次日正式赶路。据郭沫若《反正前后》回忆：他们第一天宿青神，第二天中午时分到达眉山，晚上宿彭山，第三天住在双流，第四天只走了小半天，就抵达成都。当时轿夫的脚价是每天每人一吊钱左右，一天平均要走80里路。

让他觉得新鲜的是，一到眉山，就发现鸡公车多了起来：

> 有一种很原始的交通工具名叫"鸡公车"，这是一种独轮车，车夫在后面推送，和上海一带的小车子"一轮明月"有些相像，但更小，更矮，只能坐一个人。车轭上缚着一张小小的竹椅，人就坐在上面，正对着前面。这种鸡公车非常多，有时候一来一往在路上连成着一条很长的直线。叽呀叽呀的声音非常聒耳。这种鸡公车在眉山以南是没有踪影的，在眉山以北便一直使用到成都。这种简单的交通工具的使用，正足以证明成都附近就和江南地方一样，是一望平原了。

据司昆仑所著《巴金〈家〉中的历史——1920年代的成都社会》记载，1920年，有20%～30%的成都男人以做脚夫为生，其中有些就是为出游的富人抬轿子。但是，不少轿夫每天在辛苦的长途跋涉后，往往将他们微薄收入的很大部分用来买鸦片。司昆仑转述了一位1923年在成都的英国官员的话:"城中轿夫购买鸦片的价格是100铜圆一泡,他们每天赚得的薪水从600到1000铜圆不等,除了用300到400铜圆购买食物外,其他都花在了鸦片上。"

晚上的成都早早就沉入墨一样的夜色。在没有电灯或电灯尚不普及的年代,除了少数娱乐去处,成都的夜晚来得安详而迅速。没有事做,就早点睡觉吧。随着一阵接一阵的锣声由远而近,便是二更天了。待到街上阒无人影,连晚归者都像倦鸟投林时,三更的锣又响起了。打更匠孤独的身影和着空旷的锣声,在沉寂的街巷中倍显寥落。

天刚泛出一抹淡青色,五更锣又敲响了,忙于生计的人也该起床了。

从前,繁华街道不打更,公馆集中之地也不打更。一来,公馆里的人们睡得晚,起得也晚;二来,公馆里有的是自鸣钟,谁还耐烦听那老得掉牙的锣声呢?所以,打更匠差不多就是穷人的钟表。

打更无疑很辛苦,因为晚上几乎无法连续成眠,所以更夫多数由上了年纪的人担任。打更匠也算最底层的公事人了,除了晚上打更,白天也跑公事、送告示,比如去城外乱坟岗埋葬无主的尸体,或边打锣边通知:保长的命令,明天是双十节,咣咣,家家户户挂国旗,咣咣,欢迎!

过去,冬季取暖生炉子的人家不多,老人畏寒,不但白天烘笼不离手,还常常提着烘笼上床,等被褥煨得暖和、干燥后才撤去烘笼。但烘笼尚未取出而人已入睡的情形却很多,时常引发火灾,有时还酿成大祸,旧式穿斗结构的木檐瓦舍,一燃烧便是一大片。警局为此很头疼,特要求打更匠冬季在每天三更时将锣打响些,再伴以高声吼叫:"烤烘笼的,赶快把烘笼提下床!"

静夜的更声和"小心火烛"之类的警告，往往使刚到成都的外地人立刻感受到这个城市的盎然古风。

　　烘笼其实就是竹编或用马口铁皮敲的手炉，内胆是陶罐，以木炭或煮饭后的余火作燃料，用以取暖，也可烘烤孩子的尿布之类。烘笼一般做工不甚考究，价格低廉，但也有编制得非常精美的，竹编的花纹繁复细腻，小户人家用作赠品，也是温馨漂亮的礼物。

　　从前，宽裕的人家可以烧炭做饭，天寒时则以铜、铁火盆或火炉置于室内取暖。一般家庭冬天没有经济实力随时烧煤炭或木炭烤火，有的衣服鞋袜还十分单薄，怎么办呢？好在有烘笼，还有卖火的大爷大娘。卖火人围着又遮灰又御寒的大围腰，手里拿一把芭蕉扇子，在家门口摆口大铁锅，用火引燃了细木炭、桴炭，再在上面盖一层炉灰，等着买火烤的人提着烘笼来续火。卖火的大爷大娘拿小铲给已经冷却的烘笼加两铲炭火，提烘笼的手立刻变得暖暖和和。最好是坐在低矮的竹椅上，将烘笼放在围腰下面、双脚之间，再将手伸进围腰，手和脚都能同时受益——几星微火就能让全身暖酥酥的。有些卖火人会担着担子沿街叫卖。卖抄手、担担面等小吃的商贩经过，与之协商，也能得到方便，添加燃料。

　　给烘笼加一次火，能用三两个小时，费钱极少，却令老人在阴郁潮湿的冬天不那么瑟缩。卖火的营生虽然收入微薄，却真的与人极大的方便。20世纪40年代初寓居成都的何满子就被其中的人情味打动：

> 此类行业之存，也说明了旧时代缺乏生计的贫民之多。只有无以为生的人，才会干这类琐屑的营生，赚几个零星的小钱，自己暴露在凄冷的寒风之中而为旁人散播温暖。但这种顽强的求生意志用之于为他人服务，毕竟是令人感念的。

碾米·挑水·理发

清末成都全城每日需用米500石左右,所以运米进城的牛车、鸡公车从早到晚络绎不绝。后因鸡公车太易损坏路面街石,警局禁止其入城,只用牛车运米。如果荒年歉收,或连日阴雨绵绵,土路泥泞不堪,牛车无法行走,这时官府会开仓碾米平抑米价。光绪末年,城内粮仓如皇城的丰裕仓等共储有谷子60万石,可备全城三年之需。这时,城边的各处水碾就大有用武之地了。

全市有东门苏家碾、余家碾,西门王家碾、陈家碾、将军碾,北门肖家碾等20来处水碾。碾坊都引渠水冲碾,由两三个工人轮流值班,每昼夜可出米20余石。川西平原盛产稻米,水碾比旱碾省力,它加工的米又比人工臼或依赖畜力的旱碾所出更匀净白洁,因而水碾的工人虽不多,却是很受欢迎的角色。一说到成都居住的优越性,老成都人往往会脱口而出:米好。

市民离不开的还有担水人。

从前,居民的吃喝用水不是井水就是河水。成都地下水位高,一般掘地数尺便有水,清末城区有水井2500多眼,遍布各处。到1927年,城区水井已增加到2795眼。当时,成都在册的挑水人有400多人,他们既挑河水也挑井水,由警局分段编了号,各人按街道分段,分户挑水。河水距离远些,价也高些。因而有的家庭就将河水、井水分别使用,前者煮饭泡茶,后者洗衣洗漱。

一般人家里都至少有一只大水缸,挑水人每天来给续满。离河流近的人家,付给卖水人的工钱很便宜,离河远的稍贵点,但每月所费都不算多。

卖水人往往边走边吆喝着节奏短促的号子，一来是减轻疲劳，二来也招呼行人让路。到了送水人家门口则提高声调，用以招呼主人。留心一看可知，卖水人都是赤脚，这既为节约，更包含一种职业道德：他们汲水时总是要涉水朝河心处走，尽量避开河岸边洗菜淘米洗衣服的人。若有人问起，为自己"讲良心"而骄傲的卖水人会正色道：当然，我们卖的是河心水，没得一丝丝脏的。清代宣统年间，每担河水的价格为16至24文，井水则只需两三文一担。

20世纪40年代，成都自来水厂的产量有限，供应面积也很小。大部分居民家里都有一个水缸，由挑水人每天来给装满。何满子先生回忆，那时住得离河近的人家，每天一担河水，每月只需花销1块钱，住得远的也不过2块钱。一户人家若每天用两担水，每月用水支出只要4元，比自来水略贵一点。

自来水的普及使挑水这一职业永远成为历史，锦江的清波碧浪也成为老成都人脑海中渺远的旧梦。

从前，看一个男人是不是清雅整洁，只需打量他的头面是否光鲜——辫子梳得可光滑？前额剃得干净否？标准非常简单。至于女人，她们虽然也想方设法在头上摆弄有限的花样，却根本无须进理发店。

老成都人把理发叫作上理发铺或称剃头。宣统年间，成都有理发铺619家，还有一些挑着担子沿街流动服务的。梳辫子一次20至30文，剃发一次30至40文。理发铺的围单、面巾、梳子、篦子往往污秽不堪，所以，讲究的人家都自己预备理发工具，将剃头师傅叫上门来服务。比起今天的发型师，剃头师傅那套头上功夫简直没有什么技术含量。大约也缘于此，他们收入不高，是为数不少却容易被小觑的一群人。

十四 老"七十二行"

等到保路运动、武昌起义相继爆发后,大汉四川军政府1911年11月底在成都宣告成立,尹昌衡担任都督后,发布了剪发令——因为梳辫子是清政府强令推行的,现在既已光复,汉人当然应该革除这一旧俗。赞成并自愿剪发的人很多,也有不少老百姓出于惯性,一时还难以割舍。军政府就在几个城门口挂起大剪刀,那些当兵的不由分说,遇见梳辫子的男人,拉过来咔嚓一下,剪掉了事。刚开始那一阵子,竟然有人为了保住辫子,不肯出门。而必须进出城门谋生的那些脚夫、商贩、农民等,辫子往往最先遭剪。他们相互看着剩余的头发凌乱披散的模样,一时又惊又恼又喜。

大势所趋,男人的辫子已荡然无存。剃头师傅只精通为人剃光前额、梳理辫子那套程序,如今面临新的挑战,必须学会打理短发。有的客人不太讲究,把周围剪整齐就行了。但是新派人士满口洋话,就不那么好懂了,有人要理个什么拿破仑式,有人则想要华盛顿式……原来,前者是偏分式,后者是中分式。好在,理发师们很快就能与时俱进了。

当时,成都妇女剪发也蔚然成风。女学生最先引领风潮,她们不仰仗理发师,相互动手剪掉辫子再略为修剪就行了。起初也不讲究式样,不过是前面一排刘海,后面有的齐耳,有的齐肩。就算这么简单,走上街头已经相当引人注目。专为女客烫发、剪发而花样百出的新式理发店,要等到20世纪30年代才慢慢兴起。

助产士·奶妈

西医刚传入成都的时候,人们还不大能接受产妇在医院生孩子的新派做法,即使公馆里有钱人家的妇女也大多羞于上医院。接生婆

（又称捡生婆、稳婆）算是一种源远流长的职业，她们多由不谙脉理、不通药方的贫家妇女担当。据傅崇矩《成都通览》记载，清末时接生婆每接生一次，之前付定钱一两百文，临行给轿钱一两百文。喜钱的多少则与新生儿的性别有关，也要视产妇生产时是否顺利——若接生的是男孩，可得1000至2000文，是女孩则几百至1000文。

因为无知，生孩子的过程也被蒙上了神秘色彩：临产之时，床前燃七星灯，所有箱柜抽屉均打开不关，否则孩子难以下地；产妇房门必须用锁倒锁上，否则乳汁会被陌生人带走；孩子降生后，要用葱叶洗口，如此才会聪明……有些荒诞不经的做法葬送了产妇、胎儿的性命，不知令多少亲属扼腕叹息。破伤风在当时的四川极为普遍，很多新生儿死于此病，因为接生婆往往用脏的刀、剪切割脐带，还有人抓一把稻草或泥巴糊上婴儿肚脐。

有鉴于此，在人们对西医普遍陌生甚至排斥的年代，有识之士已经开始呼吁：接生工作应由医生的妻女、家属担任，她们应知书识理，会切脉定方，并应通过资格考试——这些当时很前卫的声音，仍然不加考虑地将医生本人（当然是男性）排除在产妇的门外。由训练有素的助产士接生或上医院生孩子是后来的事了。

距离华西协合大学不远的小天竺街有一幢朴素的两层木楼，成都式的青灰色瓦屋顶，中间一个院落，一口井。美国医生、传教士玛利安·曼利开办的助产士学校兼小型妇产科医院就设在此地。一半木楼里住着来自四川各地的二三十位学员，她们在此接受三年培训，成为合格的助产士后，大多数会到四川的小城市开办诊所。

木楼的另一半是病房、手术室和门诊室。医院有五六个完全合格的助产士与3名教师，可以同时接收20至25个病人，还有一个可容纳30多个婴儿的托儿所。产科、妇科的疑难病症由玛利安亲自处置。医院收费有好几个等级，有钱人多付一些，穷人少付一些或者免费。

十四 老"七十二行"

1939年，心情低落的韩素音进入这所学校学习。学员们除了上课，也经常跟着助产士到各种各样的产妇家里接生。忙碌使韩素音暂时摆脱了在重庆当家庭主妇的沉闷与婚姻的愁烦，她也更宽泛地接触到父亲周氏家族（成都著名世家）之外不同阶层的生活——从拥有深宅大院与好几房姨太太的军阀，到茅檐摇晃、衣不蔽体的穷家小户，了解到妇女受制于旧俗、难以自主的窘迫处境。

韩素音在其自传《寂夏》中写到的助产士马小姐，在成为自信的职业女性之前，有过曲折伤痛的经历。马小姐40岁左右，从小被父母卖掉，后因得了天花而成为麻脸。她的脚是缠过又放开的，却居然可以一瘸一拐、克服疲倦走好几英里。之前给人当丫头时，马小姐两次逃跑未遂，被女主人用篾片痛打，背上与腿上一直留有伤痕。后来她被逼给一个小店主、有几个女儿的老鳏夫当小老婆，他想让她生儿子，整整一周后她才在暴力下屈服，但两年都未怀孕。马小姐的命运是再次被卖或被扫地出门，甚至沦落妓院。之后，她当过女佣又再次逃跑，最后幸运地遇到一位仁慈的女主人——半身不遂、眼睛半瞎的老太太。她悉心照顾老太太，后者请了一位老师教她念书写字，马小姐最终成为一名助产士。她痛恨男人，憎恶婚姻，决心终身不嫁人。她的遭遇让人看到，民国前期，虽然提高妇女权益的声音已经此起彼伏地响起，但底层妇女谋求独立自主之路依然艰难崎岖。

以前，喂养婴儿可没有多少代乳品可供选择，旧时婴儿能吃到的是千年不变的母乳。当奶妈也是老成都贫困妇女所能觅到的职业之一——有钱人家的太太生了孩子不愿亲自喂养，可以花钱雇奶妈给孩子哺乳。1908年左右，奶妈每月工钱为2000至3000文，由主人供给衣服，比起女仆或看门大爷每月600至800文的工钱要高许多。由于别无选择，那时人们只能用最原始、自然的方式喂养婴儿。殊不知，后来的人比较过很多喂养方式后，才发现还是由母亲亲自担任"奶妈"最完美无缺。

当时，公馆里除了女仆、跟班、看门人、厨师（当时称为厨子），还会雇佣花匠（人称花儿匠）。若是深宅大院，为着安全考虑，也会雇佣更夫巡夜。更夫的月工钱仅五六百文，跟班也不超过1000文。花匠与厨师技术含金量高些，视手艺的高低，月工资可达2000至3000文。为厨师打杂烧火洗菜烧水的叫下手，收入则低得多。

其他工匠，如木工、泥工每日工钱96文，三天食肉一次。裁缝的待遇与之相仿，但每日另有6文烟钱，如果缝制嫁衣，开工前可以向主人索要一两百文喜钱。

同一时期的公务人员收入则相对高得多。四川官报书局的总办月薪200两银，编辑月薪80两，校对、采办、文牍等职员月薪四五十两。机器局总办与制造委员月薪均为200两银，制造、采买、文案等员工月薪三四十两。矿务总局的总办月薪100两银，其余办公人员也是三四十两。当时一两银约折合一千四五百文。

婢女·姬妾·洗衣妇

清末民初，官绅之家纳姬蓄婢被视为寻常小事。对于那些为谋求子嗣而纳妾者，旁人比较能体谅，觉得他有不得已的苦衷。而有的男人七姬八妾，则会让亲友摇头叹息——姬妾成群，争宠斗妍，往往酿成各种事端，或平添风流孽缘惹人嗤笑，或增加至亲骨肉之间的嫌隙，甚至引发家庭惨案。

婢女地位低下。没能生下一男半女的妾，处境也好不到哪里去。有的人今天还是张三之妾，明天就随手被赠给李四；有的女子起初为妾，不久又被降为婢女。当时讲究维新，婢与妾也各有了一个新名词，婢女叫锅边菜，妾则叫耍耍妻，"所谓招之可以使来，弃之不甚可惜者。"（徐心余《蜀游闻见录》）这种称谓毫不遮掩对婢与妾的轻亵、轻蔑，所谓新名词，实则老旧而粗劣。

虽然早在1910年，清政府已颁布了禁止买卖人口的法令。但是直到20世纪30年代，买婢蓄妾的旧习在成都等城市依然没有绝迹。贫家女子也就经常被卖来卖去，或者像礼品一样被东送西送。她们往往才十一二岁就开始充任使女。当年青石桥、盐道街一带，常有"人经纪"聚集。雇请丫鬟乳母的家庭，或贫困人家鬻女，一般都由人经纪居中介绍。时不时要增补丫鬟仆妇的公馆，则有熟悉的人经纪上门服务。

在新文化运动中以批判封建礼教而知名的学者吴虞，就多次与人经纪打交道。1918年，他以8元钱买了一个才11岁的、来自中江的王姓姑娘，给她取名小梅；次年，他又买了一个叫仙禽的丫鬟，将她的名字改为瑶华；过了将近20年，成都物价已经大幅上涨，但丫鬟的价格却似乎变化不大，吴虞1938年买回12岁的童素真，仅10元钱（另付中介费1元），随即又买了一个11岁的来自广安的丫头，取名张岫云——这些女孩连名字都无法自主。素真来了才十来天，吴虞不太满意，让人经纪将她带走，后来素真被转卖到梨花街某公馆。

吴虞的妻子曾兰与他结婚时才15岁。吴虞性格偏狭，与父亲矛盾尖锐，但他与曾兰却彼此欣赏，关系融洽，在旧式婚姻中十分难得。曾兰在成都以书法知名，一笔篆字尤其出色；她还是著名的女权运动家，民国初年作为四川第一份妇女报纸《女界报》的主笔，撰写了不少批判男尊女卑、提倡妇女解放与女子教育的文章，强调妇女的家庭和社会地位应与男子平等，反响颇大。随后，曾兰还在北京《新青年》、上海《小说月报》等刊物发表文章，还创作了有关女性权益的剧本。

　　曾兰与吴虞生了九女一男，唯一的儿子在婴儿时就夭折了。在1917年42岁去世之前，作为妇女解放先驱者的曾兰，也曾经很费心地为丈夫购买并调教小妾。

　　"只手打孔家店的老英雄"吴虞，同样有"一夫一妻之主张"，提倡男女平权，另一面又希冀老年得子，也热衷于置妾。1931年，59岁的吴虞买回十五六岁的彭姓姑娘：

> 彭女不愿在乡，与其父母哭泣要来。盖家无食，终日劳作，不获一饱，仅食稀粥，面黄肌瘦，憔悴不堪。予本不欲留之，怜其归乡，生活仍苦，难以维持。曼君（吴虞续弦）、柚子（吴虞女儿）皆悯其困，劝留伺候，遂允之。

　　据吴虞的讲述，好像是因为妻女相劝，自己又心生怜悯，才留下彭姑娘的。但实际上，无论之前之后，他都兴致勃勃地多次买妾。大半年后，彭姑娘请求归家，平时在银钱上斤斤计较的吴虞，这一次十分慷慨大方，命人将这位小老乡送回新繁她父母家，之前的60元身价银也不索回了，就送给彭姑娘做嫁妆，嘱咐其父母不要再卖女儿。待到姑娘涕泣拜辞，他因了却一事而"如释重负"，也略感郁闷："盖徒负纳妾之名，并无纳妾之实，反多惹烦恼，太不值也。"而彭姑娘回家不久就遭逢噩运，父母以30元将她卖给一个流氓。

　　比较一下当年的工资与物价——1931年，适逢成都"百货昂贵，银价飞腾"，居民的日常花销已上涨许多，但普通劳动者的工资依然不高，且每天工作时间达10至11小时。兵工厂的工人月薪为20元，造币厂工人月薪10元，均自理伙食；石工、厨工、油漆工、裁缝、制帽工、泥工、机关杂役等，由雇主供给伙食，月薪为六七元；金银首饰匠人比其他工匠收入略高，每月可达12元……在这样的物价水平下，彭姑娘的父母以30元或60元就卖掉女儿，令人唏嘘。

1939年冬，16岁的惠卿被吴妻以100元为吴虞买回。惠卿家在新繁开有一家彩灯铺，但父亲去世后，她与母亲、祖母、弟妹度日维艰，家里不得已将少女卖给年近七旬的老翁为妾。

像商品一样被卖为婢妾的女子，是特别心酸无奈的人群。

对于那些没有婢女的人家，洗衣的妇女为他们带来的方便不言而喻。衣服既可按件零计，也可包月。每月花销不多，衣服床单就变得干净熨帖。遇到纽扣脱落之类的小毛病，好心的洗衣妇还会帮顾客缝补妥帖。单身的客居者对此最为感激。

女革命家胡兰畦在《胡兰畦回忆录（1901—1936年）》中讲述，民国初期，成都石马巷有一所女子缝纫学校，教授机器缝衣，吸引了许多妇女前往学习，她的母亲也去学了三个月。

沿街揽活的补衣妇人 摘自傅崇矩编《成都通览》

这个学校其实是为了推销美国胜家公司的缝纫机而建立的。在当时的成都，缝纫机非常稀有，它比手工缝制快得多，针脚又细密整齐，很令女人们神往。厂家相当舍得下功夫做宣传，在大街小巷张贴了许多花花绿绿的广告，承诺对缝纫机的用户包教包修，五年保用，因而石马巷的缝纫学校热闹一时。

胡兰畦的母亲学成以后，还利用自家的右厢房，办起了一所机器缝纫学校，她希望女人有一技傍身，能够自立谋生。胡兰畦的启蒙老师曹师母也来兼课，教学员们识字、写字、记账、写收条。另有两位女教师教大家剪裁、做花。这些课程非常实用，学校因此小有名气，有几十位少妇、少女来此上学。

后来，成都兴办了一系列女子实业学校，开设缝纫、化工、养蚕、种桑、手工艺等技术课。招收的学员当中，有人得以靠一技之长成为民国早期的职业妇女；还有人借此拓宽眼界，参与社会活动，在五四之后成为活跃的妇女运动家，比如茅盾长篇小说《虹》的原型秦德君。

从前，搓纸捻子卖的贫家妇人也不少。草纸做成的纸捻子供烟铺出售，用于点叶子烟。缭绕着呛人辛辣气的叶子烟是老派男人的至爱，一根烟杆一根纸捻的形象，差不多是与平和、满足的心境联系在一起的。对烟瘾缠身的人来说，没有叶子烟的日子是无法想象的；而若是失去搓纸捻子的营生，很多家庭恐怕会更捉襟见肘，因为这类费时间却不花力气的活计，妇孺老幼皆可为，真的帮许多人家贴补了家用。

如同冬天有人卖火炭出售温暖，夏天也有人销售"荫凉"。用竹篾条编成的竹凉席做工精致，大热天肌肤接触竹席，相对清凉。摩挲日久的旧凉席光滑细腻，最为舒服，有点破损还真舍不得扔。有人就瞅准了售后服务这行，带着篾条沿街吆喝"补凉席"。小孩子则在茶铺、戏院等公共场所替人摇扇，充当人力电风扇。

技艺高超的手艺人仿佛什么都能补。除了补凉席，还有补扇子、补伞、补锅、补碗、补坛子、补棉絮、补衣的。这类职业将大量市民物质匮乏的生存状态暴露无遗，同时也显露了手艺人化腐朽为神奇的回春妙术。服务性行业的发达则让市民拥有了居家度日的舒适与实惠。

十四 老"七十二行"

一根扁担，一个竹篮，或一把力气，一身手艺，负载着谋生的家当，走街串巷。老成都有无数这样的手艺人和出卖劳力的人，他们构成了这个城市散漫、凝重的底色。他们是面对现实的一群，在可触可摸的小营生中赚些小钱，养家糊口，安身立命。

十五　乡村叙事

故园何处？

20世纪60年代后期，母亲所在的工厂突然被疏散到离成都20里外的中和场，为着"备战"的堂皇理由。这突如其来的变故，使得100多个家庭措手不及，他们必须一下子打破惯常的秩序，去一一安顿老人孩子，那些年纪小的孩子就只好带在身边。每星期一次，拖儿带女在成都市区和中和场之间往返，实在是很辛苦的事。不过，对我们这些学龄前儿童来说，中和场却很像一个没有围墙的大公园，它具备着吸引我们的所有优越条件。

最能叫人长久逗留的地方是河边。锦江从工厂的后门外缓缓流过，挟带着泥沙。那时的锦江已没有什么大船航运，只偶尔有挖沙的船停在河中作业。河边的沙滩、小螃蟹、卵石，浅水处的蝌蚪、小鱼，样样都能成为我们的玩伴；紧靠河岸的稻田里，有油绿的蚱蜢、翅膀透明的蜻蜓。有一次，我们一群人冲进差不多干透了的稻田，稻秆已经不知被先前哪一拨捣蛋鬼弄得倒伏，又厚又软，最宜斜卧。周遭一派金黄，烈日当空，暑气蒸腾，我们竟也不觉得难受。躺得舒服了，就随手折一把稻穗送进嘴里。早已灌浆却还未熟透的稻穗，嚼得出甜丝丝的米浆，又丰腴又清香。突然，生气的农民像吆喝雀鸟般舞着手臂，吼叫着冲过来。这时，我们就一窝蜂作鸟兽散。

　　河对岸是浓郁幽深的竹林，竹子密密麻麻，沉默不语，像是掩藏着什么秘密。河的下游是无边无际的田野和静谧的流水，不知道它将流向的远方是何处？远方带给我们无限的想象和迷惘，以及隐约的紧张。

　　当年，成都市区偶尔也不乏没有利用的"野地"，但乡场就是乡场，它跟真正意义上的田园、流水是没有间隔的，所以中和场让我们感到了无遮无拦的宽广、自由。

　　街上的热闹也好玩。要是正逢赶场天，农民用担子、篮子带来销售的蔬菜、家禽、水果、鸡蛋、草帽等，就摆在街边。场上的日用品商店、干杂副食店也纷纷在街边摆摊。所以，中和场那条主街的两边，早上八九点钟就已经没有空隙了。四里八乡来赶场或从成都来购买农副食品的人，在街上来来往往，比较货色，讨价还价。那条长街因此拥挤不堪，人在其中，只能摩肩接踵慢慢移动。中和场历来是个大场，水陆交通方便，离成都又近，赶场的人也特别多。

　　赶场天对所有人来说都很像过节，有种喧腾的、打破沉闷的新奇、喜悦气息。工厂里一位正在谈恋爱的阿姨与她的男朋友从场的这头挤到那头，往返了几次，潮水般的人流对他们似乎毫无影响。他们的衣着一看就不同于当地人，所以每一次经过时，都会吸引无数好奇的目光。另一位阿姨见此情景，便十分有主见地评价道：如果是我，就会去河边散步，这里实在是太挤了！

　　中和场有理由为它的拥挤骄傲，正因为它如此具备号召力，才会这么水泄不通。在中和场工作的成都人有一丝含而不露的优越感，虽说他们中的许多人也无法回避那个时代的经济窘迫甚至贫穷，但他们属于城市的衣着、习惯乃至一些生活细节，常常会不知不觉地令当地人感到新鲜。比如那位长得有点像铁梅的出纳员阿姨，她的英俊丈夫每次从成都来接她时，都骑一辆自己用自行车改装的摩托。当这对很"打眼"的年轻人骑着在中和场少见的摩托绝尘而去时，他们的背后不夸张地说要印上一百双眼睛，这就是时髦的力量。又比如，中和场那位聪明的巧英姑娘最爱带妹妹去逛成都，每次当她们还未走到琉璃场时，巧英都会一遍遍纠正妹妹的语音："你读'一'的时候只能说'一'，不要说成'叶'；说'七'的时候不要说成'切'！"中和场的某些发音与成都音有微小区别，巧英的细心和那一点点刻意，表达的就是乡镇人对中心城市的向往与趋同。

能够把"一"和"七"标准无误地说出来的成都人，有时不免会因此有点肤浅的得意，这时他们差不多忘了，自己的父母或祖父母就来自乡场、乡村。成都这座被竹篱茅舍紧紧包裹着的移民城市，跟乡村的联系真是千丝万缕。从血缘上看，成都的亲戚在乡场、农村。

说起来，中和场人很早就接触到许多"洋盘"的事物了——四川省第一个农村水电站化龙桥水电站就建在中和场，不少居民有幸比其他乡镇的人更早用上电灯，或使用电磨打米磨面，还看过电影。当然，大部分人起初舍不得花钱"点"电灯，使用者大多是酱园铺、杂货铺、点心铺的老板。

1931年的一个下午，中和场化龙桥的空地上竖立起两根粗大的楠竹竿，上面挑起一块长方形的白布。听说天黑后要演"电火戏"，不晓得那是什么新奇玩意儿，说是比电灯好看得多。住在附近的乡民早早就将长板凳和竹椅子密密麻麻地摆好，占据有利位置。几十里外窑子坝、白沙坡赶来看热闹的人，就只好挤挤挨挨地站在后面。

天黑得有点慢，人人都等得心慌。终于，一束炫目的灯光射向黢黑的夜空。紧接着，白布上有人影子晃动起来，除了一对青年男女，还有好多老老少少。他们居然跟真人一样大小，又能跟真人一样灵活地进城下乡，摆酒设宴，舞刀弄剑，太不可思议了！只见一会儿有把刀架在别人的脖子上，一会儿树林里又有人正要上吊……看得大家一惊一乍。这是友联影片公司1930年出品的默片《荒江女侠》。此后，中和场又放映过几次电影，每次都让人兴奋不已。

中和场人邹昕楷不仅主持兴建了化龙桥水电站，还是成都电影业的开创者之一。他十几岁到成都当学徒，后来去法国勤工俭学。1926年，他与留法同学程子健、卢丕模、邓典承同大股东罗仲麒合作，选址于紧邻春熙路与商业场的原群仙茶园（后相继为红旗剧场、王府井百货），办起了有1400多个座位的智育电影院，建筑宏丽，设施先进，在成都引领风骚。邹昕楷还与著名影人万籁天等一起创办大同影片公司，他担任制片主任，启用黄侯等拍摄电影《峨眉山下》，黄侯因此片成为成都最早的女明星。

中和场还是成都乡场中较早被美国学者研究的一个——20世纪40年代中期，南京金陵大学西迁成都时，在中和场设立了"金大农业服务站"，该校几位大四学生曾在这里做社会调查并完成毕业论文。20世纪20年代曾在中国生活过五年的玛丽·博斯沃斯·特德雷，是美国威尔斯利女子学院学者，她根据这些调查资料，于1947年完成英文著作《中和场的男人和女人》。该书多侧面地展示了当年中和场的喧嚣与清冷、繁华与贫困，也详细讲述了旧日场镇上商人、小贩、工匠、主妇等各类居民的生计、消费、婚姻、教育与喜忧、宗教、祭祀等。

中和场是锦江上的一大码头，每年4月进入汛期后，每天更是樯橹密集，水上一派繁忙。下水船经过望江楼后继续前行，无论长途短途，不管去眉山、乐山，还是过三峡、下宜昌，到了中和场往往都要歇息一番或添置物品，船上的成都乘客可以去场上东张西望，看看城

民国时期的老成都

1896年成都平原上的一座水碾。1940年，在成都金陵大学外籍教授O.J. Caldwell解说（或拍摄）的纪录片《中国西部的人民》中它也曾出现　（英）伊莎贝拉·伯德　摄

里少见的新鲜玩意：布面木底的雨鞋下面，钉有铁爪，显然是便于走泥泞土路；巫婆卖的鸡蛋画着神秘莫测的图案，据说病人吃了即可转危为安；小孩帽子做成了猪、虎、猫或猴子头等形状，土得稚拙可爱……懒得下船的人就坐在船板上，看河边的捕鱼人时不时钓起活蹦乱跳的鲫鱼鲤鱼。

　　逆水行舟，则有纤夫们弓着腰费力地拉纤。到了中和场，他们也可以短暂歇息，直起腰来逛逛商铺，吃点锅盔之类充饥。如果运气好，赶得上买一个中兴场那位流动小贩做的特别走俏的黄糕，又软又糯又甜，那才过瘾。小摊上的牛肉面或牛肚面比馆子里便宜，只卖20元一碗，但偶尔才敢奢侈一盘。推鸡公车替人运稻谷的苦力，跑一趟10千米外的成都可以挣到500元，不过多数时候他揽不到活计，只好待在家里。那是抗战后期的1944年,大后方四川的物价比起民国前期已经涨了太多。但是比起成都市区,除了外地或进口的工业品,这里的餐饮、农副产品等,价格还是便宜得多。

据《中和场的男人和女人》一书记载,成都到仁寿县的公路开通后,每天早上从成都到仁寿有一对班车对开。碎石路上,尘土飞扬,沿线商潮随之涌动,中和场因此更为繁华,汽车经过狭窄的街道时,往往难以挪动。1938年,正街两边的房屋都被迫后缩,街道被加宽了一些。随着人口的增加,20世纪40年代中期的中和场已有3000多居民,240多家店铺,包括20多家茶馆,20多家饭馆,还有鞋帽店、药铺、客栈、肉铺、布店、染房、家具店、铁匠铺、银匠铺、杂货铺、装裱店、理发店、当铺、农具店……各项营生差不多涵盖了居民的衣食住行各项需求。

中和场是一个大场,每月的那9个逢场天,赶场的人总是有一万多,他们有的乘船,多数步行而至,批发商则雇佣鸡公车或黄包车运货。那些日子,场上的牛马市、猪市、羊市、鸡鸭鱼市、大米市、棉花市、糠壳市、水果市、蛋市、猫狗市、狗屎市、柴市等,一大清早就人山人海。成都人来此买走大量鸡鸭鱼肉、蔬菜水果,四里八乡的农民则挑来自家的粮食、禽蛋、柑橘等物产出售,再买回盐巴、农具、布料或针头线脑。手头若有余钱,还会喜滋滋地给孩子捎带一点糖果糕点。镇上的商人根据自己的主营业务,有的定时去成都购买布料、丝绸、纸张、工艺品等,有的按农副产品和药品的收获季节,去乡下的产地购进蔬菜、茶叶、菜籽、药材、烟草等。那些小场镇或幺店子的小贩也会来中和场批发一点洋布、瓷碗、蜡烛、帽子等回去零售。

前几年,朋友送了一本《中和场的男人和女人》的同名中译本(张天文、邹海霞译,中国文联出版社2011年4月版)给我,我读得津津有味,不断将40年代的中和场与童年记忆相互对照——有许多差异，有某些类似，点点滴滴，都觉得有趣。后来我又专门跑去那里看了一眼，中和场已经并入成都高新区，以前的僻街陋房、竹林稻田都换了新颜，已经水乳交融地与闹市的街区衔接。

在成都与郫都区之间，在精耕细作的仿佛锦缎般的田野上，有一个不大不小的集镇犀浦场。20世纪20年代，这里的酱油已很有名气，不但被周围乡镇的人视为上品，在成都也很有市场。遮天的绿荫下，灰黑的瓦房紧紧连接，没有一点空隙。间或有突兀的高大建筑物，上面的琉璃瓦在阳光下闪闪烁烁，那必定是庙宇了。街面的石板路已经被碾出了一寸多深的凹槽，却依然不停地走过运酱油、白酒的鸡公车、马车。空气里也弥漫着酱油、酒和酒糟混合的香气与酸气，在午后的困倦中让人更生睡意。

临街的铺面都开着，酱园铺、酒店、干杂店、饭店、旅馆、烟馆一家接着一家，在不逢场的日子，生意倒不见得红火。比较例外的是那间老字号杂货铺裕隆号，看得出有些历史了，店铺的黑漆已经零星地剥落，但门枋、门槛、铺板与长柜台都没有一丝衰朽。镇上的人都喜欢买它的白酒——绵竹大曲、资阳陈色、白沙烧酒……因为掌柜的不那么奸狡，货色较好。另外，掌柜娘子的大方与鲜艳也很吸引人。所以，同样是豆腐干、皮蛋、盐蛋、鞭炮、蜡烛之类的东西，人们都愿意上裕隆号来买。掌柜娘子柳三妹出嫁前是犀浦乡下的，因为两个哥哥都在成都的绸缎铺学徒（有一个已经满师了），她比很多乡村妹子有见识。模样俊俏的柳三妹，少女时代的最大梦想就是去成都生活。她对成都有过的无限向往不是凭空生出的，两个哥哥经常给她讲成都的闹热和稀奇，曾给她带回在商业场买的洋葛巾和香胰子。镇上远房亲戚黄三少爷新娶的少奶奶就是成都人，她嘴里的成都更是天上有地下无。经人渲染又被柳三妹恣意想象的成都成了描龙绣凤的所在，那时她觉得只要能进成都生活，不惜给人当姨太太。只因机缘不凑巧，嫁入成都的事才耽误下来。

少女的狂想褪色后，仔细琢磨了一阵给那些老头子当姨太太的种种缺陷与危险，柳三妹才把成都梦埋进心底，听从父母之命，媒妁之言，心满意足地嫁到犀浦镇，当了裕隆号年轻掌柜高鑫贵的内当家。丈夫长相端正，憨厚听话，有哪点不好？

像柳三妹这类对城市充满幻想的乡村女子，有的如愿进成都当了姨太太，个别运气好的后来还扶正成了太太；有的则嫁入小户人家。成都固然有乡村所不具备的繁复多姿，但这些年少女子要到后来才知道，都市的繁华与幸福不一定可以画等号。

乡下的男孩子呢，当然是进城当学徒了。城里各式各样的绸缎店、洋广百货店、香粉店、书店和制鞋、制帽、制伞、制扇、织机等手工作坊，对学徒的需要量不小，这些乡气的男孩后来便是老练的大徒弟、大伙计。其中聪明好学又有机遇的就可能自立门户，当上某作坊、某商铺的掌柜，间或还有奇迹发生。而大多数男孩以后会逐渐成为与其他市民毫无二致的寻常成都人。有这些新鲜血液不断输入，发展、扩大着的城市既不缺乏劳动力，也不缺乏劳动力的妻子。周围的乡场、农村用它们的宽广、厚重，充当着成都的蓄水池。

移民生根

膏腴之地的川西平原，务农人家一代代积淀，有了余资供子弟读书，再通过科举的途径，最后也成就了不少世家大户。他们进入成都，走的是另一条从容的大道。

18世纪初，广东梅县的一个客家人、年轻的货郎挑着担子开始了

民国时期的老成都

清末李玉宣等修《重修成都县志》之插图《省脉》

吉凶未卜的长途跋涉。他那根扁担上不知担的什么货,是精美细致、能卖大价钱的木雕?是干贝、龙眼等南货?还是图案灵动的绣品?总之,他一步步翻山越岭,涉水渡船,有时也在某地暂时住一阵子,终于来到四川。

他来到郫县(今成都郫都区)时,满眼青翠欲滴的竹子在微风里轻轻摇摆,油绿的水稻喝足了水,似乎在心旷神怡地朝上蹿。充满生机的稻苗,从货郎面前的田埂一直延伸到毫无起伏的远方,平原的边界有一抹黛色的山峦,但仿佛在遥远的天边。纵横的沟渠里,流水在拂岸的杨柳和野花的掩映下,散发出清凉香甜的气息。面带尘灰和疲惫的货郎用手连捧了几口水喝,沁人的甘冽、清爽直抵肺腑,周身舒坦。他在衣服上擦了擦手,决定不再往前走了。

在郫县定居,是货郎后来一直觉得很英明的举措。他改行当了农民,先当雇农,再当佃农,逐渐适应了郫县的生活,再也不想离开。

他就是韩素音的祖辈，周氏家族迁居到四川的第一代。

成都平原两千多年来深受都江堰水利工程之惠，"水旱从人，不知饥馑，时无荒年"。而郫县既有油黑发亮的沃土，又是继灌县（今都江堰市）之后第一个蒙受灌溉之利的地区，周家的祖先选中这里，真是有眼力。在优越的自然环境里，勤勉聪明的周氏家族一天天兴旺起来。他们开始买进田产，添置农具、家具，修建房屋。他们的子弟不再务农，而是潜心读书，通过科考博取功名。韩素音的曾祖父、祖父都是科举出身，出任过西北地区的地方官，文治武功都行。

周家从社会底层慢慢上升，成了能施展文韬武略的书香门第、缙绅世家，在乡里倍受尊崇。他们举止优雅，彬彬有礼，全身绫罗绸缎，已经看不上老家梅县那些保留一双天脚、能下田插秧打谷的姑娘了。他们的新娘都是娇小玲珑、面色白嫩、小脚尖尖的美女。周家后人为祖宗建了宗祠，供奉香火，置办香火田，其收入可供子弟读书；他们立了宗谱，还种了大片楠木林。楠木是做棺材的上等木料，据说先辈的尸体在里面不易腐烂。这样，周氏家族从生到死，都有所庇护，能够香火永继。

后来，周家有了更重要的经济来源：烟草生意。这项买卖从1795年开始，直到1917年因为洋烟的冲击而倒闭，一共延续了120年。周家的广兴号烟草行就设在成都东大街，"广"字取自老家广东。黑底镀金的大楷招牌，漆得发亮的铺面和柜台，即便在商铺云集的东大街，广兴号也毫不逊色。它尤以信誉可靠、货色上乘、买卖公平、礼貌周到著称。广兴号所用烟叶就在郫县种植，成捆的上好烟叶运送到成都来加工出售，广兴号同时也到云南采购优质烟叶。

东大街广兴号的隔壁是一家药铺，经营乌鸡白凤丸、虎骨酒、鹿茸、牛黄等，它与烟行做邻居真是相得益彰，因为买补品的顾客大多会走进烟行，浏览一番漆盘和瓶里的烟叶。在香烟没有出现时，四川的有钱人家都抽水烟。这种水烟用锡罐贮存，上等的烟丝呈淡金黄色，精细、油亮。讲究的烟具还镶嵌玉石、玛瑙、翡翠。既然抽烟是人们日常生活里必不可少的赏心乐事，经营有方的烟行自然生意兴隆。除了烟草，周家还经营自贡的井盐、从南方来的蜜饯，也有少量木材和桐油出口项目，不过数量不大。

因为生意扩大，也为了方便与上流社会交往，周家当然要在成都购置房产。像这类既有官方背景又擅商业的大家族，虽说大多数成员住在乡下，但他们跟成都的关系，其实更为水乳交融。

周家的"大本营"还在郫县。在传统乡镇经济模式下，人们依然维持着自给自足的生存状态，粮食等当然是从自己的田里收上来的。这类古风依旧的老式家族中，通常由精明强干的老夫人当家主政，指挥家里的工匠生产衣服、鞋袜、家用器皿等。周家的孩子在节俭的家风中延续着无忧无虑的日子。后来，因为烟行倒闭和巨额的税收，财源渐渐枯竭，周家一步步从富足的顶峰向下滑落。

20世纪30年代，军阀的横征暴敛使四川农村陷入绝境。周家的重新发达是在30年代以后——韩素音在军界供职的三叔周见三（焯）作为精明、有效的组织者，被陆军上将、四川省主席刘湘任命为副官长，委以管理财务的重任。三叔的工作颇有成效，后来他离开军界，抗战时任四川美丰银行董事长。

反过来，成都的有钱人家，无论是经商还是为官，一旦有了余资，必定要在乡下购置田产。这部分人也有不少是从外省入川的，到了成都安顿下来，逐渐儿女成行，家大业大，加上蜀道之难，也就断了衣锦还乡的念头。再说，成都人都差不多是外籍，没有聚族而居的排外恶习，又兼有气候温润、物产丰盛等优越性，两三代下来，外省人也可以说是土生土长的成都人了。门当户对的家庭通过联姻，有了直接和间接的姻亲,与这家是姑表亲戚,与那家是姨表亲戚,见了面都可以表叔、姨侄、姑婆、表妹等相称。

有了公馆、铺面,也有了通家之好,在成都的日子就日益安闲而舒适了。然而,还是必须在乡下有田有坟地,坟墓周围再种上茂密的树木,这样心里才真正踏实。成都的士绅和商人一般都在温江、郫县、灌县、新都等地置有良田,由佃户种植。因为在工商业相对不发达的大背景下,田庄的收入是不可忽略的经济来源之一;同时,几千年农业文明的浸染,使得这些早就脱离了乡村的城里人,对土地依旧有着虔诚的敬畏,只有土地这种特别看得见摸得着的财富,才能带给他们足够的满足与安全感;另外,祖坟上茁壮生长的楠木、柏木、银杏、桂花,祖坟边不事铺张但设备周全、用于祭祀的院落,每年清明节举家赶赴坟地祭祖扫墓的隆重仪式……都令人在土地上更能感觉到子孙世代绵延、兴旺的愿望有了扎实的根基。

所以,沃野平畴的乡下,既是成都人最大的后花园,更是他们精神上的故土家园。

乡镇场景

直到清代和民国前期,成都城都由成都、华阳两个首县共治。城内以北门喇嘛寺、城中心暑袜街至青石桥、西丁字街到陕西街、君平街、小南街一线为两县的分界。西、北两门及城外区域属成都县境,东、南两门及城外部分属华阳县境,华阳县管辖的乡场更多,所以总面积比成都县大。1928年成都市正式成立,统管中心城区,两县转为只管理郊区。

20世纪初,属于成都、华阳两县的乡场有苏坡桥、太和场、犀浦

运米进城的农民,牛背上驮一袋,自己头上还顶了一袋 摘自傅崇矩编《成都通览》

场、天回镇、三河场、中和场、石羊场、龙潭寺、白家场、红牌楼、石板滩、黄龙溪、苏码头、顺河场、公兴场、高店子、簇桥、蓝家店、白马滩等数十个。如果加上周围温江、郫县、新都、新繁、金堂、彭县、大邑等各县的场镇,其总数当在数百个。在川西平原上,有时相隔两三千米,有时距离五六千米,便是一个场镇。

大一些的场镇,每旬有三四天为赶场日,有的隔天一集。相邻的场镇各有约定俗成的固定日子,或每旬的一、三、五、七日,或二、四、六、八日赶场。这样,附近的农民、小贩与居民几乎每天都能找到热闹场镇售货或购物。那些算命先生、说书艺人、游方郎中、耍刀弄棒卖膏药的……也可天天有场可赶,有生意可做。

密集的场镇,使得农副产品、手工业品、外来商品的交易频繁而方便。米、面、油、丝、棉、盐、牲畜、药材、蔬果、鞋袜、布帛、针线等产品,往往有不同的场镇相对集中地销售,它们各有侧重,形成分工较明确的专类市场。

像郫县的场镇就以农副产品最盛,米、麦、豆、糠、玉米……样样俱全。赶集日,不但本县的商人云集,成都、新都各县的商人也纷纷赶来;温江的集镇以米、油、麻、烟为大宗销售品,入境则以盐、茶、布匹为大宗，逢场天的交易量很惊人；灌口镇是川西北山区药材、羊毛等山货和青城山名茶的集散地。药材、羊毛、鹿茸、麝香等行销重庆、上海、武汉等地，青城名茶则在成都有广泛的市场，边茶还远销藏区；此外，簇桥是成都生丝和丝织品交易中心；成都出产并销往云贵的绸缎、布匹、栏杆（清末民初女装上的装饰）等，也各有自己的主销市场。

民国年间，城郊场镇继续增加，有些场镇的交易内容悄悄变换着。比如，洋纱、洋油、洋布等舶来品的比例不断上升，乡场人的生活也因之发生着点滴变化。

清代前期，由于交通有所改善，四川开始突破自然环境的局限，与外界逐渐有了较密切的经贸交流。以成都为中心，以驿站为基点，向北、西、东放射状延伸的石板官道逐渐建成，这就是经内江到重庆的东路，经南充、大竹到万县的中路，经绵竹、广元到陕西的北路，以及经雅安、打箭炉（今康定）入西藏的西路。

清廷还对长江三峡、金沙江段、綦江等过去难以通航的河道进行了几次大规模的整修，使水路交通运输能力增强。以长江为大动脉，加上岷江、沱江、嘉陵江等支流组成的水上运输网络也愈加完善，为川西平原的粮食、茶叶、木材等出川及洋广百货进入四川腹地提供了更多的方便。大宗贸易的驱动，令乡场的商业活动频繁而活跃。沿江、当道的水陆码头成为货物集散繁忙的交通枢纽和生意兴隆的市场。这种状况一直延续到民国年间。

今天，紧邻合江亭的锦官驿街周围，餐厅、酒吧、咖啡馆、酒店林立，尽显都市繁华。夜晚则流光溢彩，灯红酒绿，另有一番喧哗、绮丽。

100多年前，这一区域同样人流涌动，车马如潮，冠盖云集。直到清代末期，锦官驿都是成都最繁忙的驿站，成都前往东、西、南、北的四条驿路总汇于此，因而它的驿马、马夫、杂役都多。成都作为省城，公务特别繁多，当时有两句打油诗专咏成都、华阳两县银钱花销之庞大，官员张罗料理之繁杂："银钱似水流将去，瞌睡如山倒下来。"上至总督、巡抚、将军、学政以及全省各司、道官员，下至成都府各个衙署，加上北京来的朝廷大官，全省各州县的地方官吏……无论公务出行，迎来送往，还是公文传递，物资输送，都络绎不绝。锦官驿的重要性在全省驿站中也就首屈一指。

与官方的驿路、驿站不同，民间的商路、客舍有不一样的热气腾腾或曲折冷清。东大路自成都出东门，经资中、内江达重庆，是川中的主要交通干道，它与今天成渝公路的走向大致相同，只有少部分差异。然而，从前，东大路上商旅的艰辛、路途的迢遥，又哪里是今天的人所能想象的呢？

翻越龙泉山的一段最为险峻。起伏汹涌的丘陵，烈日下咄咄逼人的红土地，最宽处十来米、狭窄处仅三四米的道路，就像一团缠绕的绳索被扔在山间，蜿蜒曲折。险要处长陡坡上全是石梯，即便空手行走也觉吃力，负重者更是气喘吁吁。光是听听阎王坡、张飞营、吊钟坡、斜石坡这些地名，就不免要倒吸一口冷气。

比较而言，东大路的路面铺设还算讲究。不管路宽路窄，中央都有一条石板路面。若遇雨天，就算路边的泥路再烂，走在石板路上，总可以不打滑不摔跤。

在四川公路交通不发达时，东大路的货运量仅次于内河航运，即使20世纪30年代后成渝公路、简乐公路（后来川鄂公路的一段）通车，部分陆路货运有了马车、板车和少量汽车，但东大路并未衰败，它依然承载着川西平原的大量物资交流，其中尤以农副产品由川中、川东向成都运送居多。成都人日常生活所需的棉花、烤烟、干鲜辣椒、高粱烧酒、山货以及资中白糖、临江寺豆瓣、内江蜜饯、荣昌和隆昌的夏布与陶器等特产,在蜿蜒的东大路上不停息地缓慢移动着。成都的布匹、百货、家具等轻工产品及郫县、温江、新繁等地的农产品则大批东运。鸡公车、挑夫、马帮、驮货的黄牛全挤在路上,再加上运客人的滑竿、溜溜马(供人乘坐的瘦小川马,由马夫赶着载人,乘坐费比滑竿便宜得多),东大路在繁忙中倒也不乏秩序。

满面尘灰的客、商与下力人在疲惫的行程中也能找到些许安慰,那就是幺店子、场镇上酒馆、饭店、茶铺和小食摊的店家殷勤的笑脸,与"酒饭便宜""茶水方便"的诱人招徕声。

人挑肩扛的原始作业方式,坎坷起伏的山间道路,即便有再要紧的事,心急如焚,速度又能快到哪里去呢?再年轻、矫健的步履,在石板与红土壤中交替摩擦碰撞,又能禁得住几番揉搓呢?所以,不管是简陋的幺店子,还是热闹的集镇,都是行路人眼巴巴眺望的"圣地",也是最直观最值得企盼的里程碑。

清末民初,如果你出东门往重庆方向走,可供歇脚或住宿的地点通常依次是:牛市口、沙河铺、红门铺、大面铺、界牌铺、龙泉驿、山泉铺、柳沟铺、茶店子(不是西门的茶店子)、石盘铺、五里碑、赤水铺……简阳、龙桥铺、青石铺、花鹿子、杨家街……这些铺、驿、街之间的距离,一般在5里、10里、15里左右。按步行速度,每走这么长一段路,的确该歇歇了。

很多场镇确实是依附于道路,依赖着络绎不绝的人流、货流而生存、繁荣的;而交通要道倘若没有了场镇、幺店子(许多场镇就是由幺店子发展壮大起来的),长旅的寂寞倒在其次,人们连吃饭、休息都会成为大问题,路还怎么走得下去呢?所以,场镇和道路真的是休戚相关的一对孪生子。也因此,像龙泉驿、石盘铺等大的场镇,除了茶馆、饭馆、小吃店,还有旅馆、堆栈、马号、牛棚、屠宰场等一系列围绕客货服务的红火场所。

中兴场的兴起与繁盛，依赖的也是它特有的交通枢纽地位。

形成于清康熙末年，乾隆、嘉庆年间日益兴盛的中兴场属华阳县，在成都东南17千米处，紧靠锦江，直到清末民国它一直是成都附近重要的物资集散地，经它中转、集散的货物，既有从重庆转运的上海百货，又有重庆仿绍、泸州、江津的白酒、水果，还有甘孜、雅安运来的木材，乐山的大绸，涪陵榨菜以及各种粮食、土产……接待商人、旅客、船夫的"第三产业"也应运而生，

在民国初年，中兴场的人口已逾千人。到了20世纪40年代中后期，它更是成为有3000多人的繁华场镇，场上还有不少生产醋、腐乳、窝油的作坊，名声渐渐响亮起来，产品远近驰名，在成都、乐山的市场上都有一席之地。

不论是乘船从望江楼顺水而下，还是乐山、重庆的船只将至成都，中兴场必定是客船、货船都要逗留的一站：吃饭、购物、休息皆可，这个人口多、商铺多的大场镇实在很有些热闹有趣的去处。假如船到了中兴场，正好夕阳西下，则不妨歇息一夜。茶楼酒肆的老板早就万事俱备，堆满笑脸，只待客人上门了。茶馆里的评书、竹琴、清音和街上的赌场、烟馆以及夜色中游弋的女子，往往是百无聊赖的旅人、船夫们最觉惬意的消遣。据记载，从前中兴场每日停靠的船筏有一两百只，每日留宿的商旅近千人。岸上、江边川流不息的人流、樯桅，直叫人眼花缭乱。

抵达中兴场的货物，从陆路运到成都十分快捷，到双流、新津、彭山、蒲江等地也都很方便。1925年成仁公路建成后，中兴场作为必经之路，得天独厚，成为更兴旺、喧腾的水陆码头。

俗谚云："搬不空的嘉定（乐山），塞不满的成都。"此话真的

不夸张，那时河里穿梭往来的船只不绝如缕，成都至乐山往返的船只不下两千。从乐山经中兴场水运到成都的大宗商品，有眉山的大米，犍为的茶叶、煤，夹江的纸张，江安的楠竹，洪雅一带的火把柴，每日仅煤、盐的运送量就有200吨。丰水期大木船在中兴场轻载后，可直抵成都；若是枯水季节，吃水深的货船有的在中兴场换成小些的船筏，有的则雇佣当地农民由陆路转运货物至成都。这时也是有一把力气的农民一年一度能挣点零花钱的时节，中兴场到成都的公路上就成了满载货物的鸡公车的天下。

抗战期间为躲避日机空袭，20世纪40年代初，华阳县政府从市中心的正府街先后迁往牛市口、琉璃场、中和场、中兴场。中华人民共和国成立后，中兴场仍为华阳县政府所在地。1965年，"千年首县"华阳县被撤销，中兴场（镇）划归双流县。它在很长时间里淡出成都人的视线，略显沉寂。

小时候我第一次到中兴场，是一个冬天跟随母亲去的。大人们在一个大房间里开会，两三个小孩子就在外面的空坝上玩。放眼望去，周边见不到什么绿树花木，离河边与田野、竹林都有点远，我们又没找到什么可玩的东西，遂觉得百无聊赖。感觉中兴场的规模比中和场更大，街道更宽更齐整，厂矿企业也更多一些。然而，那两天没有遇到赶场，街上人少车稀，过于清风雅静。很长时间里，中兴场留给我的印象都是灰色和枯索的。

1981年，中兴镇改为华阳镇。到了21世纪初，身边有好多朋友陆续在华阳买房，从住宅密集的城中心迁居过去。华阳建成了大片新的居民小区，绿地、花园都比老城区规划得更为宽阔、奢华。再往后，华阳与成都中心城区彼此延展，终于无缝衔接。如今，华阳属于四川天府新区成都片区。

中兴场几经变迁，早已翻然转身。

安仁鳞爪

还记得20世纪90年代的大邑安仁镇：它的周边依旧是典型的川西坝子乡镇景象——四野为绿浪荡漾的庄稼，空气中有青草的香气，一簇簇翠竹枝叶婆娑，农家小院被竹林掩映。然而，接近安仁镇时，那些农家小院的院门却一反常态成了尖拱形的"公馆模式"，仿佛是在为进入安仁镇作某种铺垫。

小镇狭长的街道上，路面略微泥泞，街边的树枝上叉着竹竿，晾晒着大人孩子的衣服。跟随挑担小贩的脚步，不时可以看见一扇堂皇的大门和大门里面气象森严的公馆，以及建筑物高耸、考究的尖顶。安仁镇的不同凡响，在此稍微透露了一点消息。

当时，地主庄园陈列馆与《收租院》降温，古镇旅游还未火爆起来，那是安仁相对清冷的时段。有一年冬天学车，我们几个学员轮流开一段，北京吉普又颠簸又透风，却好像不知不觉就到了安仁。师傅领着几个学徒，熟门熟路来到一家门脸简陋的小饭馆。店堂内食客不少，临街的灶台上方挂着一排油亮的腊肉、排骨、香肠，它们已在灶头历经烟火缭绕，在金黄色上又镀了层褐色。老板端来几个家常菜，样样鲜美可口。印象最深的是那盘腊香肠，川味香肠本身麻辣浓郁，又添了烟熏火燎过的干香与悠长余味，相当出彩，觉得它特别有川西乡镇菜肴粗犷而别致的风味。

跟成都周边许多乡镇一样，安仁镇早年也有关帝庙、东岳庙、城隍庙等诸多庙宇、祠堂。每年旧历二月初八，各庙菩萨先后出驾，到了三月初四，出驾的菩萨都在同一天回来，这天就要举行隆重的迎神会。迎接菩萨的200多个"阴差"在街上排着长队，100多人扛着几条长龙，人们吹吹打打，川剧锣鼓喧天。东岳、城隍和他们的娘娘被抬着，洋洋得意地在街上走过，家家户户虔诚地点燃香蜡，焚烧纸钱，叩头作揖。"接菩萨"的男女老少手拿着香，到菩萨所驻庙宇焚香。这一天街上到处缭绕着淡蓝色的香烟，袅袅烟雾中，除了接菩萨的、看戏的，还有四里八乡赶来做买卖的。香火旺盛，生意也兴隆，迎神会也是"物资交流会"。这类集拜神、娱乐、买卖于一体的集会，也是川西平原乡镇上最通俗最常见的风景。

每年农历五月，为祈求土地神、五谷神保佑风调雨顺、五谷丰登，安仁各乡村还会请来木偶、皮影、花灯等各路艺人"唱禾戏"，那又是一番丝竹齐响、喜气扑面的场面。

不过，比起别处，安仁镇还有另一种喧嚣热闹。

它的家喻户晓，更主要的原因是刘家的名人效应。刘湘、刘文辉两代"四川王"相继执掌四川军政大权，刘湘从20世纪20年代初开始，担任过川军总司令、四川省省长、国民革命军第二十一军军长等职。卢沟桥事变后他积极率领川军出川抗战，任第七战区司令长官，1938年病故后被追赠为陆军一级上将；刘文辉则担任过四川省主席、西康省主席、国民革命军第二十四军军长等职。

刘氏叔侄显赫一时，族人也随之水涨船高，刘家共有军长、师长、旅长及县团级以上军政官员40多人，当时有"三军九旅十八团，营长连长数不完"的说法。

刘文彩等人的公馆20世纪50年代末期成为"地主庄园陈列馆"，60年代更是因大型泥塑《收租院》举国皆知，来安仁的参观者摩肩接踵，夜以继日。已有1000多年历史的小镇（唐宋曾经设安仁县），在不同的历史背景下都出尽风头。

今天的安仁，因民国老街、民国公馆与建川博物馆聚落的旺盛人气，惹得游人如云，再次为世人瞩目。

20世纪20年代初，刘湘在家乡为自己兴建公馆，由此开启了安仁的公馆时代。当年，小镇的地理位置较之成都市区可谓偏僻，但前往安仁走动的军政要员却不少。所谓"贫居闹市无人问，富在深山有远亲"，世事从来如此。小镇以前只有一条街，刘湘与当地乡绅联手，1925年新建了仁和街。次年他又捐资5000大洋，修建了占地3亩的安仁公园。本地著名教育家、前清秀才李吉人为之撰联："把酒快来游，莫待他黄叶满园，秋深金井；凭栏堪远眺，恰喜这红云一朵，楼捧玉皇。"公园虽小，却也有山有池，有亭有榭。古时，允许乡邻或远客入内游览的私家园林并不少，间或还有官署将附属园林对民众开放。但早在20世纪20年代就兴建新式公园的小镇可谓寥寥无几。成都市的第一座公园少城公园也不过1911年才建成。可惜，安仁公园几年后就荒废了。

刘湘、刘文辉还各自捐款5000元，与其他乡绅一起在县城建造了大邑县图书馆，特意请著名学者、书法家赵熙题写了匾额。据《安仁调查》一书记载，1929年6月下旬图书馆开馆当日，就收集到经史子集9000多册，还有《太平御览》《万有文库》等，刘氏叔侄也捐赠了大量私家藏书。

刘文辉任命五哥刘文彩担任宜宾百货统捐局局长、川南税捐总局总办等职，后者同时开办银号商号，源源不断地为刘文辉聚敛军费。20世纪30年代初，刘文彩将大量财物运回老家，大兴土木，将自己的宅邸不断朝外扩充，40年代基本成型，建成有多重院落、200间房屋的公馆，占地面积12000多平方米，建筑面积6000多平方米。因为系分期分批修建，缺乏整体规划，这座安仁镇最大的公馆，有着不讲规矩的布局。

相形之下，与刘文彩公馆毗邻的刘文辉公馆兴建较晚，布局通脱大方，气度雍容典雅，工艺细腻精湛，兼有四川民居与西方建筑的特色。公馆于1938年动工，1942年建成，占地面积24000多平方米，建筑面积8000多平方米，共三进院落，内有大型花园与网球场。刘文辉并没在为他建造的公馆居住过，但是建筑物本身已经有含而不露的威慑力。

刘文彩的公馆被当地人称作老公馆，以区别于刘文辉的新公馆。前者在20世纪六七十年代因为泥塑《收租院》在全国名声大噪，作为阶级斗争的活教材，迎来数以万计前往参观的青少年，安仁镇的喧嚣热闹也空前绝后。小学五年级时，我所在的班级也曾前往安仁参观"地主庄园"，接受"阶级教育"。记得我们全班乘坐的那辆卡车，是一位同学的父亲开的。当然没有座位，挤在车厢里东摇西晃。那一趟最深的印象，是车上冷风刺骨、头晕反胃。

刘文辉公馆从1988年以后的许多年成为川西民俗博物馆，那些只具备风俗意义的物件——雕工精湛的老家具，错落有致的花轿、农具、烟具等，给这座曾经有不寻常历史的建筑抹上了平和温柔的色彩，叫人似乎触摸到旧日川西乡镇生活的一点脉搏。

刘文彩与当地乡绅从20世纪30年代开始，先后修建了天福、吉祥、维星、裕民、树人、澄平几条街。小镇原本有米市、肥猪市、土烟市、猫市、柴市、土布市、篾木市等诸多市场，后来又陆续聚集了绸缎铺、木器铺、白铁铺、理发店、缝纫店、照相馆、糖果铺、钟表修理店等，每至逢场，街上人流如织，异常热闹。

20世纪三四十年代，成都市区的不少公馆开始融入西方建筑的一些元素。安仁镇的公馆也引进了某些西式楼房的构筑手法与现代功能。安仁镇先后建成刘湘、刘文渊、刘文昭、刘文成、陈月生、乐述言、乐自能、刘体仁等人的公馆。公馆主人既有刘家兄弟子侄，也有刘文辉、刘湘的部下等。安仁镇现存民国公馆27座，数量既多，保存也完好，在全国都不多见。

刘文彩还在镇上修了星廷戏院、同庆茶楼、文彩中学，戏院不时从成都请些名角来唱戏。文彩中学1945年1月开始在成都、大邑、邛崃等地招生，学校有教室、礼堂、食堂、图画室、音乐室、教职员与学生宿舍等30多幢建筑，高薪聘请名师，师资校舍等在当时四川省的中学中居于一流。

公馆林立，街道交错，商铺密集，还有公园戏院，穿着麻制军训服、扎皮带的男生与穿着阴丹蓝长裙、青色洋袜的女生从校园进进出出……小镇颇有些城市气息。

裕民街上，二楼一底的同庆茶楼也是刘文彩修建的，后人只知它是"刘文彩的洋楼"或"袍哥楼"，它喧阗扰攘的旧事，顶多留下一鳞半爪供后来的人揣想。当年这是以刘文彩为首的袍哥组织"公益协进社"总社的据点。安仁在民国初年即有安仁公、敦仁公等五个袍哥公口，安仁乡乡长刘文彩于1941年将它们合并为公益协进社，他的三哥刘文昭为名义上的总社长，他与曾任二十四军团长的刘体仁等是副社长。"总社"下面仿照政府机构设立了八大股——总务股、慈善股、教育股、调解股、治安股、水利股、财务股、交际股，俨然覆盖了内部运作与地方管理的方方面面。这是一个分布极广，势力扩展到川西、川南、川康边界各县的庞大袍哥网络，20世纪40年代鼎盛期有300多个支社分社，据称有"十万兄弟伙，一万多条枪"。

同庆茶楼二楼有楹联"同心同德同肝胆；结仁结义结金兰"，江湖口号很响亮。同庆茶楼既能会客、议事，又可喝茶、聚赌。因为公益协进社背靠刘文辉这棵大树，安仁更非冷僻寂寥之乡，因而军阀政客、乡绅名流与各路码头的袍哥大爷都曾涉足茶楼。

袍哥轶事

说到袍哥,李劼人先生的小说《死水微澜》中那个魅力十足的罗歪嘴就会活蹦乱跳地浮现于眼前,带着百年前的装束和历久弥新的矫健与"前卫"色彩。

罗歪嘴的嘴其实并不歪,只因他与女人调情时不免要把嘴歪几歪,于是便博得了这个绰号。他也是小粮户的儿子,也曾读过"四书",但兴趣不在读书上,十几岁起便到处漂流游荡,在他的家庭背景中也算一个另类。

30多岁时,身在江湖的罗歪嘴已是

新都天回镇的一座石桥(原图注地点为汉州,1937年安特生拍有同一座桥,标注为成都天回镇) (德)恩斯特·柏石曼 摄

舵把子朱大爷的大管事,江湖人称罗五爷。他既见过世面,有见识有能耐,还能言善辩,加上朱大爷的影响力,所以不仅在本码头天回镇叱咤风云,就是纵横八九十里,只要有罗五爷一张名片,照旧一路顺风。

罗歪嘴最令常人佩服的还在于他35岁依然不成家。显然不是因为娶不起亲,罗五爷经手的银钱总有几千上万两,可他不置恒产,除了用几百两银子放利收息,随身只有皮箱、被盖卷和少许物品——完全是一副浪迹天涯、随时"在路上"的潇洒形象;罗歪嘴的女人缘也毋庸置疑，当然，他结交的女人大多是妓女。以他的大方、风趣和豪迈，那些想从良、不想从良的女子，都难免对他产生幻想。然而，他的态度呢？"好看的，娇媚的，到手总有几十，但耍过就是……说不要，就不要，自己从未沉迷过，也从未与人争过风，吃过醋。"真正是沉而不溺，极理智有分寸的类型。

罗歪嘴其实是在用"冷面小生"的姿态抗拒他面临的尴尬处境——他娶谁回家呢？他的理论是：娶妻当然要娶良家妇女了，但好人家的女儿，无非是"作古正经死板板的人"，淡乎寡味。所以，"家就是枷！"倒不如出钱找些新鲜风趣的"玩家"，既洒脱又不受约束。其实，是不是也可以说他在虚位以待，等着令自己心旌摇动的女人呢？

后来，罗歪嘴的理智果然在他的表弟媳、漂亮泼辣的蔡大嫂面前溃不成军。他俩有悖礼俗的疯狂燃烧的爱情，令小镇的人们目瞪口呆，有人不免对罗歪嘴不解："大江大海都搅过来了，却在沟里翻了船！"然而，粗豪逞强，至情至性，蓬勃奔放，谁能说这不正是罗歪嘴的可爱之处呢？这个貌似粗犷却又柔情似水的袍哥"大管事"，有点像天回镇的白瑞德。他俩都曾经"把栏杆拍遍"，最后对心仪的女人都有种浪子回头的虔诚、执着。而罗歪嘴比白瑞德幸运，他的郝思佳——蔡大嫂并没有暗恋别人，而是心无旁骛地景仰着他。

只是，世事难料。谁都想不到，没过多久，竟然是那个有点木讷、土气的粮户顾天成抱得美人归。罗歪嘴与顾天成几次短兵相接的摩擦、交锋，罗起初也颇有主动权，但最后，还是信了洋教的顾天成大获全胜。

袍哥和教民两股力量的相激相荡，竟演绎出这样一段英雄美人、刀光剑影的传奇。我们在仰慕李劼人先生的同时，也似乎听到19世纪末的好些人在感叹：威风八面的袍哥，居然也有居下风的时候？

十五 乡村叙事

明朝覆灭后,各省各地以"反清复明"相号召,在民间形成了种类很多的秘密组织,其中就有规模较大的"哥老会"。清朝后期,哥老会逐渐流入四川,在四川的称呼又叫袍哥。到清末民国,不仅有大量在乱世中希冀得到庇护的下层群众加入袍哥,一些士绅大户,包括大量工商界人士与军人也纷纷参与。据王笛先生的《袍哥——1940年代川西乡村的暴力与秩序》一书记载,直到20世纪40年代,四川成年男性超过半数甚至有70%以上是袍哥组织成员。担任过成都大学校长、四川省省长、中国民主同盟主席、中华人民共和国成立后任中央人民政府副主席的张澜,也曾是袍哥中的知名大哥。

袍哥组织风靡各州府,尤其深入到乡镇农村,在官方权力难以完全渗透的基层社会很有影响力,甚至代为行使了对乡镇地区的某些管控职能。而行政官员有时也得仰仗袍哥,推行政务。

袍哥有一套自己的独到的语言系统,身在其外的人,往往对他们花团锦簇的对话感到云里雾里,不知所云。比如,"水涨了"意为事情败露,官府要捕人了;"把他毛了"即把他杀了;"某家场赶得",地方官姓张即称张家场,姓李则叫李家场;"不拉稀"意为遇事有担待;"依苗苗草"即一,"耳子草"即二,"散钱花"为三,"留之皮"是六,"凄凉冈"即七,"巴地虎"即八,"柿子圆"为十……这类像接头暗号一样的隐语,因为袍哥在民间的广泛分布,逐渐变得不那么神秘,有很多袍哥专用语后来衍变成极寻常通俗的口语,在成都和周围乡镇广为流传,从中不难看出袍哥对社会生活的渗透力和影响力。很多词汇如兄弟伙、出过血、栽培、把他方起、下炕蛋、扎起等,到20世纪七八十年代甚至至今还能在老年人口里听到。只不过,说这话的人也许是难得出门的老太太,也许是只喜欢喝几杯花茶的老大爷,跟袍哥已风马牛不相及了。

四川袍哥力量之大，闻名遐迩。孙中山在日本领导的同盟会派员到四川开展工作，也看到了袍哥在四川分布既广、势力又强大的优势，并充分发挥了袍哥的作用。四川保路同志会在同盟会的领导下，在全省发动大规模的起义，轰轰烈烈围攻成都的十多万保路同志军，就是以袍哥为骨干、以农民为基础组建的。像新津的侯宝斋、温江的吴庆照、广汉的侯橘园等，都是以袍哥舵把子的身份担当保路同志军首领的。

　　四川哥老会堂口极多，堂口所在通称为码头，当然不是通商大都那种码头。舵把子即某一堂口总揽大权的头子，又叫大爷。即便在成都的春熙路等繁华地带，大商铺大公司的老板，逢年过节都不会忘记给舵把子送礼，遇到红白喜事也绝对不会怠慢；"当家三爷"则相当于王熙凤的角色，总理一切人事及财务大事；据说因为忌讳"二"字为鬼老二，忌"四"字为死，故不设二爷、四爷，也不设七爷，所以五爷又称"管事"，权利也大，他负责内部的协调安排与对外联络交往，算是办公室主任吧，也就是罗歪嘴承担的角色。

　　哥老会虽说推崇忠勇仁义，以解衣推食、豪侠重情相号召，但到了后来，其中的一部分已逐渐演变，成为从社会底层到上层都颇具恶劣影响的一股势力。所以袍哥又分清水袍哥、浑水袍哥。清水袍哥有恒产，其中不少为官绅子弟，其头领也叫社长；浑水袍哥则不免杀人越货，一般在城外活动。袍哥的办公地点多设在茶铺，有的茶铺本身就是袍哥开办的。那些挂有某某公社招牌的茶馆，平常由管事负责，遇到本码头有什么紧要之事，往往就由呼风唤雨的舵把子在茶馆运筹帷幄。若是舵把子发起怒来，别说一个不大的场镇要抖三抖，就是在成都这个大地方，照旧有舵把子威震四方。

　　东门外的黄亚光出身于舵把子世家，不但祖父、父亲、舅父是舵把子，他的姐姐还既是女袍哥，又信了天主教，所以他们一家人兼有中西方势力,在东门一带真是说一不二。20世纪40年代,黄亚光的势力还扩展至北门。

黄亚光酷爱川剧,每天晚上都在群益社的码头上摆"围鼓",吹拉弹唱,锣鼓喧天,直到更深夜静。黄亚光该回公馆了,上百个兄弟伙一手打手电筒照路,一手持枪,长长的亮堂队列划破夜空的幽静,像条巨大的火龙在街巷中蜿蜒。被前后簇拥的黄亚光边走边咿咿呀呀哼着戏词,土皇帝似的满足、得意。

也有颇受乡里称颂的袍哥。双流"同仁会"舵把子李安邦曾被防区孙师长委任为清乡军第一支队长,他维护桑梓的办法其实很简单,就是告诫下面:"哥弟们发财我不阻拦,但不要在县境内作案,给我'摆耗'(谓杀人放火、抢劫绑架等),你们朝外面打主意我不管。"县境内真的是平安无事,秋毫无犯。1929年,李安邦还被双流水利代表大会选为扬武堰堰长。扬武堰源于都江堰,双流的良田靠它灌溉。李任职期间曾兴利除弊,着力修浚疏淘扬武堰。此后他还解囊数千元,倡议修造庆云桥。这些举动使他在乡里很有口碑。

20世纪20年代初,双流人钟丹崖的儿子钟作猷考进北京大学,众人连声赞叹称羡,钟丹崖却暗中着急,因为孩子的路费和入学费用尚无着落。经人建议,他求助于李安邦。李安邦欣然资助他200元。临别时,钟丹崖带着儿子向李安邦辞行。后者拿出自己的名片递给钟作猷:"这个你收起来。路上如果有什么麻烦,拿我的名片给他们看。"钟作猷只顾感谢李安邦,顺手将名片放进书箱,当时并未太在意。

船到乐山竹根滩,突然杀出一伙土匪,喝令全船客商下船,逐一搜身,船上的包裹箱笼被他们翻得一片狼藉。这时,李安邦的名片从箱内掉了出来,匪首立即命人询问"这口箱子是谁的?"钟作猷不知是祸是福,不敢声张。经同船旅客指认,他不得不承认。匪首问他是李安邦的什么人,钟作猷只得答道是亲戚。谁知匪首一听,立即换了殷勤的笑脸，将从他身上搜出的钱退回，并连连道歉："今天弟兄们冒失，真是对不住，让你受惊了。以后见到李舵把子，要请他海涵哦！"钟作猷擦去一头冷汗，暗自庆幸。钟作猷后来留学英国，获英国文学博士学位。

今天，红牌楼、青龙场、洞子口、茶店子、牛市口、驷马桥、苏坡桥等诸多乡场早已纳入市区的版图了。那些远一些的乡镇，它们的面貌、风俗、规模、场口上行走的人群、活跃的名流，也天翻地覆了。或许，在那些沉默的土地、参天的大树和奔涌的流水周围，还能找到一点过往年代的依稀旧影。

十六　乱世枭雄

"杨森说"

20世纪20年代的成都有了一些新气象。东大街、春熙路修成了，春熙路的街心花园还有了一座纪念碑，碑上安置了一座孙中山先生的短服站立铜像。铜像的孙中山形象有些失真，1943年余中英任成都市市长，又请来刘开渠重雕了一座孙中山坐像，就是现在仍然坐落在春熙路的这座雕像。少城公园里开辟了公共体育场，成立了通俗教育馆。电线杆、行道树和墙壁上钉上了木牌，此种木牌遍布全城。

木牌上原来是标语，全是"杨森说"：

杨森说："禁止妇女缠脚！"

杨森说："应该勤剪指甲，蓄指甲既不卫生，又是懒惰！"

杨森说："打牌壮人会打死，打球、打猎弱人会打壮！"

杨森说："穿短衣服，既可节省布匹，又有尚武精神！"

杨森说："夏天在茶馆、酒肆、大街上及公共场所打赤膊是不文明的行为！"

杨森当时任四川军务督理。他进驻成都后，提出了"建设新四川"的口号，在成都大力推行"新政"。这位有名的将军大权在握，又是新官上任，一时间搞得鸡飞狗跳。夏天在公共场所打赤膊的人，若是碰到巡查队，手板心就在劫难逃了。执行政令时，杨森是翻脸不认人的。所以杨森在成都要做什么，很少有人阻拦。

杨森的所为招来了一些思想保守的人暗中咒骂，却赢得接触了新思想的年轻人的好感。

对杨森来说，"新政"其实算不得什么，"统一四川"才是他的梦想。这其实也是所有四川军阀的梦想。辛亥革命后的三十余年，四川军阀在全国大军阀的操纵下，挑起了无数次争霸四川的战争，无数次的"城头变换大王旗"，给古城成都带来了深重的灾难。

1919年到1935年，军阀割据的防区时代来临。从1928年9月1日就职的成都第一任市长黄隐算起，到1949年第十四任市长冷寅东止，多数市长都是军人。在市政府之前的市政公所时期，从1922年的第一任督办刘成勋至1928年的第五任督办全系军人。成都成了军人的天下。

皇城四处血流成河

最早在成都展开的军阀之争是在1917年。枪炮声打破了成都两百年的宁静。自此以后，军阀们以成都为战场，打得冤冤不解，一时间生灵涂炭，百姓遭殃。

反袁护国战役胜利后，北洋大总统黎元洪任命护国军总司令蔡锷为四川督军兼省长。蔡锷到职不久，便因喉疾加剧赴日本医治，遂电请北洋政府任命滇系的罗佩金暂代四川督军，黔系的戴戡暂代四川省省长。护国之役既已结束，滇、黔军却并未撤走，而是全部留在了四川。川军第三师师长刘存厚自认为在护国战争中立了大功，又是川

· 十六 乱世枭雄 ·

1917年的四川督军署 （美）西德尼·戴维·甘博 摄

人，理应出任省长，而四川督军、省长之职却被滇、黔人夺走，因而十分不满。

罗佩金任督军后，大搞"弱川强滇"，把持兵工厂和造币厂，滥发滇钞纸币，截留盐款，私卖鸦片。滇、黔军初到成都时，装备陈旧，黔军士兵还有持刀茅者。入川后，滇、黔军的武器全换成了四川兵工厂造的枪。滇、黔军的装备、粮饷全由四川人民负担，也激起川人的不满。成都人称滇、黔军为"红边边"，因其军帽圈为红色；称军帽圈为灰色的川军为"灰边边"。"红边边"视川人为被征服者，任意滋事扰民，成都人对其深恶痛绝。于是，当罗佩金抛出"强滇弱川"的裁军方案后，刘罗之战便爆发了。

罗佩金首先拿川军第四师开刀，召见师长陈泽霈并将其扣留，又命令从松茂刚调回成都的一个团的官兵到东较场集合，听罗督军训话。官兵到达后，罗佩金命令士兵架枪休息。早有准备的滇军出其不意将士兵们包围、缴械并剥去军装，逐出东较场。

当时天气较冷，士兵们打着赤膊，仅穿条短裤，流窜街头，饥寒交迫。在总府街、提督街、皇城坝一带，四处抓锅盔、抢饭吃，商贩们吓得立刻关门闭户。奇怪的是，不多一会儿，这些士兵便了无踪影——原来是川军派人叫他们穿衣吃饭去了。

当天下午，从北较场东辕门冲出两队装束奇特的队伍，他们似兵非兵，赤膊上阵，头上身上裹着申冤的黄白纸钱，手执鬼头大刀，如疯如狂，向东边开去。队伍中的赤手空拳者就沿街向居民借菜刀，向屠案借屠刀，大有誓不生还的气概。他们冲向滇军驻地，乱砍乱杀，滇军措手不及，死伤无数。

滇军在白云寺城墙上的部队立即开枪掩护从小关庙逃出的部队，东珠市巷城墙上的川军也开枪还击。居民们一看是"灰边边"打"红边边"，便呐喊助威。冲杀声、枪声夹杂着呐喊声，惊天动地。东北城门一带已完全处于战争状态，两军打起巷战，用街沿石条和街面石板筑成防御工事。滇军对川人支持川军积恨难消，将无辜的行人带上城墙，强迫他们跪在跺口上，用梭镖从背心刺去，行人扑倒于城墙下。东较场猛追湾一带积尸累累，事后红十字会掩埋队报告，滇军在此刺杀川人达千名以上。

成都各界人士对滇军的野蛮行径切齿痛恨，组成请愿团向川军师长刘存厚申诉，要求拯救省民，讨伐滇军。刘存厚本欲驱逐滇军，此时更是师出有名，于是大规模的巷战爆发。滇军声言"亮城"，喷射煤油，焚毁皇城周围的贡院街、三桥北街、东西御河沿街、东西皇城边街等处的民房，同时步枪机枪交叉扫射，阻止警察及各街团防救火。皇城一带烈焰冲天，数千家房屋化为灰烬。

滇军溃退至皇城，刘存厚决心大战。罗佩金召集部下在明远楼开会商讨对策。刘军炮轰皇城，第一炮便击中明远楼。罗佩金急忙把会议地点移至致公堂,川军第二炮又击中致公堂。罗佩金胆战心惊,而戴戡又袖手旁观,坐山观虎斗,滇军于是撤出成都。第一次巷战打了七个昼夜方才停火。皇城周围已成一片焦土。

刘、罗巷战刚过去不久,又爆发刘、戴巷战。刘罗之战后,戴戡坐收渔利,一人掌握了省长、督军、会办三颗大印。罗佩金、刘存厚被北京政府免职。戴戡当督军后,立即派兵接收刘军防地,刘存厚拒不交出,刘、戴矛盾日深。张勋拥溥仪复辟,任刘存厚为四川巡抚,戴戡认为刘存厚附逆有据,决定出兵讨伐。1917年7月5日晚,刘戴之战爆发。川、黔军仍然以皇城为主战场,皇城又一次变为火海。川军用地雷爆破城墙,黔军军心动摇。写有"生擒戴戡者奖洋五万元,献头者奖洋贰万五千元""生擒熊其勋者奖洋拾万元,献头者奖洋五万元"的白布横幅,遍布城内各大街街口。川军围困皇城达十二天,黔

1917年成都城内遭军阀混战毁坏的民房　(美)西德尼·戴维·甘博　摄

军终于竖起白旗投降。黔军撤出成都，第二次巷战才算结束。

两次巷战给成都带来了空前的浩劫。全城四处火起，许多民房被毁，无数平民无家可归。军阀遍劫财物，奸淫烧杀。武城门上，堞为之赤，城下壕为之满，红十字会仅在此地就收埋4000余具尸首，有被枪杀的，有断头的，有被刺刀洞胸而将肠胃饲狗的，其状惨不忍睹。有两个年约十三四岁的女孩，被兵匪轮奸后以刺刀剖腹，二女肠子则被拖出连结，竟叫作"放美人风筝"，暴行令人发指。

防区时代

1917年的巷战结束了，川军与滇、黔军的战争状态并未完全解除，而且还出现了靖国军与非靖国军之间战火未熄，靖国军与靖国军之间、靖国军与起义军之间、起义军与起义军之间矛盾重重，大战的阴影仍然笼罩着成都。1918年5月，熊克武以靖国各军总司令的名义发布了《四川靖国各军卫戍及清乡剿匪区域表》。1919年，熊克武又发布《四川靖国各军驻防区域表》，为各个派系划定驻防区域。各自为政的防区成为一个个独立王国。为了扩大防区，军阀之间混战不已。四川由督军、省长乃至各师旅团长、大小军阀割据统治着，直到1935年国民党统一四川。

成都进入了防区时代。

要当"四川王"，离不了"钱"字。军阀们敛财的功夫个个都不逊色。

民国十三年（1924）杨森督理四川事务时，直接接管了成都造币厂。他命令造币厂暗中停铸一元的主币（大洋）和一、二角的辅币，专铸五角的银辅币。五角银币的含银量也由九成降为七点二成。单是银色差异上的余利就为杨森攫取了60余万元的巨大财富。民国十四年（1925），邓锡侯接管造币厂，也全造成色不足的五角银币，掠夺了200余万元。

1925年，杨森发动的"统一之战"遭到失败，只得灰溜溜地退出成都。邓锡侯的二十八军、田颂尧的二十九军、刘文辉的二十四军共同进驻成都，划分各自的势力范围。田颂尧占据了兵工厂，刘文辉占据了兵工分厂，邓锡侯占据了造币厂。

造币厂是令人眼红的肥肉。邓部杨秀春旅先入成都，一进城就派兵接管造币厂。邓部另一师长李家钰率部进城后，以武力相威胁，从杨秀春手中夺去造币厂，引起邓部师旅长们的怨愤。邓锡侯为平息众怒，宣布亲自兼厂长，勒令李家钰交出造币厂。上司的命令不得不从，李家钰不能公然对抗，一面加紧铸币一面拖延时间，到1925年10月底才将工厂交出。交出时他还留了一手，取走半元银币铜模，交给其弟李注东，在忠烈祠街司令部和城隍庙驻地、遂宁防区设厂私铸半元银元。

邓部的将领们纷纷效尤。谢德堪占领了倒桑树的四川机械厂，造枪弹和造银元同时进行。一时间，罗泽洲在顺庆、邓国璋在郫县、黄逸民在灌县、杨荣向在金堂、王岫生在成都、陈书农在合川设厂铸造低成色的半元银币。

看到邓锡侯和手下的骄兵悍将独享铸币特权，刘文辉妒意顿生，借口制造藏币在边区使用，取走造币厂半元铜模，收买制模具技工，在修械所和雅安防区私铸半元银币。田颂尧部的何瞻如、曾南夫也都先后设厂铸币。

这些私铸的银币成色、质量低劣，人们称之为"杂版"。邓锡侯的造币厂造的叫"厂版"。杂版流向市场，蒙混使用。私铸银元获利丰厚，私铸工厂越来越多，工艺越来越拙劣，有的成色竟低至二三成。当时的《川报》载，仅灌县一地，就有私铸工厂十多家。

到了民国十六年（1927），杂版在各县已经不能蒙混使用，脱手困难，有的便以八折抵用。而成都的杂版价值变动还不大。不料10月中旬，四川边防军总司令李家钰在遂宁防区擅自规定，大银元一元做一元零四仙使用，杂版一律五折使用，厂版九折使用。消息传开，各县杂版潮水般涌向成都购物，市场一片混乱。杂版无人接手，杂版风潮爆发。

邓锡侯、田颂尧、刘文辉三军长见事态严重，匆忙决定严禁使用劣币，封闭制劣币的私厂。他们的用心是要私造银元的部下暂时收敛。而平民百姓手中的杂版如同废物，无法流通，交易停止，商店关门，全城死气沉沉。见此情形，三军长不得不任杂版继续流通。

滥造银币的军阀都开有各自的银行、钱庄、字号。成都的金融业畸形繁荣，春熙路、东大街、南北新街上，银行票号密集如林。要支付庞大的军费开支，没有特立的金融机构是难以为继的。本来按照北京政府财政部的规定，审批银行十分严格。但三军长却不受这个限制，自我批准就是了。这就为三军首脑和他们的部属大开方便之门。这些银行利用旧的票据法允许发执照的规定，大量发行定额执照。执照是特种票据凭证，它列有抬头，有约定的金额和付款期限。这是银行、钱庄对客户使用的一种信用证，在商场上有相当的信用。市面上杂版成色参差不一，识别困难，人们把收受杂版视为畏途，执照便流行开来。此时安乐寺金融市场上质量低劣的厂版、杂版银币、执照充斥，劣币成灾，市场混乱。为了抬高自己的执照的身份，钱庄、银行派人到市场上用银币、铜元交换时，都声言只收本号或某几家的，执照越发显得可信。

有的银行执照发得太多太滥，骗得现款后便席卷而去，宣告倒闭。有些军阀为了使自己所铸的杂版脱手，在执照发行到一定数量时，故意放出倒闭消息，制造挤兑，趁挤兑紧张时，将大量杂版兑出。

有一种臭名昭著的"官茅房执照"，执照上的商号地址竟然就是茅房（公共厕所）。乾丰荣商号的执照地址是北门外簸箕街茅房，天源号执照上的地址是书院西街的茅房。拿到这样的执照的人，真是欲哭无泪了。

杂版在市面上如洪水般泛滥起来。成都"怪杰"刘师亮愤怒地咒骂："五角银元滥、哑、假，三个死人邓、田、刘。"受害最深的是贫苦百姓和小商小贩，他们没有什么存款，手上的杂版买不到柴米，有的执照成了废纸，无异于断绝生路。民怨沸腾，四川各界民众组成"反劣币大同盟"，商人罢市，工人罢工，教师罢课，学生们走上街头演讲，矛头直指三军长。

眼见得杂版风潮无法收场，三军长为平民愤，不得不同意捣毁造劣币的工厂。实际上工厂都由他们的部下武装守护，戒备森严，根本无法捣毁。"反劣币大同盟"见三军长没有解决币潮的诚意，便继续开展宣传抗议活动。"军警团联合办事处"出动军警，镇压散发传单的学生，发生了震惊全川的1928年"二·一六"惨案。

邓锡侯见社会动荡越来越严重，自己是造币厂厂长，造杂版的又以他的部下最多，便躲到灌县青城山，行前拟定了下野电稿，表示不当军长了。他是以此要挟自己的部下及刘文辉停造杂版。邓部将领自感羽毛未丰，怕邓下野后自己被别人宰割，只好应允。刘文辉想挟邓、田以自重，与刘湘的"速成系"对抗，吞并刘成勋，扩大实力，也不愿邓锡侯下野。邓部将领联袂到青城山接回邓锡侯，杂版风潮方才烟消云散，而大小军阀们早已中饱私囊。

林立的银行、钱庄，在不断的挤兑风潮和战事影响下，开得快也垮得快。20世纪30年代的成都仍是战云密布。开始于1932年冬的刘文辉、刘湘的"二刘之战",是民国时期四川军阀混战中规模最大的一次。刘文辉是刘湘的幺叔,二人是堂叔侄,但刘湘却比刘文辉年长近6岁。四川20多年军阀混战以后,熊克武、刘存厚、杨森等都丧失了争夺四川霸主的实力,黯然退出。二刘这对叔侄却各自拥兵十余万,走到了争霸四川的前台。刘文辉此时身兼四川省主席、川康边防总指挥、二十四军军长,刘湘则任四川善后督办、二十一军军长,二人旗鼓相当。其余的军阀如邓锡侯、田颂尧、杨森、李家钰等,为求自保,几经反转,最终投靠刘湘。四川战火不断,南充、泸州等地硝烟四起,同时刘文辉的二十四军和田颂尧的二十九军在成都又爆发惨烈的巷战。少城、红照壁、春熙路等区域面目全非,街上战壕、战垒处处,一时间路断人稀,商铺闭门,百业凋零。战事激烈处,到处可见士兵、平民的尸体。少城有的平民的房顶上甚至成了架设机枪的制高点。枪炮声、房顶上的脚步声,伴随着踩烂的屋瓦噼里啪啦地砸落,让躲在屋里的平民如临末日。

战火最为胶着之处是双方争夺的焦点——皇城。枪炮如雨,皇城内的四川大学更是被置于战火中,校舍被炮弹击中。刘文辉的二十四军占据川大前门,田颂尧的二十九军占据川大后门,争夺制高点煤山的战斗尤为激烈。二十四军士兵竟从川大前门穿过川大学生宿舍,破墙而出,奇袭煤山之背的二十九军。夜半三更,步枪、机关枪的嗒嗒声、手榴弹的爆破声和交战双方的呐喊声响成一片。枪林弹雨中的学生们只着汗衣裤,卷着被盖躺在地上躲避战火。师生纷纷离校避难,省主席刘文辉拖欠教育经费,加之匪患四起,形势险恶,川大只得提前放假。

巷战之中,不知哪个军阀听说坦克的威力,便发明了一种土坦克——征集了所有的粪车,用铁皮将粪车包住。倒霉的粪车夫充当苦力,拉着装满士兵的粪车去攻击敌方。在枪林弹雨中粪车夫死伤无数。战争状态中的成都，社会动荡不已，银行遭劫不断。就连邓锡侯的康泰祥银号也被抢走现洋7000元。1933年5月，刘文辉战败，下川南防地被刘湘占领大半。刘文辉的裕通银行在这一带使用的执照票和期票，因刘文辉战败而无法使用。裕通银行发行的执照票和期票数目庞大，仅在1933年7月的5天之内，被直接、间接拖垮倒闭的银行、银号、钱庄就有38家。二刘大战结束时，成都的银号、钱庄已所剩无几。

"二刘之战"以刘文辉战败、退居西康，刘湘成为"四川王"而结束。这场血战历时将近一年，战火烧到了川西、川北、川南，四川大小军阀几乎尽数卷入，士兵、平民伤亡巨大，给四川人民和古城成都留下难以消弭的战争创伤。

醉生梦死之城

防区时代，一种奢靡之风在成都弥漫开来。

赌博是这一时期成都城市生活的重要内容。官场中私设赌局，由来已久。各军将领齐聚省城，从正月请春酒开始吃转转会。正月初一上午，各军文武官员齐聚首脑公馆拜年，公馆内开设若干赌局，打麻将、掷骰子、玩扑克、推牌九、打纸牌，洗牌声、谈笑声不绝于耳。初二开始，各军将领在各自的公馆互相拜年，设一二十桌赌局，从上午赌到深夜。这样的转转会，要到二月赶青羊宫花会才结束。

春酒吃完，赌局也从军人公馆移至明暗赌场里进行。

"明堂子"赌场中有四个最有名的，即牌坊巷、狮子巷、塘坝街、笆笆巷（八宝街）的赌场。他们都有军方首脑做后台，有武装士兵守护，市政军警是惹不起的。赌客中有军官、袍哥、土匪、妓女、烟贩、兵痞、流氓，人数常达几百。赌场中还卖鸦片，为赌客助兴。

而军队将领在各自公馆中私设的赌场就更多了，成都人称之为私窝子。一些银号、字号也是变相的赌场。私窝子赌场由主人邀人去赌，赌客也带人参加，人数少于"明堂子"，但赌客中有钱有地位的居多，赌注也下得大。刘文辉部的某旅长在利丰银号赌博，一夜就输掉20余万元，相当于输掉全旅士兵的枪支。德永益银号布置了精致的客堂，准备了各种赌具和鸦片烟具，烟盒子随时摆在烟榻上，随来随烧，有专人伺候。银号还请有厨师每天置办酒席，所以天天赌客盈门。赌客中不乏敌对的双方。刘文辉与邓锡侯交恶的毗河之战爆发的前一天，二十四军的几个旅长与敌对的二十八军的几个旅长还在德永益银号打牌、烧鸦片、吃酒席，有说有笑，其乐融融。第二天他们就回到各自的防区面对面地开枪开炮。

除了明暗赌场，成都还有成千上万的小赌会。有钱有势的男人们在外面豪赌，他们的太太小姐也在家里聚赌。兵营里每连每排都有赌场，旅馆里旅客在房间里面赌，茶房的工友在过道里赌，餐馆宴客，更是必设赌局以供食客消遣，就连黄包车夫、搬运工人也爱赌钱。

成都成了一座赌城。

石肇武的脑壳——宰了

这是1933年初夏的一天。成都弥漫着躁动不安的气息。报馆号外，满街呼售。人流从四面八方涌向少城公园保路纪念碑。在纪念碑临街的一面，赫然挂着一只木笼，里面装着一个人的脑壳，瘦削的脸，一副大烟鬼相，颈项上还有筋筋吊吊凝固了的血块。看到这个大现惨相的首级，人们无不拍手称快。少城公园被大大小小的写着各种字体的罪状淹没了。还有好些没法张贴，便堆成几大捆，放在纪念碑下。

首级挂了三天，成都万人空巷，轰动不已。

是谁受到如此惨烈的大劈之刑，落得这样的下场？

他就是作恶多端的歪人石肇武。

石肇武原本是屏山县土匪，自称太平天国翼王石达开之后。刘文辉当旅长后，为了扩充兵力，招匪成军。石肇武被招来后成为连长。石肇武有心投靠刘文辉，跑到宜宾刘公馆里，见到刘文辉便双膝跪地，苦苦哀求刘文辉收他做干儿子。刘文辉的二太太见他心诚，便乐得白捡个儿子，将他扶起，呼一声干儿！从此石肇武成了"石千岁"，官运亨通，十年工夫就官拜旅长。

有了干爹刘文辉做后台，石肇武掌红吃黑，骄横跋扈。还未驻防成都时，他就劣迹未改，逼死伶人，奸淫少女，放纵手下官兵胡作非为。移防成都后，他的恶名更是满城皆知。

石肇武的部队驻少城支机石、同仁路一带，他的公馆在宽巷子，公馆内常有弁兵20余人。石肇武时为十二团团长，十二团官兵多系土匪凑成。在石肇武的纵容下，他的部下随时出来调戏妇女，拦路抢劫，打家劫舍。少城一带本是安静宜居之处，却被石肇武变成匪窝。匪兵们连黄包车夫都不放过，时常把车胎车带取走卖钱，打死打伤几个黄包车夫也不过小事一桩。一到傍晚，少城行人稀少，家家关门闭户，人人自危。

小老百姓尚且对石肇武之恶名闻之胆战，有钱人更是惧怕了。

鼓楼北二街庚鼎药房曹老板的二公子，到祠堂街新又新大舞台看京戏夜场，在离开家门的时候，万万想不到竟走上了不归之路。曹公子正看得摇头晃脑，忽然有小僮在他耳边低语，说是有客会他。曹公子恋恋不舍地刚走出剧院，就被一人秋风黑脸地扇了两耳光，然后那人车身就走。曹公子恼羞成怒,捂着烧乎乎的脸庞边骂边追了上去。还没跑几十步,就被两人架住,蒙上双眼。等他睁开眼睛,人已经在一个独院里。只见一群土匪般的人,为首的一个似笑非笑地说,二娃子,没办法,我们都缺钱用,等你家里送来大洋一万元,我们就放你走。

信送出去十多天了,殊不知曹老板不理不睬。曹二公子这下在劫难逃了,被这伙人吊起来,嘴里塞进布,皮鞭棍棒一阵乱打,便一命呜呼了。

在川西坝子置有良田,在大邑、成都有公馆、独院,还有多处铺面的王大勋,到过街楼某私娼处过夜便杳无音讯。一星期后,王大勋的家人收到他的亲笔信:"我人很好,快准备一万元来取我。大勋字。"王家急忙到城防司令部报案。又过了五天,王大勋在北门开的当铺门口来了两个乡下打扮的人,口称要送信面交李经理。李经理拆信展阅,是王大勋的亲笔,上面还有手指血印,叫他立备大洋400元交给来人。李经理是见过世面的人,一面泡茶备点心招待来人,一面稳住二人,说是管保险柜的先生还未来铺上,请稍等片刻,便可将400元交给你们。李经理暗地里叫伙计从后边翻墙出去,到北门守城防的部队报告。守城的李连长立即率兵前往,当即将二人捕获,搜出手枪两支,子弹60发,连人带枪押往忠烈祠团部。

团长陈毓清亲自审讯,得知王大勋是被石肇武的副官、亲戚田青云绑架的,就关押在焦家巷田家独院里。

素知石肇武气焰嚣张,陈团长不敢有丝毫闪失,命令葛营长率兵两连加上手枪排前往焦家巷。葛营长先在同仁路口布置重兵,架起机枪,以防石肇武团作怪,然后将田家团团包围。葛营长率兵冲进大门,手枪排射出一排子弹,大喝"不许动!"田青云被抓。葛营长派人四处搜索,从厢房地板下搜出王大勋。王大勋嘴里含着长木棒,两眼被膏药贴严，两耳被白蜡塞满，遍体鳞伤。在厢房侧还挖出来一具男尸，正是曹二公子。

葛营长将全案人犯押送城防司令部。城防司令张之鼒亲自审讯，田青云供出，石肇武他们还计划绑架朱财神、陈显良、孙蛮子孙师长的兄弟等人。传石肇武问讯，他一口咬定田青云不是他的团部副官，称团部名册没有田青云的名字，更不承认田是他的亲戚。

军警团办事处将田青云等判处死刑。一听到宣判，七个匪徒都叫起来："石团长，你害我们！我们在鬼门关等你！"在将死犯押往东莲花池刑场的路上，七个死犯嘴里都被塞满了布巾，免得他们在大街上喊冤，对石肇武既不好处理，又惹得刘文辉难堪。

到了成都这个花花世界，石肇武迷上了女学生。他选中成都女子师范学校的龚小姐，马上为龚家买了一所独院和30亩良田，选择了一个良辰吉日在少城公园举行婚礼。婚礼极一时之奢，公园门口汽车排成长蛇阵。干爹干妈刘文辉和二太太亲自主婚，宾客满堂。一群叫花子凑钱买了串鞭炮放，刘公馆就奖大洋一百元，好不阔气。

没过多久，石肇武又看上了女师校花胡曼仙。他派人到胡家提亲，胡家早知道他的恶名，怎会将女儿往火坑里推？可是惹又惹不起，只得全家出逃。

石肇武看到空空如也的胡家，当然气急败坏。他就是要娶到这朵校花。他用八架抬盒装满名贵礼物送到胡家，作为他的订婚礼。他派人将胡家装饰一新，让手下人扮作胡家人，收下礼品，又以胡家的名义送出回礼。他导演这出"订婚"丑剧，是想达到弄假成真的目的。他还派出许多便衣匪兵，四处拦截缉拿胡曼仙及家人。

胡曼仙走投无路，辗转托人找到二十九军师长曾南夫，从二十九军驻地新东门逃出成都，到了上海后，与曾南夫之弟曾环九一起念书，后来两人结了婚。

胡曼仙事件闹得满城风雨。女师罢课，成都各报都报道了此事。《新新新闻》小铁锥对此事作了警世评论。消息传到上海、南京，旅外川人致电刘文辉，要求管束石肇武。快邮代电贴满成都大街小巷，对石肇武的恶行严加谴责。

石肇武不吃这套，他要捣毁报馆，大开杀戒。几家报馆都由二十八军、二十九军保护起来，二十八军还派出手枪队到《新新新闻》坐镇。军警团、城防部严加巡查，防止石肇武部闹事，事态才没有扩大。

石肇武"肇"得这样凶，刘文辉却置若罔闻。有人写打油诗贴在西御街刘公馆门外：

女子师范一校花，石匪觊觎淫心发。
登门求亲遭拒绝，估送礼物要娶她。
快邮代电贴满城，放出口来要杀人。
逼得姑娘无处躲，深夜越城往远行。

石肇武有一部敞篷车，他经常驾车兜风。1929年6月的一天，他身穿绸缎长衫，头戴草帽，脸上挂副墨镜，搭着两个奇装异服的轻浮女郎，从宽巷子石公馆出发，往春熙路而去。一路上，敞篷车如入无人之境，横冲直撞。在春熙北段路口凤祥银楼前，汽车把一个乞丐撞倒在地，乞丐头破血流，当场毙命。行人们大喊："碾死人了！"石肇武知众怒难犯，便开足马力冲过去，又把一个挑担卖汤圆的人碾死，连带撞翻一家铺面的柜台。街上行人惊恐不已，四散奔逃。适逢城防司令部巡查队一排沿街巡查，他们全副武装，在提督街将车拦住。

石肇武哪里将这些士兵放在眼里："我是石团长，你们瞎了眼吗？"岂不知士兵们没有怕他，"刷"地一下，把上了刺刀的枪齐齐对准石肇武和他的弁兵，一时间街上观者如堵。

最后当然还是怕得罪刘文辉而不了了之。卖汤圆的家属向军警团及城防司令部喊冤，才得了一百元安埋费。惨死的乞丐，由凤祥银楼老板俞凤岗捐钱，请轿夫把他抬到塔子山乱葬坟掩埋。事后，人们在事发地春熙路上贴了许多对子，其中一副写道："石肇武仗势碾死人逍遥法外；刘文辉溺爱干儿子置若罔闻。"

"二刘之战"爆发，刘文辉的部队节节败退。石肇武在邛崃被李家钰的部下捉住。李家钰请示刘湘，得到刘湘电示：立即处决。邛崃县府大门前顿时人山人海。石肇武在行刑前被剥光衣服，只着短裤。刽子手手起刀落，石肇武首级被装进木笼，解回成都示众。

石肇武大劈了，给成都留下两个歇后语："石肇武的脑壳——宰了""石肇武的公馆——肇的"。石肇武为了修鼓楼街新公馆，将支机石一带城墙的砖都拆了，修成后取名"肇第"。他这个旅长的公馆比好些军长、师长的公馆还富丽堂皇，里面既是赌场又是烟窖，既是匪窝又是春宫，乌烟瘴气，不正是"肇的"吗？（"肇的"在成都话里是个贬义词，相当于"歪的"、不正当的、乱七八糟之意）

"新派"婚姻

满城永安胡同又名正蓝旗蒙古胡同，民国时叫猫猫巷，后来又更名为将军街——这是杨森任四川军务督理时改的。

据传杨森督川时在猫猫巷有一处住宅。他属鼠，且面相肖鼠，有"耗子精"的绰号（川话耗子即为老鼠）。猫是老鼠的克星，老鼠住猫猫巷，实在不吉利，杨森便下令改猫猫巷为将军街。

川军中，杨森和"水晶猴子"邓锡侯、"巴壁虎"刘湘、"多宝

1920年的杨森　（英）爱德华·威尔逊　摄

道人"刘文辉、"王灵官"王陵基并称"川军五行"。他经历复杂，参加过辛亥革命、护国战争、军阀混战、抗日战争、国共内战；他曾游走于川军、滇军、北洋政府、国民政府之间。抗战爆发后，他率川军第二十军徒步奔赴淞沪战场，与日军血战五昼夜，18000人的川军，伤亡7000多人，被认为是淞沪战场上最能打的五个师之一。抗战中他还参加过武汉会战、三次长沙会战、长衡会战等，多次立下战功。

但是，在川军将领里，杨森最有名的，却不是他的戎马生涯，也不是他曾达到权力高峰时的督理四川、称雄一方，他是以他的家庭庞大、妻妾成群而闻名的。杨森娶老婆、玩女人如同家常便饭，在成都官太太的圈子中已成了经久不衰的谈资。杨军长又把某某丫头收房了；杨军长把某某姨太太送到上海学音乐去了；某姨太太经常挨杨森的打，得了精神病，被送到乡下了……杨森探望夏之时，夏太太董竹君和他打趣："最近又娶了一位吗？"杨森却不屑地说："别说了，都是些破铜烂铁。"

杨森有他自己的"新派"理论:"我是一个爱前进的人,我也要找一个爱前进的伴侣。所以,随着时代的前进,我的伴侣有小脚的,有半大脚的,还有大脚的;论文化水准,有不识字的,有小学生、中学生、大学生。这样,时代前进,我前进,我的伴侣也前进!"

杨森的确是"随着时代的前进"而宠爱着不同层次的姨太太。七姨太曾桂枝是杨森在路上拣到的小姑娘,后来给三姨太刘谷芳当丫头,14岁时被杨森收为姨太太。杨森专门找了一个音乐老师教她音乐,后来又送她去北京、上海等地读书。

曾桂枝年轻漂亮,杨森将她送到十里洋场的上海,难道就不怕她红杏出墙?

果然,曾桂枝到上海如同出了笼的小鸟,活泼开朗,喜欢交际、跳舞,和一个男同学两情相悦,过从甚密。曾桂枝在外"不规矩",岂能瞒过杨森。兵败渠县的杨森立刻带信叫曾桂枝回来。蒙在鼓里的曾桂枝还以为千里之外的杨森对她的出轨毫不知晓,央求杨森为恋人找工作。杨森慷慨地委以教育局局长之职。曾桂枝兴冲冲地叫恋人来工作。可怜那书生,还未走到渠县,就被杨森早已埋伏好的手下打死。杨森又叫两个马弁送曾桂枝去河边迎接那男生。曾桂枝来到河边,只听身后的马弁喊了一声:"太太,对不起,军长的命令!""砰砰"两枪,曾桂枝便命丧黄泉。杨森叫人在这对苦命鸳鸯的身上捆上大石头,沉入渠河。

杨森杀死了七姨太和她的情人,六姨太被吓疯了。杨森和另一个军阀谈起此事,轻描淡写地说:"只能自己同别人的妻子女儿跳舞,自己的老婆女儿千万不能和别人跳舞。"

杀一儆百,杨森以为姨太太们已经看到了给他戴绿帽子的下场,便继续投资,提高姨太太们的文化水准。九姨太蔡文娜,原来在泸县女子中学读书，聪明漂亮，人称校花，是杨森最宠爱的姨太太之一。杨森娶了她，并不耽误她的学业，还让她继续读书。蔡文娜和教她英文的男家庭教师要好，杨森知道了，便准备处死她。几个姨太太求情，杨森将她痛打一顿才饶过她。

杨森又送蔡文娜到成都华西协合大学社会学系读书。蔡文娜交游甚广，还常和一些洋人来往，打网球，听音乐，只是不敢参加舞会。蔡文娜同牙医学院的男同学吕某相爱，二人相约毕业后一同去美国。杨森得到密报，便给蔡文娜拍电报，叫她火速回到重庆。关于蔡文娜之死，坊间有多种说法，其中杨森和田衡秋生的四女儿杨小捷的说法似乎更为可信：杨森命令手下将蔡文娜打死在床上。余怒未消的杨森将所有姨太太都叫来，看看背叛他的下场。姨太太们无不吓得花容失色，颤栗不已。吕某闻讯，立即逃往国外。

出生于四川广安农家，后又考入成都四川陆军速成学堂的杨森，既有农家吃苦耐劳的品质，也被新文化、西式生活观念和方式所吸引。如同部队驻扎在哪里都要修体育场，管理成都要搞新政一样，杨森在家里也要西化。他喜欢穿西装、吃西餐、和洋人交往。他配有英文秘书，他的签名用的是英文字母YS。

杨森治家如治军，姨太太们分工合作，管总务、财务、子女教育、对外交际、家中仆役，各司其职，按月领薪水。她们早上必须按时起床，着军装、扎腰带，由一名副官带队出操，喊口号还需响亮、一致，风雨无阻。姨太太们必须学古文、英文、弹钢琴。他喜欢西洋音乐，子女们也必须学西洋乐器。他请来的家庭音乐教师，有在慈禧皇宫乐队里吹过黑管的穆自清，有来自贵州的两位钢琴教师和教小提琴的费满尔。有的孩子喜欢中国乐器胡琴，杨森说："胡琴是瞎子要饭的东西，有什么学头。"他是在以家长式的威权实施"新政"，不管在家里家外，还是在军队市政，都一样。

杨森喜欢儿子，不喜欢女儿。但他规定，儿女都要大学毕业，能上研究院最好。儿女们读书都住校，周末回家，还有教英语、数学、古文的家庭教师等着他们，为他们补习，剩下的时间则被骑马、打网球、弹钢琴或学习其他西洋乐器填满。

如果恰逢周末、假期时杨森回家，他就要举行家庭音乐会或球赛，让子女们汇报学习成绩。音乐会上必须演奏由他作词、音乐家刘雪庵谱曲的混声四部合唱《家庭歌》：

惟我杨氏族，文治道关西，武功称无敌，发扬光大在吾辈，齐努力。

重教育，薄享受，取缔浪费，不吸烟，不饮酒，不嫖，不赌是我家风。

学贵专精，学贵专精：体育、音乐皆不可废。

忠于国，孝于家，有一于此方无愧。好子孙，好子孙，发愤光门庭；好子孙，好子孙，努力努力扬国威。

开饭的时候，孩子们就该做祷告了。儿女们必须像基督徒一样，双手合十，长声吆吆地念他拟就的祷告词：

爹爹妈妈，给我们饭吃，我们要听教训，学好人，才对得起爹爹妈妈。请！

杨森的部队里有专门的体育处，军部旅部有各种球队、游泳队、田径队。在家里，他常同姨太太们到公园打网球，到别墅游泳。姨太太们早上五点就要起床，年轻的陪他打网球，年纪大的当看客。他喜欢马，到郊外跑马是每天的必修课。跑马时，除有卫士跟随，还与身着戎装的姨太太并辔而行。

美人、宝马均是杨森的心爱之物,但美人的境遇却并不如马。杨森定下的家规就是王法。他不准姨太太们请客、打牌、吃烟、喝酒、跳舞,不准她们看电影看戏,不准拿家中的东西。稍不如意,非打即骂。年长色衰,便弃之一旁,"打入冷宫"。姨太太们地位低贱,和下人没有本质的区别。不论是姨太太还是儿女、下人,都有全体跪成一排,打"满堂红"的时候。

杨森在家中真是至高无上的"皇上"。他在每个姨太太处轮流住三夜。轮到哪位姨太太,都要使出浑身解数,小心侍候。姨太太怀孕,便发给数目不菲的生活费。每生一个孩子,还另有丰厚的奖励。姨太太们为了这笔钱都争着生孩子。

杨森说:"我是军阀,军阀就是要伸手向老百姓要钱。"杨森确实需要钱,且不说军费开支了,就是负担他那庞大的家庭,所需要的钱都是天文数字。靠着手中的枪杆,杨森财源滚滚。他每驻一地,都要修公馆。若不是1949年败退台湾,他还计划要在全国大城市都修起他的公馆。

1949年12月,杨森带着他的第十一个老婆、18岁的胡洁玉,从成都凤凰山机场起飞到海口,然后转飞台湾。其他的姨太太,除了四姨太田蘅秋带着最值价的金银财宝先到香港,再转居台湾外,有的已病死,有的被残杀,有的疯了,有的留在了大陆。他的儿女中,仅仅在重庆南开中学读书的就有6个。杨森给这6个孩子一人留一根金条,让他们自谋生路。自此以后,他的子女们分散在国内外各地,星散四方。

到了台湾的杨森,当上了体育协进会理事长。他上任后,做了一件轰动台湾的事:70岁时学会驾驶教练机。每逢星期天,他都要爬山。86岁时他还登上了4000米的玉山。这一年胡洁玉为他生了个女儿。胡洁玉是杨森广安老家仆人的女儿。到了台湾后，杨森送她读台湾大学，每天用汽车接送。在杨森的姨太太中，胡洁玉算是有造化的一个，到美国留学去了。年届90的杨森，身边也不能缺少女人。他娶了最后一位姨太太，17岁的初中毕业生张小姐。杨森说："我爱和年轻人在一起，才有朝气！"杨森的12个妻妾，共为他生了43个子女。

  暮年的杨森，在张小姐的陪伴下，住在稻子园别墅，过着清静的日子。只有新年时，四川同乡会来唱一天川戏围鼓，别墅里才有了生气。妻妾成群的日子已成往事，女人们于他如过眼烟云。他的别墅里有一间文物室，摆设着他多年收集的古董、字画；他还有一个武器库，存放着各种枪械武器。他再也不会使用这些武器了，只是常来看看。

  1977年5月15日，杨森病逝，终年93岁。

  而军阀混战的时代也早已结束。

参考书目

一、著作

巴金：《家》，人民文学出版社，1953年版。

曾智中、尤德彦：《文化人视野中的老成都》，四川文艺出版社，1999年版。

车辐：《川菜杂谈》，重庆出版社，1990年版。

成都市群众艺术馆：《成都掌故》，成都出版社，1996年版。

成都市文化局：《锦城成都》，上海教育出版社，1981年版。

成都市政协文史学习委员会：《成都文史资料选编》，四川人民出版社，2007年版。

《成都掌故》第二集，四川大学出版社，1998年版。

岱峻：《弦诵复骊歌——教会大学学人往事》，商务印书馆，2017年版。

董竹君：《我的一个世纪》，生活·读书·新知三联书店，1997年版。

冯任修、张世雍等：《中国地方志集成：四川府县志辑（1）天启新修成都府志》，巴蜀书社，1992年版。

傅崇矩：《成都通览》，巴蜀书社，1987年版。

韩素音：《韩素音自传——残树》，中国华侨出版公司，1991年版。

韩素音：《韩素音自传——寂夏》，中国华侨出版公司，1991年版。

何承朴：《成都夜话》，四川人民出版社，1986年版。

何满子：《五杂侃》，成都出版社，1994年版。

《胡兰畦回忆录（1901—1936年）》，四川人民出版社，1985年版。

黄红军：《车马·溜索·滑竿》，四川人民出版社，1993年版。

黄裳：《黄裳散文》，浙江文艺出版社，1998年版。

黄裳：《音尘集》，辽宁教育出版社，1996年版。

李劼人：《暴风雨前》，人民文学出版社，1997年版。

李劼人：《成都是一个古城·李劼人小全集》，四川人民出版社，2017年版。

李劼人：《大波》，四川人民出版社，1980年版。

李劼人：《死水微澜》，人民文学出版社，1995年版。

刘建成等：《大众川菜》，四川科学技术出版社，1984年版。

流沙河：《老成都——芙蓉秋梦》，江苏美术出版社，2004年版。

玛丽·博斯沃斯·特德雷：《中和场的男人和女人》，张天文、邹海霞译，中国文联出版社，2011年版。

南京大学历史系明清史研究室：《明清资本主义萌芽研究论文集》，上海人民出版社，1981年版。

冉云飞：《吴虞和他生活的民国时代》，山东人民出版社，2009年版。

司昆仑：《巴金〈家〉中的历史——1920年代的成都社会》，何芳译，四川文艺出版社，2019年版。

四川大学历史文化（旅游）学院：《安仁调查》，巴蜀书社，2015年版。

四川大学校史编写组：《四川大学史稿》，四川大学出版社，1985年版。

四川省文史馆：《成都城坊古迹考》，四川人民出版社，1987年版。

四川省文史研究馆：《四川军阀史料》第二辑，四川人民出版社，1983年版。

四川省政协文史资料研究委员会、四川省文史馆：《四川近现代文化人物》，四川人民出版社，1989年版。

唐振常：《半拙斋古今谈》，山西教育出版社，1998年版。

王迪：《消失的古城——清末民初成都的日常生活记忆》，社会科学文献出版社，2019年版。

王笛：《袍哥——1940年代川西乡村的暴力与秩序》，北京大学出版社，2018年版。

隗瀛涛等：《四川近代史》，四川省社会科学院出版社，1985年版。

吴虞：《吴虞日记》，荣孟源审校，四川人民出版社，1984年版。

徐俊波：《百年仁济——一所医院的文化引力》，四川大学出版社，2011年版。

徐维理：《龙骨——一个外国人眼中的老成都》，俞子丹绘，萧冰译，四川文艺出版社，2004年版。

徐心余：《蜀游闻见录》，四川人民出版社，1985年版。

杨大金：《现代中国实业志》，商务印书馆，1938年版。

杨文华：《吃在四川》，四川科学技术出版社，2004年版。

杨燮等：《成都竹枝词》，四川人民出版社，1982年版。

余秋雨：《文化苦旅》，知识出版社，1992年版。

袁庭栋：《巴蜀文化》，辽宁教育出版社，1998年版。

袁庭栋：《成都街巷志》，四川教育出版社，2010年版。

张学君、张莉红：《成都城市史》，成都出版社，1993年版。

中国戏曲志四川卷编辑部、成都市川剧志编辑部：《四川戏曲史料》，1986年版。

中国现代文学馆、刘纳：《郭沫若代表作：反正前后》，华夏出版社，2008年版。

周询：《芙蓉话旧录》，四川人民出版社，1987年版。

周询：《蜀海丛谈》，巴蜀书社，1986年版。

二、志书

《成都县志》

《大邑安仁镇镇志》

《灌县志》

《华阳县志》

《郫县志》

《双流县志》

《温江县志》

《新都县志》

《新繁乡土志》

《新津县志》

三、刊物

《成都晚报》"老成都"专刊，1991年至1996年。

《龙门阵》1986年、1987年、1988年、1989年合订本；《龙门阵》1991年第6期、1993年第1期、1997年第1期，四川人民出版社。

成都市文物保护管理委员会办公室：《成都文物》总第1期至第5期，总第14期至第21期，总第30期至第37期。

四川省地方志编撰委员会：《巴蜀史志》，1999年第2期。

四、其他

陈祖湘、姜梦弼：《成都劝业场的变迁》。

成都石室中学：《石室校志》（内部发行）。

成都市政协文史资料研究委员会：《成都文史资料选辑》总第一至二十辑。

金牛区政协文史资料研究委员会：《金牛文史资料选辑》（四）。

双流县政协文史资料研究委员会：《双流县文史资料选辑》第三辑（1984年）、第六辑（1988年）。

张之洞：《四川省城尊经书院记》。

重庆市政协文史资料研究委员会：《重庆文史资料选辑》第四辑，1980年。

后　记

　　这是一本写于21年前的书。以当下的目光回望21年前，就如诺曼·麦克林恩的那句话："一切将要发生之事早已发生，一切将要被人目睹之事已成过眼云烟。"

　　21年前，我们都在老《成都晚报》的同一个部门工作。庆云南街19号的院子里，有一株枝繁叶茂的银杏树，树旁的一幢5层小楼，安顿了整个编辑部。知名作家何大草，那时在专刊专栏部负责。在他的主导下，文史民俗专栏《老成都》创刊了，每周一期。刊头字是请艾芜老先生题写的。从新都清流的竹林中走出的年轻的艾芜，脖子上挂着墨水瓶，一路流浪，向蛮荒的边陲南行，在天地之间领悟人生，成就了一生的传奇。在省医院高干病房里，没费什么周折，谦逊平和的艾老就答应了题写刊头的事。《老成都》专栏开办不久，1992年12月5日，艾老与世长辞。编辑《老成都》，就是在时间的长河中打捞记忆碎片的工作。这种工作可能为时已晚，或者也可以说任何时候都不晚。遗憾总是伴随着一位又一位老人的离去，而每刊发一篇有分量的稿件，也带来了成就感，就像我们得到了艾芜老人的墨宝。

　　20世纪80年代与90年代初的成都，街道还大致保留着老成都的格局，有许多小街，就像城市的毛细血管，居住着土生土长的成都人。工作所需，不时要采访老成都人，或约稿，或商讨稿件。那些骑着自行车穿行在梧桐掩映的街道，敲开一扇扇门，拜访老成都人的经历就成了美好的回忆。报社的小楼也时常有读者、作者造访。老报人、老成都人车辐先生拄杖前来，送来他写老成都的稿件。说起老成都轶事，他妙语连珠，手舞足蹈，活脱脱就是丁聪笔下的那个老顽童。抗战时期，在成都度过了"自己生命中最美好的年华"的著名作家何满子，以外地文化人的视角和独特的私人记忆，撰写了《蓉城忆往》专栏。办刊过程也是不断发现的过程，它充满惊奇和愉悦，掀开其中的枝枝蔓蔓，老成都往事徐徐展开。

1998年年底，资深出版人、后来任四川文艺出版社社长的吴鸿先生策划了《老成都》系列丛书，共六种，我们承担了《民国时期的老成都》的写作。几个月的时间里，我们一遍遍梳理那些堆积如山的史料，循着一条时光隧道，慢慢向晚清、民国时期的成都回溯，那段似乎有些隔膜的历史渐渐清晰。旧日成都的繁复与单纯、宁静与喧嚣、美丽与沧桑，都从不同侧面向我们呈现。动笔之前，我们有过隐隐的惶惑：就晚清和民国成都历史本身的丰富多彩而言，要全景似的再现它们，不仅我们的笔力难以企及，篇幅也不容许。然而，退回去数十年、百年，成都平原这样被奇峰峻岭、湍流险滩维护的闭锁而富足的乐土，她在舒缓沉着的节奏中积淀的城市风貌、人文特征，与别处迥异其趣。她的非现代的、外省的魅力，最易在日常生活中显现。所以，我们试图从个人生活场景走进老成都，尽量去触摸那些家常的、世俗的生活细节，尽可能地再现旧日的风情、风俗和社会生活。

通常来说，女性的笔触相对散漫、感性，这可能成全这本书，也可能会伤害这本书，所以我们时常警觉着，在凸显细节的同时尽力避免那些过于情绪化、主观化的东西。得益于多年记者生涯的训练，我们在对旧闻的把握上也有了几分类似新闻的要求。这或许使行文多了几分拘谨，但少了些过于恣肆放任、空茫氤氲的私人感觉。只是不知我们的分寸是否把握得当？好在我们自己就是成都人，编辑《老成都》专栏的积累，给我们带来了一些底气；拜访的那些老成都人，为我们提供了旧日生活中富于质感的细节，给这段历史带来了触手可及的温度；李劼人先生对19世纪末、20世纪初成都社会生活、风俗民情的精到描绘，让我们似乎直接呼吸、感受到当时浓厚的时代气息和生活氛围；傅崇矩等前辈成都人对老成都近乎照相似的细致描摹，使我们"回到"从前时增添了不少从容。

《民国时期的老成都》问世之后得到了朋友们和坊间的一些好评。这本书就像是我们为自己的上个世纪画的句号，之后便进入了新的世纪。我们中的一个离开了成都，去了加拿大；一个出版了七本书。成都更是经历了天翻地覆的变化，许多密如蛛网的小街消失了，同时消失的还有那些祖祖辈辈居住在老街的成都人，当然，他们搬进了新的、不知道在几环的高楼里。20世纪留下的印记消失速度之快，令人触目惊心。更为痛心的是，人们的离去是那么猝不及防。留下了珍贵的老成都记忆的何满子先生走了，对老成都如数家珍的车辐老先生走了，为《老成都》系列丛书写下精彩序言的流沙河先生走了，甚至还有英年早逝、策划出版了《老成都》丛书的吴鸿先生……我们还目睹了老晚报五层小楼的轰然倒塌，仿佛是宣告纸媒的黄金时代的结束。

在新冠病毒肆虐全球，世界风云变幻的2020年岁末，经济停顿，交通停滞，城市封闭，冥冥之中，造物主是要让匆匆赶路的人类放慢脚步，回头看看来时的路？感谢四川大学出版社，在这样的时刻决定推出《民国时期的老成都》修订版。时过境迁，在这一次的修订版中，我们对以往的文字做了一些删节、修改，又增补了不少新内容，力图使新版的容量更为丰富。这是我们对上个世纪的致敬。

再次感谢何大草等老朋友的关心和支持，他们从一开始就提出了许多中肯的建议，给予我们诸多指点，使我们得以避免走许多弯路。感谢林元亨先生为我们选择、提供了许多精美的图片，让本书增色不少。

对于那些离我们而去的人们，我们想说，我们怀念那些和你们在一起的时光，它们已经成为我们生命中的一部分。

王泽华　王　鹤

2020年岁尾